한국의 월세 부자들

# 한국의
# 월세 부자들

| 수익형 부동산으로 성공한 평범한 직장인들의 재테크 노하우 |

노진섭 지음

비즈니스북스

**한국의 월세 부자들**

1판 1쇄 발행    2014년 4월 30일
1판 11쇄 발행    2018년 2월  5일

**지은이** | 노진섭
**발행인** | 홍영태
**발행처** | (주)비즈니스북스
**등   록** | 제2000-000225호(2000년 2월 28일)
**주   소** | 03991 서울시 마포구 월드컵북로6길 3 이노베이스빌딩 7층
**전   화** | (02)338-9449
**팩   스** | (02)338-6543
**e-Mail** | bb@businessbooks.co.kr
**홈페이지** | http://www.businessbooks.co.kr
**블로그** | http://blog.naver.com/biz_books
**페이스북** | thebizbooks
**ISBN** 978-89-97575-25-1    03320

추천의 글

# 한발 앞서 미래를 준비하는
# 직장인들을 위해

흔히 우리가 돈을 버는 방법에는 두 가지가 있다고 한다. 노동과 자본이 그것인데 노동을 통한 소득은 노동력이나 서비스를 제공한 대가인 반면, 자본을 통한 소득은 부동산 임대료, 주식의 배당과 차익, 인세, 저작권료 등과 같이 소유하고 있는 재산을 이용해 얻는 이익을 말한다. 이렇듯 자본은 직접적인 노동을 제공하지 않아도 돈을 창출한다. 노동을 통한 소득을 금융이나 부동산이란 채널을 이용해서 자본화하는 것은 인간만이 가지고 있는 능력이다.

사실 재테크는 노동을 얼마나 자본화하느냐에 달려 있다. 전체 소득에서 자본으로 벌어들이는 액수가 클수록 경제적 안정권에 가까이 갈 수 있다. 직접 발로 뛰며 노동력을 제공해서 돈을 버는 시간이 줄어들수록 자본을 통한 소득이 중요해진다. 그래서 부자든 서민이든 모두 은퇴한 이후에는 임대사업자를 꿈꾸는 게 우리네 일상의 풍경으로 자리 잡은 것은 아닐까.

게다가 지금은 '2저(低) 1고(高)'로 표현되는 저금리, 저성장, 고령화 시대다. 고성장 시대에 부동산은 재테크의 총아였고 한국 사람의 운명은 어디에 부동산을 소유했느냐에 따라 나뉘었다. 그러나 고성장 시대가 막을 내리고 한국도 이젠 저성장 국면에 접어들었다.

고성장에 대한 기대감이 사라지는 순간 사람들은 현실을 냉정하게 받아들인다. 즉 눈에 보이는 돈, 현금 흐름을 따지기 시작하는 것이다. 여기에 금리까지 낮아졌다. 부동산으로 얘기하면 매매 가격은 더 이상 오르지 않고 기껏 전세금을 받아서 은행에 넣어 봤자 받는 이자가 쥐꼬리만 하다는 의미다. 서서히 주택 소유자들의 생각이 변하기 시작한다. 이것이 바로 최근에 나타나고 있는 '전세에서 월세로 전환'의 배경이다.

이미 은퇴한 고령자들에게도 월세는 매우 간절한 꿈이다. 고령자에게 가장 중요한 과제는 죽을 때까지 계속 나오는 현금 흐름을 만드는 것인데, 현역 시절과 달리 자신이 보유한 자산만으로 현금 흐름을 만들어 생활비로 써야 하기 때문이다. 월세를 받을 수 있는 노년이야말로 모든 월급쟁이의 꿈이다.

한국은 바야흐로 월세의 시대를 맞이하고 있다. 그러나 월세에 대해 정밀하고 실질적인 도움을 얻을 수 있는 자료는 많지 않다. 게다가 부동산이 워낙 개별 입지가 중요한 입지 상품이다 보니 지역에 따라,

물건에 따라 많은 것이 달라지는 터라 일목요연한 투자 조언을 받기도 만만치 않다. 이런 사정 때문에 월세의 로망을 안고 오피스텔에 투자했다가 끝물에 물려 손해 보는 사람도 적지 않고, 덜컥 상가를 샀다가 임대가 안 돼 마음고생을 하는 이도 자주 눈에 띈다.

월세를 받아서 경세 안정과 노후 준비를 하고 싶은 것은 모든 월급쟁이의 마음일 터다. 이런 월급쟁이들에게 노진섭 기자가 발로 뛴 현장 리포트라고 할 만한 이 책은 좋은 동반자가 될 것이다. 정보를 모으고 공부를 하면 적은 금액으로도 투자할 수 있는 부동산 얘기가 실감 나게 다가온다.

앞서 얘기했듯이 월세는 2저 1고 시대를 맞아 자산 운용의 중요한 축으로 자리 잡을 것이다. 정부도 이런 흐름에 맞춰 세제 개편을 추진하고 있다. 그 과정에서 많은 논란이 있겠지만 월세 시대의 진입은 더 이상 막을 수 없는 흐름이다. 새 술은 새 부대에 담아야 하듯이 새로운 시대에는 새로운 사고와 방법으로 자산 운용을 해 나가야 한다. 노진섭 기자가 생생하게 전하는 우리 주변 월세 부자들의 세계로 함께 떠나 보자.

이상건_미래에셋은퇴연구소 상무

# 월세 받는 직장인의 삶은 든든하다

　서울에서 30년째 직장 생활을 하고 있는 주기원 씨는 자기 집 외에 오피스텔 두 채를 가지고 있다. 두 오피스텔에서 생기는 월세는 약 100만 원으로 은행 융자금을 제하고 나면 50만 원이 남는다. 사실 그가 받는 월급에 비하면 얼마 되지 않는 액수지만 매달 꾸준히 들어오는 50만 원의 수입은 그에게 든든한 노후 밑천이다.

　직장에서 은퇴하면 집을 팔아 아들 결혼 자금으로 사용하고 주씨 부부는 오피스텔에서 살 계획이다. 생활비는 오피스텔에서 나오는 월세에 국민연금과 퇴직연금, 개인적으로 든 연금을 더하면 충분하다.

처음부터 돈이 많았던 것은 아니다. 대학을 졸업할 무렵, 작은 사업체를 운영하던 아버지가 세상을 떠나자 그동안 번 돈을 빚 갚는 데 다 쏟아 부었다. 사는 집마저 팔아야 했다. 주 씨는 중견 기업에 입사해 직장 생활을 시작했다. 월급 30만 원짜리 직장인이 된 그는 어떻게든 돈을 모아 아버지의 전철을 밟지 않겠다고 다짐했다.

돈을 악착같이 모았지만 월급 자체가 적어서 한계가 있다는 걸 깨닫고 경력을 쌓아 대기업에 지원했다. 직장 생활 4년 만에 대기업으로 자리를 옮기자 월급이 두 배가량 올랐다. 회사 기숙사와 구내 식당에서 숙식을 해결하며 월급의 절반을 저축할 수 있었다. 결혼을 미룬 채 10년 동안 7,000~8,000만 원을 모았다. 그 돈으로 지금의 성남시 분당구에 아파트 한 채를 분양받았다.

그 무렵 은행 융자를 받아 결혼했다. 그리고 다시 10년간 돈을 모았다. 이번에는 그동안 모은 돈에 은행 융자를 조금 받아서 서울에 있는 오피스텔을 샀다. 임대를 줘서 월세 30만 원을 받았다. 그 후 다시 몇 년 동안 돈을 모아 오피스텔을 두 채로 늘렸다.

그는 재테크에 문외한이었다. 주식이나 펀드가 무엇인지도 잘 몰랐다. 무작정 모은 돈으로 부동산만 보러 다녔다. 그

습관이 지금도 몸에 배어 있다. 주중에는 틈만 나면 부동산이나 재테크 관련 책을 읽으면서 메모하는 습관이 있다. 수십 년 동안 메모를 하며 자연스럽게 돈의 흐름을 익혔다. 요즘은 재테크 도서가 너무 많아 다 읽지 못하지만 자신에게 필요한 책은 골라서 읽는다.

주말이면 부동산을 보러 다닌다. 책과 신문을 읽고 앞으로 지하철역이 들어설 지역이나 재개발이 계획된 지역을 골라 다니면서 시세를 살핀다. 여행이나 출장을 가더라도 그 지역 부동산 시세를 파악하는 일을 멈추지 않는다. 지방에 있는 부동산을 살 생각은 없지만 서울과 비교하면서 수익률을 따져 보곤 한다.

그에게 월세 수익은 어떤 의미일까. 필자가 던진 질문에 그는 푼돈이라고만 답했다. 직장에서 받는 월급에 겨우 몇 십만 원이 추가되는 것뿐이고, 직장인의 하룻밤 술값 정도다. 있어도 티가 안 나고, 없어도 그만인 푼돈이다.

하지만 그 푼돈이 직장인에게 다가오는 의미는 그 이상이다. 주씨처럼 직장에 다니면서 부동산 임대로 수익을 올리는 사람들이 공통으로 하는 말은 '든든함'이다. 월세 몇 십만 원은 현재 생활에 큰 도움이 되지 않지만, 언제 어떻게 될지 모르는 월급쟁이에게 수익형 부동산은 기댈 구석임에 틀림없다. 물론 노후 대책으로도 손색없다.

국제 사회에서는 노후 연금이 과거 소득의 70~80퍼센트가 돼야 한다고 권고한다. 대한민국 공적 연금의 실질 소득 대체율은 약 30퍼센트다. 매달 100만 원씩 벌던 사람이 30만 원으로 생계를 꾸려 가야 하는 현실이다. 결국 개인적으로 연금을 부어야 한다.

그렇지만 연봉 상승률과 예금 이자율은 물가 상승률을 따라가지 못한다. 한 달 벌어 한 달 살기도 빠듯한 게 사실이다. 은퇴 준비는 뒷전이 되고 만다. 미래에셋퇴직연금연구소의 2009년 조사 결과에 따르면 은퇴자의 74퍼센트, 그러니까 네 명 중 세 명은 은퇴 직전까지 노후 대비를 전혀 못 하는 것으로 나타났다. 50대에 준비한다는 사람은 16퍼센트, 40대는 5퍼센트, 60대는 4퍼센트 순이다.

돈이 조금 있어서 10년 이상 묵혀 둘 정도라면 금융권의 연금 상품에 가입해서 매달 연금을 받을 수 있다. 그러나 경제적 여유가 적은 직장인에게는 수익형 부동산만 한 노후 대책도 없어 보인다. 월세가 주는 든든함도 있지만 향후 시세 차익을 노릴 만하고 공적 연금에 더해 노후 자금으로 사용할 수 있기 때문이다.

필자는 부동산 임대로 월세를 받는 직장인이나 소규모 자영업자를 만났다. 어떻게 돈을 모으고, 어떻게 투자했는지 그 과정을 상세히 들었다. 그런 얘기를 종합해서 이 책을 썼다. 이 책의 내용이 정답은 아니지만 수많은 직장인에게 힌트가 되기를 기대한다.

저자 서문

# 월세라는
# 성공의 열쇠를 찾은 사람들

《한국의 100억 부자들》을 출간한 2013년, 그 반응은 기대 이상이 었다. 이 사회에 부자를 향한 로망이 꿈틀댐을 새삼 느꼈다. 부모한테서 자산을 물려받은 부자가 아니라 무일푼으로 자수성가한 부자는 선 망의 대상이기 때문이다.

사실 《한국의 100억 부자들》은 부자가 되는 비법을 담은 요술 램프가 아니다. 평범했던 그들이 어떻게 100억이라는 거대한 부를 움켜쥘 수 있었는지 그 과정을 그저 진솔하게 풀었을 뿐이다. 독자는 자신과 다르지 않은 평범한 사람이 부자가 되는 과정을 보면서 신선한 자극을 받으면 그것으로 충분하다. 그 정도만으로도 최소한 현재의 삶을 개선 하거나 유지하는 데 충분히 보탬이 될 것이기 때문이다.

지난 1년 동안 많은 직장인 독자들에게 현재의 삶에 만족하기가 쉽지 않다는 푸념을 들었다. 손가락 사이로 빠져나가는 모래알처럼 월급을 받아도 손에 쥐어진 돈은 거의 없다는 것이다. 월급만 빼고 모든 것이 오른다는 우스갯소리가 농담이 아니라 현실이 되었고, 이런 현실은 사실 오래전부터 나타났다.

한때 직장인들 사이에 투잡이 유행했다. 직장 일을 마치고 또 다른 일을 하면서 푼돈 벌이를 하는 것이다. 말이 좋아 투잡이지 사람 여럿 잡았다. 필자의 지인은 오후 6시에 퇴근하여 집 근처 편의점에서 밤 2시까지 일하며 직장 생활과 편의점 아르바이트를 병행했다. 이런 생활을 6개월 남짓 이어 가더니 끝내 병원에 입원하고야 말았다. 그러곤 투잡을 포기했다.

삶이 팍팍해지면서 맞벌이 삶은 기본이 됐다. 맞벌이로 생활은 나아졌지만 노후 걱정은 사라지지 않았다. 1998년 외환 위기를 겪으면서 구조 조정이라는 말이 심심치 않게 나왔고, 기업들은 무슨 유행인 양 툭하면 구조 조정을 감행했다. 정년퇴직을 보장받기 어려운 분위기가 확산된 데 이어 2000년대 들어서는 의학이 발달하는 만큼 평균 수명이 늘면서 고령 인구가 증가했다. 정년에 퇴임해도 앞으로 살아야 할 날이 더 많이 남은 시대다.

## 적금도 주식도 답이 되지 않는 세상

돈이 더 필요한 세상이라는 말이다. 직장인은 돈을 모아 둘 방법을 찾기 시작했다. 직장인의 수입은 뻔해서 투자 원금을 최대한 보존하는 범위에서 투자해야 한다. 투자 원금을 손해 볼 위험이 가장 적은 재테크 수단은 적금이다. 은행에 일정액을 넣어 두면 정기적으로 이자가 붙는다. 원금 이외에 이자 수익이 생기는 것이다. 경기가 나빠지거나 이자율이 떨어지면 이자 수익이 적어지지만 원금은 사라지지 않는다. 단, 적금은 위험 부담이 적은 대신 수익이 낮다. 요즘은 이율이 낮아서 저축해 봤자 돈을 모으기는커녕 내 집 마련도 힘들다.

직장인은 주식 투자 쪽에도 기웃거린다. 주식 투자는 단기간에 많은 돈을 번다는 장점이 있다. 바꿔 말하면 단기간에 투자금을 잃을 수도 있다는 의미다. 수익률과 리스크의 관계는 양날의 검과 같아서 큰 수익 뒤에는 항상 위험이 도사린다. 주식 투자를 하는 한 이를 모를 리 없지만, 투자 수익이 높다는 종목을 못 본 체 눈 딱 감고 지나칠 사람은 몇 안 된다.

요즘은 분배형 금융 상품이 인기다. 일시금을 넣어 두고 바로 다음 달부터 매달 생활비 형태로 일정 금액을 받아 쓰는 상품이다. 은행과 증권사들이 파는 월(月) 지급식 펀드나 보험사의 즉시연금보험 등이 대표적이다. 은행 이자보다 많은 수익을 챙길 수 있다는 것이 장점이다. 모든 상품에 해당하는 얘기는 아니지만, 최근 인기몰이를 하는 분배형 금융 상품은 가입자가 원하면 언제든지 바로 해지해서 현금화할 수 있다. 다만 월 지급식 펀드는 투자형 상품이어서 금융 시장 상황에 따라 수익률이 달라지고 최악의 경우 원금을 날릴 수도 있다. 즉시연금보험은 수익률이 안정적인 대신 물가 상승을 방어하기엔 역부족이라는 것이 단점이다.

## 정말 사업과 창업만이 답일까?

흔히 돈을 벌려면 사업을 해야 한다고 말한다. 직장 생활은 아무리 오래 해 봐야 목돈을 만질 수 없다는 말이다. 그도 그럴 것이 월급을 받아서 한 달 살고 나면 수중에 남는 돈이란 게 뻔하다. 요즘같이 대출금리가 높을 때는 은행 대출 이자를 갚기도 빠듯하다. 직장인의 월급 통장은 유리 지갑이라고 했던가. 세금은 원천징수하고, 카드값과 생활비는 어김없이 통장에서 빠져나간다. 평생 직장에 다니면서 승진을 거듭하고 임원으로 퇴직해도 남는 것이라고는 집 한 채가 전부다. 아이가 많으면 교육비에 돈을 쏟아 붓다시피 하니 아파트 한 채라도 건지면 다행이다. 한마디로 돈을 모을 겨를이 없다. 그래서 월급쟁이를 벗어나지 못하면 돈을 모으기란 쉽지 않은 게 현실이다.

이런 이유로 돈을 벌려면 자기 사업을 하란 말을 귀에 딱지가 앉도록 들어 왔고, 누구나 머리를 주억인다. 물론 그 사업에서 흑자를 낸다는 전제 조건이 붙는다. 작은 사업이라도 흑자가 나면 직장 생활을 하면서 받는 월급보다 큰 수익을 거둘 수 있다. 생활비, 세금, 은행 이자 등을 제하고 남는 돈으로 저축할 여유도 생긴다. 그러나 멋있게 사업하다가 망하고 투자금도 건지지 못하면 월급쟁이보다 못한 생활로 곤두박질치기 일쑤다.

평생 직장 생활만 해 온 사람이 어느 날 갑자기 사업을 하기란 여간 해서는 쉽지 않다. 특별한 기술이 있어도 경쟁이 심해서 일감을 따기 어려운 게 현실이다. 평범하게 직장 생활을 하던 사람이 특별한 사업을 시작한다는 것은 그만큼 위험 부담을 안아야 하는 일이다. 하물며 아무런 기술도 없는 사람이 창업한다면 그 사업은 뻔하다. 편의점, 커피숍 등이 고작이고 돈이 조금 있다고 해도 펜션, 식당 정도다. 그나마 경쟁이 심한 데다 예전보다 인건비가 올라서 창업 환경이 좋지도 않다.

무엇보다 창업은 직장을 그만둬야 가능하다. 직장 생활을 하면서 부업을 하기란 어렵다. 아르바이트생을 써서는 돈벌이가 안 된다. 예컨대 찾아오는 손님에게 물건만 팔면 그만일 것 같은 편의점은 아르바이트생을 두면 저절로 수입이 생길 것처럼 보인다. 그러나 요즘 편의점은 단골 확보를 못 하면 망하고 만다. 편의점을 둘 수 있는 거리 제한이 있지만 우후죽순 생긴 편의점끼리 경쟁이 심하다. 단골을 잡으려면 아르바이트생으로는 어림없다. 아르바이트생은 어디까지나 종업원이다. 주인처럼 손님에게 깍듯할 이유가 없다. 주인은 자신의 사업이므로 껌 한 통을 사는 손님에게도 허리를 굽혀 인사한다. 이런 주인이 있는 편의점과 그렇지 않은 편의점이 있다면 손님은 어디로 갈까. 대답은 뻔하다. 종업원만 두고 사업을 할 수는 없는 노릇이다.

## 월급쟁이만의 장점을 활용하자

그렇다고 월급쟁이에게 희망이 없는 것은 아니다. 매달 일정 액수의 돈이 통장에 들어온다는 것이야말로 월급쟁이의 장점이다. 기업이라는 조직에서 티도 안 나는 일을 하지만 매월 정해진 날짜에 돈이 들어온다. 사업가도 수익을 챙기지만 매출에 따라 그 액수가 달라지므로 불안하다. 매출이 많으면 그만큼 수익을 가져갈 수 있지만 매출이 적으면 수중에 들어오는 돈도 적을 수밖에 없다. 어떻게 보면 미래를 계획하기엔 월급쟁이가 더 유리하다. 월급에서 세금을 떼고 남은 돈으로 계획에 따라 생활할 수 있다. 액수가 정해져 있으니 매월 씀씀이에도 큰 변화가 없다. 연봉의 범위 안에서 많으면 많은 대로 적으면 적은 대로 생활한다.

직장 생활을 시작할 때는 월급만 받아도 신기하다. 자신이 노력해서 번 돈이라는 생각에 그 액수가 많고 적음은 뒷전이다. 그러나 연차가 쌓이고 결혼하고 아이가 생길 즈음이면 누구나 같은 생각을 한다. '월급이 지금보다 두 배로 뛰면 생활이 넉넉하고 윤택해질 텐데.' 실제로 월급이 두 배로 오르면 그만큼 돈을 쓸 곳이 늘어나는 법이지만, 아무튼 월급쟁이에게는 그 상상 자체가 기분 좋은 일이다. 물론 상상만으로 살 수는 없다.

회사에서 능력을 인정 받는다고 해도 하루아침에 연봉이 갑자기 두 배로 뛰어오르는 일은 불가능에 가깝다. 건강까지 해치면서 투잡을 뛸 수도 없는 노릇이다. 그렇다면 평범한 직장인들이 수입을 두 배로 늘릴 수 있는 방법은 정말 없는 것일까? 새로운 수입을 만든 사람들의 비법을 끈질기게 파고든 결과, '수익형 부동산'이라는 답을 찾아낼 수 있었다. 과거에는 아파트를 사서 전세를 주고 그 목돈을 굴렸다. 주식 투자로 수익을 내거나 목돈을 은행에 넣어 두고 이자를 받아 재미를 봤다. 하지만 그런 방법은 이제 옛말이 됐다. 주식 시장은 요동치고 예금 이자율은 형편없이 떨어졌다. 은행에 큰돈을 묻어 두는 사람은 바보라는 소리까지 듣는 시대다. 아파트 시세는 떨어지지 않으면 다행일 정도라서 아파트나 주택에 투자해 시세 차익을 노리기란 쉽지 않다.

# 월세로 제2의 월급을 받는 사람들

우리 주변에는 수익형 부동산에 투자해서 임대료를 챙기는 월급쟁이들이 있다. 월급에다 월세까지 받는 것이다. 초기에는 월세가 불과 수십만 원에 지나지 않지만 계속 불리다 보면 어느새 직장에서 받는 월급 이상으로 불어나기도 한다. 이쯤 되면 회사를 취미로 다닌다는 부러움 섞인 소리를 듣기도 한다.

실제로 이들에게 월세는 제2의 월급이다. 동료들이 매월 카드값, 생활비, 교육비, 대출 이자, 자동차 할부금 등을 갚느라고 허덕일 때 자신은 넓은 집으로 옮겨 가고 좋은 차로 갈아타는 여유를 부린다.

월급보다 많은 월세는 현실을 여유롭게 만들어 주는 요술 램프와도 같다. 비록 월세가 월급보다 적더라도 윤택한 삶을 영위하기는 마찬가지다. 경제적으로도 여유가 생기지만 정신적인 안정도 무시할 수 없을 만큼 크다. 주위 사람들에게 아쉬운 소리를 하지 않아도 된다. 급전이 필요할 때 은행이나 사채 업체를 찾아가 굽실거리지 않아도 된다. 게다가 은퇴가 없는 월세는 노후 걱정까지 해결한 셈이다.

수익형 부동산에 투자해서 월세를 받는 평범한 직장인들을 만나 두 개의 월급 통장으로 여유 있는 삶을 즐기는 이들의 이야기를 이 책에 담았다. 먼저 그들이 어떻게 월세 받는 직장인이 됐는가를 소개한다. 특별한 노하우가 아니라 평범한 진실을 구체적으로 설명해 나갈 것이다. 평범한 방법이므로 누구나 따라 할 수 있다는 점을 강조하고 싶다.

수익형 부동산을 유형별로 나눠 현미경으로 들여다본 모습도 그려

놓았다. 대표적인 수익형 부동산으로서 오피스텔, 상가, 빌라의 장단점을 정리했다. 모든 수익형 부동산에 공통점이 있는가 하면 각 형태에 따라 미세한 차이점도 있다. 그 미세한 점이 중요하다는 사실도 녹여 두었다. 단, 수익형 부동산은 자신의 자산이므로 꾸준한 관리가 무엇보다 중요하다. 적은 비용으로 제대로 관리하는 방법도 함께 소개했다.

수익형 부동산 투자는 큰돈 벌이가 목적은 아니지만 부자가 되는 디딤돌로 삼을 수 있다. 자수성가한 100억 부자도 처음에는 푼돈 벌이로 시작했으니 이 책은 《한국의 100억 부자들》의 프리퀄(Prequel)이라고 볼 수도 있겠다.

이 책에 필요한 사례, 정보, 자료를 얻기 위해 많은 곳을 찾았다. 문전박대한 부동산중개인, 자신의 사례를 세상에 밝히지 말아 달라는 회사원, 몇 차례 만났지만 별다른 내용이 없는 경우를 포함해 참 많은 사람을 만났다. 굵직한 노하우를 털어놓고 작은 팁을 귀띔해 준 사람들과 금융권 관계자, 부동산 관계자, 출판사 임직원의 도움으로 이 책을 마무리할 수 있었다. 그 외에도 여러모로 힘을 보탠 분들이 많은데 지면에 나열하지 못함이 애석하다. 감사드린다.

2014년 서울 용산에서
노진섭

# 월세 부자가 되기 위한
# **열 가지 원칙**

:

하나, 월급과 같은 고정 수익이 반드시 있어야 한다.

둘, 투자는 쓸 수 있는 돈의 60퍼센트 이내에서 한다는 원칙을 지킨다.

셋, 나만의 정보가 담긴 노트를 마련하고 꾸준히 기록한다.

넷, 중소형 부동산에 투자하면서 경험을 먼저 쌓는다.

다섯, 현재 수익률보다 미래 수익을 따진다.

여섯, 정보만 믿지 않고 반드시 발로 뛰고 눈으로 확인한다.

일곱, 주인보다 세입자의 시각에서 부동산 물건을 고른다.

여덟, 서울만 고집하지 않고 지방을 선택할 줄도 알아야 한다.

아홉, 자신의 형편과 성향에 적합한 수익형 부동산을 찾는다.

열, 임대 수익률 하락이나 대출 이자율 상승과 같은 문제에 대비한다.

제4장 **수익형 부동산의 꽃, 상가**

# 제1장

# 월세 받는
# 시대가 몰려온다

전셋값이 끝을 모르고 치솟는다. 최근 1년 사이 전세 가율(매매가 대비 전세가 비율)이 80~90퍼센트에 달했고 이제 '00주 연속 전셋값 상승세'라는 뉴스가 식상할 정도다. 국제 금융 기구인 IMF(국제통화기금)는 한국의 전세 제도가 금융권의 구조적인 요인이 될 수 있다고 경고하며 보고서에서 처음으로 언급했다. 국내 부동산 전문가들 역시 빠르게 증가하는 전세보증금이 금융 시장 불안뿐 아니라 내수 경기 침체에도 부정적인 영향을 미칠 수 있는 만큼 대책 마련에 서둘러야 한다고 지적한다. 전셋값을 잡겠다며 전세 대출에 목을 맸던 정부도 전세 수요를 아예 월세 수요로 전환하는 정책을 내놓겠다고 고심 중이다. 앞으로 전세가 줄고 월세가 늘어나는 현상은 더욱 가속화될 것으로 전망된다. 이는 분명 월세를 받아서 안정된 수입원을 만들려는 사람들에게 호재로 작용할 것이다. 당신도 월세 받는 부자가 되는 첫걸음을 뗄 수 있다.

# 당신의 노후 자금,
# 지금 이대로 충분할까

2012년 기준으로 한국인의 평균 수명은 81세다. 말 그대로 평균이어서 100세까지 사는 사람도 있으며 의학이 발달할수록 장수하는 사람들은 더 늘어날 것으로 보인다. 이제 막 은퇴했거나 직장을 떠나야 하는 1차 베이비붐 세대(1955~1963년생)의 퇴직 나이는 평균 53세로 평균 수명까지 28년, 100세까지는 47년을 더 살 수 있다. 한마디로 은퇴 후 30~50년을 경제 활동 없이 더 사는 셈이다.

이 기간 동안 생활비는 어떻게 해결해야 할까? 믿는 구석이라고는 퇴직금과 국민연금뿐이다. 직장인의 평균 근속 연수가 25~30년이라고 보면 평균 퇴직금의 규모는 대략 1억 원 내외다. 국민연금을 월 100만 원씩 받을 수 있을지 의문이다.

가장 편한 노후 대비는 거액을 은행에 넣어 두고 매달 이자를 받아 생활하는 것이다. 그래서 미래에셋은퇴연구소가 연 2,000만 원, 그러니까 월 생활비 약 166만 원을 조달하려면 은퇴 자금이 얼마나 필요한지 계산해 보니 금리가 5퍼센트라고 할 때 4억여 원이 나왔다. 금리가 4퍼센트라면 5억 원이 있어야 하고, 3퍼센트라면 7억 원, 2퍼센트일 때는 8억 원을 은행에 넣어 둬야 한다.

2014년 초 현재 은행 금리 최고치를 3퍼센트라고 볼 때, 퇴직금 1억원을 은행에 예치하면 월 25만 원의 이자가 붙는다. 여기에 국민연금 100만 원을 받을 수 있다고 해도 모두 125만 원이다. 이 돈으로 부부가 생활할 수 있을까? 어떻게든 생활을 하더라도 물가는 계속 상승할 테고 돈 쓸 곳은 늘어나면 늘었지 줄어들지 않을 것이다.

## 턱없이 부족한
## 노후 자금

노후 자금은 얼마나 필요할까? KB경영연구소가 계산한 결과 월평균 227만 원이 필요하다는 답이 나왔다. 위에서 우리는 긍정적으로 계산해서 월 소득 125만 원을 예상했다. 그런데 실제로 조사해 보니 은퇴후에 준비할 수 있는 금액은 월 91만 원에 불과했다. 필요한 금액 227만 원에서 136만 원이 부족하다.

이를 일반 가정과 독신 가정으로 세분해서 살펴보자. 일반 가정은 월평균 251만 원이 필요하고 노후 준비금은 88만 원이다. 163만 원이 부족한 셈이다. 일반 가정에서도 자녀가 있으면 필요한 생활비는 더 늘어나 254만 원이 되지만 준비금은 84만 원으로 줄어들어 170만 원의 부족금이 발생한다. 자녀 교육비로 돈을 써서 노후 준비가 빈약한 것이다. 자녀가 없는 가정은 월 228만 원이 필요하고 준비금은 127만 원으로 역시 101만 원이 부족하다. 독신 가정은 월평균 143만 원이 필요한데 준비금은 83만 원이어서 60만 원 부족한 것으로 조사됐다. 아무리 딸린 가족이 없는 독신이라도 퇴직금 1억 원의 예금 이자와 국민연금 100만 원을 합쳐 봤자 노후를 살기에는 부족하다는 결론이다.

앞에서 국민연금을 100만 원으로 높게 잡았지만 사실 본인이 받을 액수를 정확하게 아는 사람은 많지 않다. 베이비붐 세대의 국민연금 평균 금액은 월 45만 원이다. 퇴직금 1억 원을 받아 은행에 예치해 두고 받는 월 이자 25만 원을 더하면 70만 원이다. 혼자 살기도 어려운 액수라 부양 가족이 있다면 사실상 생활 자체가 안 된다. 베이비붐 세대에게 국민연금은 생활비보다 용돈 개념으로 생각하는 게 편하다.

맞벌이 부부가 많은 30~40대는 상황이 나은 편이다. 근로자 가구 평균 소득을 4,800만 원(세전)이라고 가정할 때 부부가 받을 수 있는 국민연금은 약 100만 원이다. 하지만 이는 맞벌이 부부인 경우이고 홀벌이라면 따로 방침을 세워야 하는데 그 가운데 하나가 바로 국민연금 가입이다. 국민연금에 가입하지 않은 주부들은 임의가입제도를 통해 국민연금에 가입할 수 있는데 납부 보험료는 최소 8만 9,100원부터 33만 7,500원까지 선택할 수 있다. 최고액을 선택해 20년간 내면 매월 61만 520원, 30년간 납부하면 월 88만 9,320원을 받는다.

주부들이 국민연금에 가입해야 하는 이유는 국민연금이 매년 물가 상승률을 반영하는 유일한 연금이기 때문이다. 노후 준비가 불투명해지는 가장 큰 걸림돌인 물가 상승률을 해결해 주는 것이다. 일반인이 가장 걱정하는 부분은 지금 저금하는 10만 원의 가치가 20~30년 후에 현저히 떨어진다는 점이다. 30년 전에는 350원으로 자장면 한 그릇을 사 먹었지만 지금은 그 돈으로 라면 한 봉지도 빠듯하다. 따라서 물가 상승률이 반영된 국민연금은 꼭 가입해야 하는 필수 상품이다.

남편이 사망하면 유족연금을 받는다면서 국민연금 가입을 꺼리는 주부도 있다. 그러나 배우자에게 지급하는 유족연금은 30~40만 원에 불과하기 때문에 노후 자금으로는 부족하다. 40대 중후반 주부들은 20년이 넘는 납부 기간을 채우지 못할까 봐 걱정하지만, 국민연금은 20년 만기를 못 채우면 연금 개시점에서 반환일시금이라는 명목으로 그동안 넣은 원금에 이자를 더해 한꺼번에 받을 수도 있다.

연금 수령 시 물가에 연동되어 연금액이 점점 늘어나는 장점도 있다. 게다가 노령 연금 수급권자가 수급 도중 사망하면 배우자에게 평생 유족연금이 지급된다. 주부 등 임의 가입자는 납부액을 고를 수도 있다. 물론 높은 수익률을 기대하기 힘들다는 단점이 있지만, 연금법이 개정되면 받는 시기나 금액이 조절될 수도 있다. 다만 월 최대 33만 7,500원 이상은 납부할 수 없으므로 국민연금 이외에 다른 상품을 병행해야 한다.

## 국민연금만으로는
## 부족하다

국민연금을 보충하는 방법은 퇴직연금과 개인연금이다. 개인연금보다 퇴직연금이 바람직하다. 퇴직연금은 평상시 월급에서 원천징수되는 터라 특별히 신경 쓰지 않아도 저절로 돈이 모이는 효과를 얻는다. 하지만 대기업 외에는 퇴직연금을 운용하는 기업이 많지 않다. 운이 좋아 퇴직연금에 가입했다면 생활비 조달원을 확보한 셈이다. 회사를 옮기더라도 연금은 계속 유지하는 것이 좋다. 10년간 퇴직연금을 부으면 보통 30~40만 원의 연금을 받는다.

퇴직연금에 가입하지 않았다면 개인연금을 들어야 한다. 부부의 경우 여성의 평균 수명이 남성보다 7년 정도 길기 때문에 아내 명의로 가입하는 것이 좋다. 개인연금은 복리로 운용되는 만큼 이른 나이에 가입할수록 유리하다. 납부 기간을 20년으로 잡았을 때 30대는 납입 금액의 2배, 40대는 1.5배를 받고, 50대는 받는 금액이 납입액보다 적다. 30만 원을 충당하려면 30대는 15만 원, 40대는 20만 원을 내면 된다. 이 정도는 가정 경제에 큰 무리가 되지 않는 선에서 납부 가능한 금액이다.

퇴직연금의 장점은 연금의 절반을 회사가 부담한다는 것이다. 퇴사하면 중도 해지를 할 수 있다. 임금 상승률이 높은데 아직 젊다면 확정급여형이, 정년에 가깝다면 은퇴 자금 규모를 키울 수 있는 확정기여형이 좋다. 단점은 대부분의 경우 중도에 찾거나 해지해서 연금을 유지하기 어렵다는 것이다. 직장 사정에 따라 가입이 중단될 수도 있다.

개인연금의 장점은 변액연금의 경우 높은 수익률을 기대해 볼 만하다는 것이다. 본인이 연금액과 보험사를 정할 수도 있다. 10년 이상 납부할 경우 비과세와 복리 이자의 혜택을 보기도 한다. 단점은 중도 해지할 경우 원금도 못 찾을 수 있다는 것이다. 또한 연금 수령액이 물가 상승률을 반영하지 못한다. 가입자는 많은데 절반 이상이 2년 이내에 해약하는 등 유지하기가 어렵다.

집을 담보로 가입하는 주택연금도 있다. 말 그대로 지금 사는 집을 담보로 금융 기관에서 일정 금액을 연금처럼 받는 것이다. 주택금융공사에서 보증서를 발급받아 국민은행, 우리은행 등 주택연금 취급 은행에서 대출을 받으면 된다. 부부 모두 만 60세 이상의 1주택 소유자이며 주택 가격이 9억 원 이하라는 조건을 충족하면 누구나 가입할 수 있다. 주택연금을 이용할 경우, 방식에 따라 다르지만 만약 5억 원 상당의 주택을 일반 정액형으로 추산한다면 매달 120만 원가량 받을 수 있다. 집값이 오르든 내리든 상관없이 처음 계약할 때 연금이 정해지기 때문에 집값이 가장 높을 때 신청하는 것이 유리하다. 부부가 모두 사망하면 주택을 청산해서 그동안 받은 연금을 빼고 상속인에게 돌려준다.

월 지급식 펀드에 투자해 매달 고정 수익을 창출할 수도 있다. 월 지급식 펀드는 내가 맡긴 자금을 주식이나 채권 등에 투자해서 그 수익금을 매달 연금으로 주는 방식이다. 우리보다 베이비붐 세대의 은퇴가 빨리 시작된 일본에서는 1990년대 후반부터 월 지급식 투자 상품

열풍이 불었다. 월 지급식 펀드의 장점은 받을 금액을 스스로 정한다는 것이다. 예를 들어 2억 원을 예치하고 월 0.5퍼센트를 받겠다고 정하면 매달 100만 원을 받는다. 만일 그 달에 100만 원의 수익이 나지 않으면 부족한 부분을 원금에서 보충한다. 반대로 수익률이 높으면 원금도 늘어난다. 원금 손실이 발생하는 상품이기 때문에 공격적인 투자를 선호하는 사람들이 선택한다.

대부분의 노후 자금 대책은 퇴직금과 국민연금을 합한 금액인데, 이것만으로는 역부족이다. 퇴직연금, 개인연금, 주택연금 등에 추가로 가입해야 한다. 이처럼 많은 연금에 가입해야 어떻게든 노후에 쓸 생활비를 충당하겠다 싶다. 하지만 연금마다 단점이 있어서 계속 불안한 데다 젊을 때 돈을 내느라 등골 빠질 일이다.

# 수익형 부동산이 답이다

열심히 일해도 저축하기 빠듯해서 워킹푸어라는 신조어가 생길 정도로 높은 사교육비와 부채 속에서 여유 자금을 만들기란 쉽지 않다. 노후 자금을 확보하지 못하는 데는 부동산 탓이 크다. 전체 가구의 자산 가운데 부동산 관련 비율이 79.3퍼센트에 이를 만큼 가계의 부가 부동산에 편중되어 있다. 미래에셋투자교육연구소가 수도권에 거주하며 은퇴를 앞둔 1955~1966년생 베이비붐 세대를 대상으로 조사한 결과, 이들의 평균 자산은 4억 8,000만 원이고 그중 집값이 4억 6,000만 원이었다. 역으로 생각하면 집의 효용 가치가 높다는 뜻이다.

30년 동안 일해서 어렵게 마련한 집이 은퇴 후 30년을 책임지기도 한다. 시가 3억 원 상당의 부동산을 소유하고 있다면 부동산 관련 상품 등을 이용해 월 60~70만 원의 수익을 낼 수 있다. 이를테면 지금

사는 집을 팔고 작은 집으로 옮기면서 생긴 차액을 이용해 수익을 내는 것이다. 여유 자금으로 오피스텔 등 수익형 부동산을 구입해 월세를 받거나 즉시연금보험에 가입해 이자를 받을 수 있다. 임대 수익을 올리는 수익형 부동산은 꾸준히 인기를 끌고 있다. 서울의 강남이나 종로 같은 업무 중심 지역은 임대 수요가 풍부하고 전문직 종사자가 많아서 임차인을 구하기 편하다. 금액이 부족하면 대학이나 업무 중심 지역으로 출퇴근하기 좋은 주변 지역의 역세권으로 눈을 돌려 보는 것도 방법이다.

다만 수익률이 항상 높은 편은 아니라는 점에 유의해야 한다. 서울 중심 지역의 오피스텔 평균 수익률은 5퍼센트 중반 정도다. 여기에 부동산 수수료와 연 관리비, 각종 수리비 등의 유지 비용을 제하면 수익률은 4퍼센트대로 추락한다. 임대 수익을 높이기 위해 부동산을 저렴하게 구입할 수 있는 경매나 공매에 꾸준히 관심을 두고 부동산 구매 자금을 낮춰야 수익률을 올린다.

수익률이 높은 수익형 부동산을 구입하려면 발품도 팔아야 하고 부동산을 소유하는 동안 꾸준한 관리도 필수다. 예를 들어 임대료 연체 관리가 필요한데, 임대료가 연체되면 특정 날짜까지 갚으라는 내용증명을 보내고 그때까지도 연체료를 내지 않으면 법정 소송에 들어가야 한다. 보증금에서 법적 변호사 비용을 제하겠다고 하면 대부분은 연체된 월세를 받을 수 있다.

## 연금 상품과 수익형 부동산 중
## 어떤 것이 나을까

반면, 즉시연금보험은 신경 쓸 일이 적은 편이다. 금융 회사에서 매달 꼬박꼬박 연금을 넣어 주기 때문에 별다른 고민이 없다. 금리가 4퍼센트대여서 수익형 부동산에 크게 뒤지지도 않고, 비과세 혜택과 상속세에서도 절세 효과를 본다. 그러나 공시 이율이 떨어지면 연금액이 추락할 수밖에 없다. 또한 연금을 10년 이상 유지해야 해야 그때부터 혜택을 볼 수 있고, 특히 종신형은 중도 해지도 불가하다.

수중에 3억 원의 여윳돈이 있다면 즉시연금보험과 수익형 부동산 중 어떤 상품이 유리할까. 자금 여유가 있다면 즉시연금보험이 나쁘지 않다. 10년 이상 유지하면 비과세 혜택을 볼 수 있다. 하지만 자금 여유가 없는 월급쟁이라면 수익형 부동산이 적합하다.

실제로 수익형 부동산에 대한 기대가 많다. 2013년 KB국민은행이 일반인 6,538명과 부동산중개인 894명 등 총 7,432명을 대상으로 한 온라인 설문 조사 결과를 발표했다. '여유 자금(은퇴 자금)으로 투자할 때 가장 선호하는 대상이 무엇인가?'라는 질문에 대해 은행의 예금과 적금을 꼽은 사람이 전체의 39.7퍼센트로 수익형 부동산을 꼽은 사람(31.4퍼센트)보다 많았다. 그다음으로 국내외 주식·주식형 펀드 12.9퍼센트, 연금보험 12.2퍼센트, 국내외 채권·채권형 펀드 3.8퍼센트 등의 순으로 나타났다.

그러나 실제 투자 가치를 묻는 말에는 다른 대답이 나왔다. '향후 투

연금 상품과 수익형 부동산 비교

| 구분 | 연금 상품 | 수익형 부동산 |
|---|---|---|
| 종류 | 은행(확정기간형), 증권사(확정기간형), 보험사(종신형). 확정기간형은 일정 기간에만 연금을 받고 종신형은 사망할 때까지 연금을 받는다. | 오피스텔, 상가, 빌라 등 |
| 연 수익률 | 4퍼센트대 | 5퍼센트대 |
| 2억 원 투자에 대한 월 수익 | 약 66만 원 | 약 83만 원 |
| 장점 | 10년 이상 유지 시 비과세 혜택 | 취득세, 소득세 등 과세 대상 (주택임대사업 등록자는 비과세 혜택) |
| 단점 | 물가가 오르면 연금액의 가치는 떨어진다 | 상권 분석, 건물 관리, 공실률 위험 등 고려 |

자 가치가 가장 클 것으로 생각되는 부동산이 무엇인가?'라는 질문에 대한 답은 수익형 부동산이 주류를 이뤘다. 수익형 부동산 가운데 원룸 주택·도시형 생활주택을 꼽은 응답자가 24퍼센트로 가장 많았고, 상가와 오피스 빌딩 21퍼센트, 오피스텔 10.4퍼센트 순으로 조사되었다. 2000년대 큰 인기를 끈 아파트의 경우 12.6퍼센트에 불과한 것은 부동산 투자 패러다임이 시세 차익보다는 현금 흐름 중심으로 전환되고 있음을 보여 준다. 토지를 유망 투자처로 보는 응답자는 22.5퍼센트, 단독주택은 9.5퍼센트로 나타났다.

연령별로 세분화한 결과 40세 이상이 여유 자금을 수익형 부동산에 투자한다는 응답은 41.2퍼센트로 40세 미만(24.1퍼센트)보다 많아 눈길을 끌었다. 취업자별로는 급여 생활자(25.7퍼센트)보다는 비급여 생활자(36.9퍼센트)가 수익형 부동산을 선호하는 것으로 나타났다. 소득이 일정하지 않은 자영업자 등 비급여 생활자들이 안정된 임대 소득이 발생하는 수익형 부동산에 관심이 많다는 결과는 자연스러운 답변으로 보인다.

메트라이프와 삼성생명이 시행한 설문 조사에서도 비슷한 결과가 나왔다. 베이비붐 세대의 자산 가운데 부동산이 82.4퍼센트로 가장 많은 비중을 차지했다. 금융 자산(14.8퍼센트), 기타 실물 자산(2.8퍼센트)이 그 뒤를 잇는다. 그들이 선호하는 부동산은 임대용 부동산이 35.2퍼센트로 가장 높게 나타났고, 현금(34.2퍼센트), 금융 자산(22.5퍼센트), 토지(5.1퍼센트), 아파트(3.1퍼센트) 순으로 이어졌다.

아직도 예금과 적금은 가장 안정된 재테크 수단임에 틀림없다. 적어도 원금을 손해 보지는 않는다. 하지만 사실을 알고 보면 그렇지도 않다. 1억 원을 은행에 묻어 두면 주식 시장이나 주택 시장이 폭락해도 1억 원 현금은 아무런 영향을 받지 않는다. 내일 당장 1억 원을 현금으로 찾을 수도 있다. 그러나 지금의 1억 원과 10년 후의 1억 원은 같은 가치를 유지하지 않는다. 그 가치가 떨어질뿐더러 그동안의 이자도 매우 낮은 상태다. 은행에 돈을 넣어 두지 않는 것은 저금리 때문이다. 과거 금리가 높을 땐 전세를 주어 그 금액을 은행에 넣어 두고 이자를 받으면 생활비가 나왔다. 그러나 지금은 언감생심이다. 예금 금리가 낮으니 은행에 돈을 묻어 놔 봤자 돌아오는 이득이 거의 없다. 2013년 12월 초 기준 예금 금리는 은행마다 약간씩 차이가 있지만 대체로 3

퍼센트를 넘지 않는다. 금리가 가장 높은 은행이 2.8퍼센트 선이다. 정기예금에 1억 원을 묻어 놓을 경우 연 금리가 280만 원에 불과하다. 매월 이자로 23만 원가량 받는 정도다.

## 수익형 부동산으로
## 돈이 몰리는 이유

따라서 앞으로는 예금이나 적금에 넣을 돈을 부동산에 투자할 것으로 보인다. 자산 구성에 변화가 생긴다는 얘기다. KB금융지주경영연구소가 2년 전 한국인의 자산 구성을 살펴봤다. 자산 형태는 부동산 58.1 퍼센트, 금융 자산 36.9퍼센트, 기타 5퍼센트로 나타났다. 부동산 자산을 들여다보니 상가가 13.4퍼센트였는데, 향후 30퍼센트까지 증가할 것으로 경영연구소는 내다봤다. 주거용 주택도 3.2퍼센트에서 3.9 퍼센트로, 토지도 10.1퍼센트에서 20퍼센트 이상 증가할 것으로 예상했다. 그러나 금융 자산은 대부분 줄어든다. 예를 들어 적금은 18.9퍼센트에서 4.1퍼센트로 대폭 하락할 거라고 분석했다.

수익형 부동산이란 월세가 창출되는 오피스텔, 연립주택(빌라), 상가 등을 말한다. 이 책에서는 세 가지 수익형 부동산을 다루지만, 그 외에 단독주택, 원룸주택, 지식산업센터(과거 공장형 아파트라고 부른 부동산) 등도 수익형 부동산이다. 어떤 부동산이든 임대를 줘서 수익을 챙길 수 있는 물건은 수익형 부동산이라고 한다. 구체적으로는 임대 수익형 부동산이라고 부른다. 보통 초기 투자비는 주거용보다 상가가 많이 든다. 주거용은 1~2억 원으로, 상가는 3~5억 원으로 임대 사업을 시작할 수 있다.

그렇다면 왜 수익형 부동산에 관심을 보이는 것일까? 시세 차익을 보기 위한 투자에서 임대료 수입을 위한 투자로 부동산 시장의 패러다임이 변했기 때문이다. 소유 개념에서 이용 개념으로 부동산 투자의 목적이 변한 것이다. 여기에 베이비붐 세대의 현실이 맞물렸다. 그들은 소득보다 지출이 많다. 부동산 가격이 답보 또는 하락하면서 시세 차익을 기대할 수 없어지고, 생활비와 교육비 등이 늘어나면서 노후는 물론 당장 먹고살 생활 자금이 필요해진 베이비붐 세대가 부동산을 보유할 이유가 사라지자 매달 월세를 창출하는 수익형 부동산으로 눈길을 돌린 것이다.

가구의 변화도 맞아떨어졌다. 대형 가구(4인 가구)에서 소형 가구(1~2인 가구)로 가구 구성원 수에 변화가 생겼다. 1~2인 가구가 전체 가구의 절반을 차지할 정도로 그 비중이 커졌는데 이들에게는 큰 주택보다 작은 주택이 필요하다. 2012년부터 오피스텔과 원룸 수요가 크게 증가한 배경이다. 글로벌 금융 위기를 겪으면서 건물, 상가 등의 수익형 부동산 보유 비중이 커졌는데 앞으로도 지속될 전망이다.

수익형 부동산의 장점은 수익률이 5퍼센트대 이상으로 높다는 것이다. 중간에 처분할 수도 있다. 시세가 오르면 매각으로 그 차익을 얻는다. 연립주택, 오피스텔, 상가 같은 수익형 부동산의 최대 강점은 인플레이션(물가 상승) 방어에 있다. 임대를 목적으로 한 수익형 부동산은

## 1인 가구가 전체 가구에서 차지하는 비율

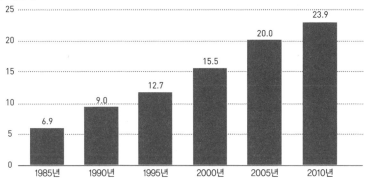

(단위: 퍼센트)

자료: 통계청

## 가구원 수 규모

자료: 통계청

해마다 오르는 물가 이상의 수익을 보장받는 안정된 투자처라는 것이다. 최근 정부가 조건을 완화해서 임대용 부동산에 대한 세제 혜택이 지금보다 확대될 전망이다. 매달 현찰을 챙기면서 자산 가치를 올리고 세제 혜택까지 받으면 일석삼조의 효과를 챙기는 셈이다. 나중에 수익형 부동산을 자녀에게 상속하면 자녀의 부수입원이 되는 것도 빼놓을 수 없는 장점이다.

몇 십만 원에서 몇 백만 원 수준의 월세를 받지만 그 액수가 중요한 것은 아니다. 그만큼 생활의 여유가 생긴다는 점에도 주목할 필요가 있다. 부자는 아니지만 부자같이 든든해진다.


## 소액으로 높은 수익률을
## 기대할 수 있다

수익형 부동산은 소액으로 시작할 수 있다고 하는데 과연 소액이란 얼마를 얘기하는 것일까? 자산 100억 원을 소유한 사람에게 1억 원은 소액이다. 1억 원밖에 없는 사람에게 1억 원은 거액이다. 같은 1억이라도 주관적인 상황과 시각에 따라 거액도 되고 소액도 된다. 그러므로 소액을 얼마라고 딱 부러지게 설명한 공식은 없다. 다만 직장인의 평균 연봉이 1억 원 미만임을 고려할 때 그 금액 이하를 소액이라고 할 수 있겠다. 월급쟁이가 수천만 원을 모으려면 몇 년 동안 허리띠를 졸라매야 하지만, 그 돈에 은행 대출금을 더하면 아파트는 아니더라도 소형 주택, 오피스텔, 상가는 분양받을 수 있다.

수익형 부동산의 수익률은 어느 정도 돼야 할까? 2013년 KB국민은행이 일반인 6,538명과 부동산중개인 894명 등 총 7,432명을 대상으로 한 온라인 설문 조사 결과, 국민 10명 중 8명은 수익형 부동산에 투자할 경우 수익률이 적어도 연 6퍼센트를 넘어야 한다고 생각하는 것으로 나타났다. 이는 1년 만기 정기예금 이자율(연 3퍼센트 초반)의 2배 이상이 되어야 만족한다는 뜻이다. '수익형 부동산에 투자할 때 희망 수익률이 어느 정도인가?'라는 질문에 전체 응답자의 80.8퍼센트가 연 6퍼센트 이상이라고 답했다. 구체적으로는 연 6~7퍼센트대 수익률이 되어야 한다는 응답이 37.6퍼센트로 가장 많았으며, 연 8~9퍼센트대 수익률 희망 응답자는 24.3퍼센트, 연 10퍼센트 이상 수익률 희망 응답자는 18.9퍼센트였다. 이에 비해 연 5퍼센트대 수익률을 희망한다는 응답자는 15.1퍼센트, 연 4퍼센트대 수익률 희망 답변자는 4.1퍼센트에 그쳤다.

앞으로 수익형 부동산 트렌드는 계속 이어질 전망이다. 그 배경으로는 소형 가구와 노령 인구 증가가 손꼽힌다. 이혼, 만혼, 성인 독립, 고령화, 사별 등으로 1~2인 가구가 2035년까지 계속 증가해 전체 가구의 70퍼센트를 차지할 것으로 보인다. 실제로 이혼율은 OECD 국가 가운데 한국이 1위다.

기대 수명이 증가하는 추세도 수익형 부동산의 장래를 밝게 하는 배경이다. 2009년 기준 OECD 국가 가운데 한국인의 기대 수명은 여성이 83.8세(6위) 남성은 76.8세(20위)다. 한국은 2018년 고령 사회(65

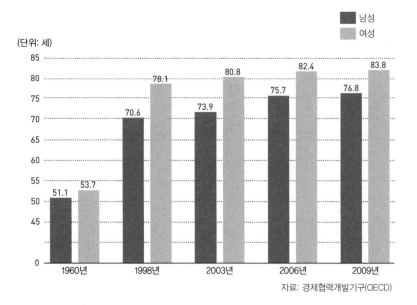

한국의 남녀 기대 수명, 어떻게 변해 왔나?

(단위: 세)

■ 남성
■ 여성

자료: 경제협력개발기구(OECD)

세 이상이 전체 인구 중 14퍼센트 이상)에 진입할 전망이다. 2020년에는 고령 인구 비율이 전체 인구의 20퍼센트를 넘어선다. 이 속도는 가속 될 것으로 보이는데, 7퍼센트에서 14퍼센트로 늘어나는 데 18년 걸렸 지만 14퍼센트에서 20퍼센트까지는 8년이 걸릴 거라고 통계청은 추 산한다. 현재 고령 인구의 비율은 전체 인구의 11.3퍼센트에 달한다.

한국은 일본과 비슷한 현상을 밟아 가는데, 일본은 1990년대 부동 산 거품이 붕괴하면서 자산 가치가 4분의 1로 줄었다. 10억 원 하던 아파트가 2억 5,000만 원이 된 셈이다. 그러면서 일본은 수익형 부동 산에 대한 인기가 높아졌다. 일본의 부동산 수익률은 지금도 5퍼센트

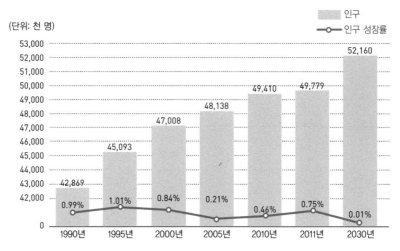

### 인구, 얼마나 늘어날까?

(단위: 천 명)

인구
인구 성장률

| 연도 | 인구 | 인구 성장률 |
|------|------|------------|
| 1990년 | 42,869 | 0.99% |
| 1995년 | 45,093 | 1.01% |
| 2000년 | 47,008 | 0.84% |
| 2005년 | 48,138 | 0.21% |
| 2010년 | 49,410 | 0.46% |
| 2011년 | 49,779 | 0.75% |
| 2030년 | 52,160 | 0.01% |

자료: 통계청

대를 유지하고 있다.

1~2인 가구가 늘어나면서 대형보다는 소형 주택에 대한 선호도가 높아질 전망이다. 대체로 85제곱미터(20~25평) 이하가 강세다. 대형 평형은 미분양 사태가 생길 정도로 인기가 사라졌다. 유럽발 금융 위기 등 세계 경기가 불안하고 실질 소득 감소에 따른 구매력이 약화된 점, 가구원 수 감소 등이 중소형 부동산을 선호하는 배경이다.

이에 따라 주택 형태도 지금보다 다양해질 것으로 보인다. 일본에는 여성 전용 주택이 생겼다. 전용 면적 47제곱미터(14평)짜리 주택이 15만 엔(약 195만 원)에 임대되고 있다. 셰어하우스도 있다. 고시원과 비슷한 개념인데, 월세가 4~5만 엔(50~60만 원)이다. 그 외에도 음악가를 위한 주택, 오토바이 족을 위한 주택, 반려동물을 위한 주택까지

1~2인 가구의 형태가 다양해졌다.

국내 부동산 경기가 살아나면서 수익형 부동산에 대한 관심은 더 커질 것으로 예상된다. 2014년 들어 서울과 수도권의 주택 시장이 회복세를 띠고 있다. 다주택자 양도소득세 중과 제도를 9년 만에 폐지하고, 취득세를 영구 인하했으니 부동산 거래가 살아날 조짐을 보인다. 분양가 상한제를 제외하고는 주택건설업계에서 요구해 온 규제가 사실상 모두 풀린 터라 실수요뿐 아니라 투자 수요도 활기를 찾을 것으로 전망된다.

부동산 전문가들은 2014년 상반기에 집값이 바닥을 찍을 것으로 내다본다. 박합수 KB국민은행 부동산팀장은 "2014년은 실물 경제가 2013년보다 개선되는 한편, 전세값이 폭등해 어쩔 수 없이 집을 사는 사람이 늘면서 주택 거래도 점차 늘어날 것이다."라고 예측했다.

건설산업연구원은 최근 보고서(《2014년 주택·부동산 전망》)에서 서울과 수도권 집값이 연평균 1퍼센트 상승할 것이라고 밝혔다. 서울과 수도권 아파트값이 1퍼센트 오르면 주택 거래량은 40~50퍼센트 증가할 것으로 예상된다. 2011년 0.4퍼센트 올랐을 때 거래량은 2010년보다 40퍼센트 많은 7만 가구 늘었다.

일반인들도 주택 시장을 낙관적으로 보고 있다. 부동산정보업체인 부동산114가 수도권 거주자 643명을 대상으로 '2014년 상반기 부동산 시장 전망 조사'를 실시한 결과, 2년 내 주택을 사고팔 의사가 있다고 밝힌 응답자가 62.9퍼센트로 팔거나 구입 계획이 없다고 대답한 37.0퍼센트보다 높았다. 사고팔 의사가 있다는 응답은 직전 조사

(2013년 초) 59.7퍼센트보다 3.2퍼센트포인트 증가했다.

경제 성장 등 실물 지표 개선과 저금리 기조에 따라 부동산 구매력이 회복될 가능성이 높다는 분석이 가능하다. 다만 지역적인 차별화는 있을 것으로 보인다. 수도권은 오랜 침체에서 벗어나 회복세가 예상되는 반면, 지방은 공급 물량 증가와 가격 상승 피로감 때문에 조정기에 들어갈 수도 있다는 시각이 우세하다.

양도세 중과 폐지와 지속되는 전세난은 거래 시장 정상화에 일정 부분 이바지할 것으로 관측된다. 서울 서초구와 강동구 등을 중심으로 재건축 이주 수요가 발생해 전세 시장이 여전히 불안하지만 양도세 중과 폐지 등 규제 완화에 힘입어 전세 수요가 매매 수요로 서서히 전환될 것으로 보인다.

관건은 금리 인상과 경기 회복이다. 미국의 양적 완화 축소에 따른 금리 인상 가능성과 경기 회복 여부 등은 주택 시장의 향방을 좌우하는 주요 변수로 꼽힌다.

미국의 양적 완화 축소가 본격화되면서 주택 시장 회복에 일부 영향을 미칠 것이라는 주장이 고개를 들고 있다. 국내 시중 금리가 반등할 가능성이 있기 때문이다. 다주택자 양도세 중과 폐지 이후 정부가 내놓을 만한 주택 시장 부양책이 그리 많지 않으므로 실물 경제 회복과 전세난 지속 여부 등이 2014년 주택 시장 회복의 관건이다.

급격한 금리 인상이 없다면 저평가된 지역과 개발 호재가 많은 지역을 중심으로 국지적인 가격 상승이 이어질 것으로 보인다. 그러나 2013년 말 생애 최초 주택 구입자 취득세 면제, 5년간 양도세 면제 등의 혜택이 종료돼 2014년부터 당장 거래량 증가 등을 기대하긴 어렵다. 한마디로 투자 심리가 개선되고 있지만 경기 회복이 뒤따라 줘야 부동산 시장 회복세도 본격화될 것이라는 전망이다.

## 국내 경기 회복세 탔다

2014년 국내 경기는 회복세를 띨 것으로 보인다. 한국은행은 2014년 경제 성장률을 3.8퍼센트로 전망했다. 2014년 경제 성장률이 기존 4.0퍼센트에서 하향 조정되기는 했지만, 2013년(2.8퍼센트)보다 좋아질 것이라는 점에는 변함이 없다.

부동산 경기로 시각을 좁혀 보자. 부동산114에 따르면 서울 아파트 3.3 제곱미터당 평균 전세금은 2007년 초 600만 원이 넘었고, 2010년 2월 700만 원대에 접어들었다. 2011년 7월 800만 원대를 돌파했고 2013년 7월 900만 원을 돌파하면서 전세금 최고치를 경신했다.

전세금이 가파르게 상승한 데는 주택 수급 불균형이 큰 부분을 차지한다. 서울 아파트 매매가는 지속해서 내림세를 보이는데, 매매를 원하는 사람은 없고 전세 수요자만 늘어나는 형국이다. 이런 수급 불균형은 월세 시장에도 문제를 불러왔다. 치솟는 전세금을 감당하기 어려운 세입자들이 점차 보증부 월세 형식으로 아파트에 거주하기 시작한 것이다. 2010년 10월부터 2013년 5월까지 서울 아파트 보증부 월세 실거래 자료에 따르면 월세 아파트의 평균 월세는 82만 원이다.

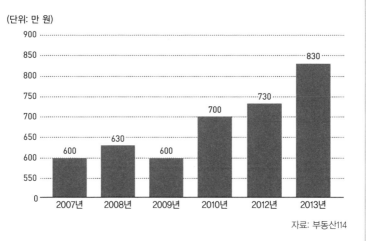

수도권 전세금 상승(3.3제곱미터당)

(단위: 만 원)

자료: 부동산114

    2013년 8월 28일 정부는 부동산 문제 해소를 위한 대안을 내놨다. 본격적인 가을 이사철의 전세 대란을 앞두고 정부가 칼을 빼 든 셈이다. 박근혜 정부가 들어서면서 벌써 두 번째 부동산 정책이다. 정부는 이번 정책이 매매, 전세, 월세 시장의 수급 불균형을 완화해 매매 시장과 전세 시장의 동반 안정을 유도한 맞춤형 대책이라고 말했다. 중저가 전세 세입자에 대해서는 보호 장치를 강화하고, 중고가 전세 세입자들은 적은 비용으로 주택을 구입하도록 지원하겠다는 방침이다. 또한 월세 소득공제도 공제율과 한도를 큰 폭으로 상향 조정해 전반적으로 주택 거래를 활성화하겠다는 결연한 의지를 보였다.

    8·28 부동산 대책의 핵심은 네 가지다.

    첫째, 취득세율 인하다. 정부는 취득세율을 낮추고 다주택자에게 부과하던 차등 부과를 폐지하겠다고 밝혔다. 현행 9억 원 이하 1주택 보유자에게 2퍼센트, 9억 원을 초과하는 다주택자에게 4퍼센트 부과하던 것을 6억 원 이하 1퍼센트, 6~9억 원 2퍼센트, 9억 원 초과 3퍼센트로 단순화하겠다는 것이다. 6억 원 이하 주택이나 9억 원을 초과하는 주택의 매매 수요자들은 각각 1퍼센트씩 세금 감면 혜택을 받는 셈이다. 정부는 추가로 양도세, 소득세, 법인세 감면 등도 추진할 계획이다.

두 번째는 저금리 장기 모기지 공급 확대다. 주택 구입자와 국민주택기금이 주택 구입에 따른 수익과 위험을 공유하는 조건으로 주택기금의 1퍼센트대 저금리 자금을 지원하는 새로운 방식의 주택 구입 지원 제도. 정부는 금리 부담을 줄임으로써 전세 수요가 매매 수요로 전환될 것을 기대하고 있다. 모기지 지원 제도의 구체적인 형태로는 수익공유형 모기지와 손익공유형 모기지가 있다. 수익공유형 모기지는 주택기금에서 집값의 최대 70퍼센트까지 연 1.5퍼센트의 이율로 돈을 빌려 주는 것이다. 훗날 주택을 팔거나 대출 만기가 되었을 때 수익이 발생할 경우, 차익의 일부를 주택기금과 공유하는 방식이다. 손익공유형 모기지는 주택기금이 집값의 최대 40퍼센트까지 지분 성격의 돈을 빌려 주는 것이다. 연 1~2퍼센트의 금리로 지원하고 주택 구입자와 기금이 손해 또는 이익을 공유하는 방식이다. 수익공유형 모기지는 주택기금이 손실을 책임져 주지 않지만 손익공유형 모기지는 주택기금과 주택 구입자가 손실을 공동 부담하는 점이 다르다.

세 번째는 임대 주택 공급 확대다. 현재 LH가 보유 중인 미분양 주택 2,000호를 9월부터 임대 주택으로 활용한다. 뿐만 아니라 해마다 11만 호의 공공 임대 주택을 지속해서 공급하는 한편, 도심 내 소형 임대 수요를 맞추기 위해 행복주택 건설을 추진할 계획이다. 가을 이사철에 집중적으로 물량 공세를 펴겠다는 것이다. 민간 임대사업자에 대한 혜택도 대폭 늘렸다. 기존 5퍼센트의 대출 금리를 2.7~3퍼센트까지 인하하고, 대출 한도도 1억 5,000만 원까지 늘렸다. 매입 대상 주택도 확대해 주택 거래를 활성화하도록 제도적 지원을 아끼지 않겠다는 방침이다. 일정한 요건을 충족할 경우 소형 주택 임대사업자의 임대 소득에 대한 소득세와 법인세도 20퍼센트 감면할 계획이다. 기준 시가 3억 원 이하의 주택을 세 채 이상 보유하고 5년 이상 임대하면 이 혜택을 받을 수 있다.

마지막은 서민과 중산층의 전월세 부담 완화다. 최근 전세 물건을 찾기가 어려워지면서 기존의 전세 세입자들도 반전세 또는 월세로 전환하는 경우가 많다. 정부는 이런 월세 세입자를 지원하기 위해 소득공제율과 소득공제 한도를 높이기로 했다. 종전의 300만 원에서 500만 원으로 확장하는 것이다. 저소득층의 전세 자금 지원 요건도 완화했다. 주택기금에서 지원하는 저소득 가구는 소득이 최저 생계비의 2배 이내인 가구다. 이 요건이 충족되면 수도권 과밀 억제권역의 경우 보증금 한도가 종전의 1억 원에서 1억 2,000만 원까지, 대출 한도는 5,600만 원에서 8,400만 원까지 늘어난다.

# 수익형 부동산 투자자는
# 월세를 선호한다

베이비붐 세대의 직장인 김상준(52세) 씨는 매달 100만 원 가까운 임대료를 받는다. 2012년 연 3.9퍼센트 고정 금리 조건으로 2억 원가량 대출받아 서울 강북의 신축 아파트를 5억 원에 매입한 뒤, 보증금 5,000만 원에 매월 150만 원을 받는 조건으로 월세를 놓은 것이다. 대출금(2억 원) 이자가 월 65만 원인 점을 감안하면, 김씨는 3억 원을 투자해 매달 85만 원씩 연간 1,020만 원 상당의 고정 수입을 올리는 셈이다. 3억 원에 대한 세후 예금 이자 수익이 연 600만 원인 점을 감안하면 배 가까운 수익 효과다. 은퇴를 코앞에 둔 김씨는 월세 수입이 오히려 월급보다 더 든든하게 느껴진다고 한다.

요즘 소득 절벽 10년이라는 말이 생겼다. 50대에 직장에서 은퇴하고 연금을 받기 전까지 10여 년의 소득이 없는 기간을 말한다. 금융 기관이 앞 다퉈 관련 상품을 내놓는 이유가 바로 이 때문이다. 이런 상품은 직장에 다니는 동안 자금을 예치해 두면 은퇴 후 최장 10년간 원리금을 받도록 설계되어 있다.

외환은행은 45세 이상을 대상으로 퇴직금이나 부동산 매매 대금 등목돈을 맡기면 매월 원리금을 주는 새로운 상품을 선보였다. 농협은행에는 우대 금리를 제공하는 상품이 등장했다. 은퇴에 대비한 45세 이상은 0.1퍼센트포인트의 우대 금리를 주고, 조부모나 손자 손녀가 함께 가입하면 0.2퍼센트포인트씩 금리를 더 준다. 신한은행과 하나은행은 해당 통장으로 연금을 받을 경우 2퍼센트대 금리를 제공하는 상품을 운영 중이다.

금융 기관마다 경쟁하듯 퇴직자를 겨냥한 상품을 출시하는 이유는그들에게 당장 수익이 필요한 현실이 뚜렷하기 때문이다. 실제로 은퇴를 앞둔 40~50대 사이에서 수익형 부동산이 노후 준비의 핵심으로떠올랐다. 은행 예금 이자는 너무 낮아 성에 안 차고, 그렇다고 부동산이나 땅에 투자하자니 예전처럼 높은 시세 차익을 기대하기 어려워지면서 새롭게 등장한 재테크 풍속도다. 특히 월세는 월급처럼 고정 수입을 매월 또박또박 통장에 꽂아 주니 4050세대 입장에선 반길 일이다. 은퇴 전에 미리 수익형 부동산에 투자해 길을 마련해 두면 직장을다니는 동안에도 월급 외 수입을 챙긴다는 점 역시 놓칠 수 없는 매력이다.

## 달라지는
## 전월세 풍속도

100제곱미터 이하급 소형 주택의 전세난은 2014년 상반기까지 이어
질 전망이다. 이에 따라 전세 수요가 매매와 월세로 분산될 것이다. 전
세가 잦아들고 월세가 득세하는 이유는 단순하다. 전세가가 매매가에
육박하자 수요자는 차라리 집을 사거나 월세를 찾는 것이다. 2013년
9월 전국 아파트의 매매가 대비 전세금 비율은 65.2퍼센트로 11년 만
에 최고치를 보였다. 수도권 아파트 평균 전세금도 2억 121만 원으로
2억 원 선을 뚫었다.

정부는 전세 수요를 매매 수요로 돌리는 정책을 내놨다. 2013년에
발표한 8·28 부동산 대책은 매매 활성화에 초점을 두었다. 이로 인
해 일부 전세 수요가 매매로 돌아서기도 했다. 물론 집을 살 능력이 있
어도 전세에 머무는 수요가 있다. 집을 사도 집값이 오르지 않을 것이
기 때문이다. 은행 대출을 받아 집을 샀는데 집값이 오르지 않으니 부
담이다. 설상가상으로 대출 이자가 오르면 오히려 손해나기 십상이다.
예를 들어 보증금 1억 5,000만 원짜리 전세를 사는데 집주인이 오른
전셋돈을 월세로 전환하는 반전세를 요구할 수 있다. 전세 보증금을
월세로 바꿀 때 적용하는 이율(월세 전환율)은 서울 연 7퍼센트, 전국
평균 연 10퍼센트 정도로 은행 이자율(2.6퍼센트)보다 높다. 서울에 있
는 다세대주택을 기준으로 보증금 1,000만 원을 월세로 환산하면 약
7만 8,000원이다. 법정 상한선은 연 10퍼센트로 더 높다. 그 집을 사

려면 은행에서 1억 원을 대출받아야 한다. 주택담보대출의 이율은 연 4퍼센트 초반으로 월세 전환율보다는 낮지만 매달 지출해야 하는 돈은 더 많을 수 있다. 앞으로 집값이 떨어질 가능성도 고려해야 한다.

집주인도 답답하기는 마찬가지다. 집주인은 주택담보대출까지 받아서 여유 주택을 마련했는데, 집값이 내려가니 막대한 비용이 생겨버린다. 사들인 집값 상승분으로 대출 이자분을 상쇄하고도 남아야 하는데 오히려 주머니가 비어 가니 속이 탈 수밖에 없다. 과거에는 전세금을 받아 은행에 넣어 두면 이자 수익이 쏠쏠했지만 그 수익이 지금은 월세보다 못하다.

어차피 부동산의 시세 차익을 거두기 힘들어진 상황에서 전세난과 저축 이자율 하락 등의 원인으로 월세를 선호하는 비율이 높아졌다는 말이다. 2013년 9월 거래된 전월세 아파트 가운데 월세 비중이 34.2퍼센트로 2011년 이후 가장 높게 나타났다.

월세 세입자가 모두 돈이 없어서 비싼 월세를 감당하는 것은 아니다. 돈이 있어도 집값 하락이 우려되기 때문에 선뜻 주택을 구입하지 않는다. 물론 개인 사정상 월세로 살 수밖에 없는 경우도 있는데 예를 들어 본가는 지방에 있지만 회사 일 때문에 서울에서 몇 년 머물러야 하거나, 학교 문제로 본가를 떠나 세를 얻는 경우도 흔하다. 이 밖에도 개인 사정에 따라 월세를 얻는 이유는 많다.

## 월세 수익률은
## 계속 유지된다

다시 정리하면, 월세에 대한 기대 심리가 상대적으로 커지는 상황이다. 집값이 내려가더라도 월세 수익률은 유지된다고 전망할 수 있는 대목이다. 예를 들어 1억 원짜리 집이 8,000만 원으로 하락했지만 월세 50만 원은 유지된다. 10년이면 6,000만 원의 수입이다. 은행 대출을 갚고도 집 한 채가 남는다. 게다가 월세는 노후를 위한 든든한 버팀목이다. 수십만 원에 불과하지만 삶의 여유도 생긴다.

부동산114에 따르면 오피스텔 입주 물량은 2012년 1만 3,065호에서 2013년 3만 742호로 135퍼센트 증가했다. 도시형 생활주택은 같은 기간 2만 717호에서 8만 호로 286퍼센트 늘었다. 모두 3만 3,782호에서 11만 742호로 228퍼센트 증가한 셈이다.

한국감정원이 2013년 하반기 국내 월세 시장을 분석한 결과, 평균 월세 이율이 연 9.84퍼센트로 이자율(2.6퍼센트)보다 높게 나타났다. 평균 투자 수익률은 상업용 부동산(사무실, 상가)이 5.3~5.4퍼센트로 가장 높고, 주택이 4.6퍼센트, 주식은 -4.2퍼센트를 기록했다.

다세대주택 전세금이 매매 가격의 70퍼센트에 가까운 지역도 있다. 서초구 방배동과 양재동, 여의도 인근 신대방동 일대의 신축 투룸은 매매가 2억 7,000만~3억 원 선이고, 전세가는 2억 원 정도다. 월세로 전환하면 보증금 3,000만 원에 월 100만 원을 받는다. 연 수익률로 계산하면 5퍼센트 전후다. 인근 오피스텔이나 도시형 생활주택의 수익률과 비슷하다.

월세가 늘어날 거라고 보는 데는 법 개정도 한몫했다. 현행 임대차 보호법상 임대 보증금이 일정 금액 이하인 주택 세입자와 영세 상인 은 건물주가 부도나더라도 다른 채권자보다 먼저 보증금을 돌려받을 수 있다. 이번 개정안은 이러한 보증금 우선 변제 제도의 보호 범위를 확대하고 돌려받는 보증금 액수도 상향 조정했다.

과거에는 서울에서 보증금 7,500만 원 이하 주택에 세 들어 사는 세입자만 집이 경매에 들어가더라도 다른 채권자보다 2,500만 원까 지 우선 변제를 받았다. 하지만 2014년부터는 전세 보증금이 9,500 만 원 이하(서울 기준)인 세입자도 보증금의 3분의 1가량(3,200만 원) 을 먼저 돌려받는다. 서울 이외 지역도 보호 대상 임차인의 범위(보증 금 4,500~8,000만 원)가 오르고 변제받을 수 있는 보증금(1,500~2,700 만 원)도 커진다.

상가를 빌려 장사하는 영세 사업자의 우선 변제 대상 범위도 보증 금 최고 5,000만 원에서 6,500만 원(서울 기준)으로 확대되고 변제 금 액도 1,500만 원에서 2,200만 원으로 늘어난다. 이번 개정을 통해 주 택 세입자 39만 6,000여 가구와 영세 상인 21만 6,000여 명이 혜택을 받을 것으로 예상된다.

주택 전세 보증금을 월세로 전환할 때 적용하는 상한 비율도 현행 14퍼센트에서 10퍼센트로 낮췄다. 가령 아파트를 전세 6억 원에 임대 한 집주인이 보증금 일부(3억 원)를 월세로 전환한다면, 지금까지는 집 주인이 세입자에게 최고 연 14퍼센트에 해당하는 4,200만 원을 매달

350만 원씩 월세로 요구할 수 있었다. 하지만 2014년부터는 최고 연 10퍼센트가 적용돼 매달 250만 원을 넘을 수 없다.

상가에 대한 전월세 전환율도 현행 15퍼센트에서 12퍼센트로 내렸다. 아울러 시장 금리가 앞으로 더 내려갈 것에 대비해 세입자가 원할 경우 전월세 전환율을 한국은행 기준 금리(현재 연 2.5퍼센트)의 4배(주택)에서 4.5배(상가)로 계산해 계약을 맺도록 했다.

영세 상인들이 같은 장소에서 일정 기간 안정적으로 사업하도록 보장해 주는 상가 건물 임대차보호법의 적용 대상 범위도 현행 3억 원에서 4억 원(서울 기준)으로 확대했다. 수도권과 광역시를 비롯한 다른 지역도 1억 8,000만~3억 원으로 상향 조정했다. 다만 상가 건물 임대차보호법의 적용 대상 기준인 임차료는 보증금과 월세를 합쳐 계산한다. 보증금 1억 원에 월세 100만 원을 내는 상가의 임차료는 2억 원(보증금 1억 원+월세 100만 원×100)인 셈이다.

이번 개정안은 2014년 1월부터 시행하는 만큼 2014년부터 임대 계약을 맺는 세입자에게만 해당된다. 전문가들은 시행령 개정에도 임대 보증금 우선 변제 범위가 전체 보증금의 일부밖에 안 되는 만큼 세입자들은 전월세 계약과 함께 동사무소나 세무서에서 전입 신고 후 확정일자를 받아야 한다고 강조한다. 임차인이 임대차 계약서에 확정일자를 받으면 건물이 경매로 팔리더라도 뒤 순위 채권자보다 먼저 보증금을 돌려받을 수 있다.

서울에서 직장에 다니는 이춘희 씨의 연봉은 4,000만 원이다. 아직 미혼이라 전용 면적 80제곱미터(24평)짜리 집에서 임차 보증금 3,000

만 원에 월세 50만 원을 내며 살고 있다. 이 중 임차 보증금은 지인에게 연 10퍼센트에 빌려 매달 25만 원씩 이자를 낸다.

월세 소득공제액은 50만 원씩 1년간 낸 600만 원의 월세 총액 중 40퍼센트인 240만 원이다. 지인에게 빌린 월세 보증금에 대한 연간 이자액 300만 원(25만 원×12개월)의 40퍼센트인 120만 원도 소득공제를 받는다. 월세와 임차 차입금 원리금 상환액, 주택마련저축을 합쳐 300만 원이 공제 한도이기 때문에 300만 원까지 소득공제를 받을 수 있다.

이처럼 월세 시장의 전망이 밝은 이유는 오피스텔도 소득공제 대상에 포함되기 때문이다. 연봉 5,000만 원 이하 근로 소득자(무주택 단독 세대)는 월세의 40퍼센트를 소득공제 받는다. 과거에 제외됐던 오피스텔 거주자도 해당된다. 세입자가 무주택자이면서 5,000만 원 이하 근로 소득자라면 소득공제 혜택을 받는다. 85제곱미터 이하 주택에 월세로 사는 사람들이 대상이다. 세무서나 국세청 홈페이지에 서류를 제출하면 현금영수증 소득공제 혜택을 받는다. 지금까지는 배우자, 자녀, 형제, 자매 등 부양 가족이 있는 근로자만 월세 소득공제 혜택을 받았지만 2013년부터 혼자 사는 단독 세대주도 월세 소득공제 대상에 추가됐다.

## 월세 시장으로 편입되는
## 아파트 단지

요즘은 아파트도 월세로 전환하는 사례가 많다. 저금리 시대다 보니 금융권에서 대출을 받아 주택을 매입한 뒤 월세를 놓는 사례가 늘고 있다. 예금 금리가 2퍼센트대로 떨어지고 대출 금리 4퍼센트대가 무너졌지만 매월 받는 임대 수익률은 은행 예금 금리보다 높아 재테크 효과가 뚜렷하기 때문이다.

부동산114에 따르면 2013년 4월 현재 서울의 전월세 전환율은 6.9~7퍼센트로, 대출 금리나 예금 금리에 비해 월등히 높게 나타났다. 서울부동산광장의 아파트 월세 거래 자료에 따르면 2013년 5월 2,339건, 6월 2,437건, 7월 2,919건으로 3개월 동안 거래 실적이 꾸준히 증가했다. 아파트 시장이 투자에서 실수요로 재편된 데 이어, 이제는 새롭게 수익형 부동산으로 영역을 확장해 간다는 방증이다.

여기에 대표적인 수익형 투자 상품인 오피스텔과 도시형 생활주택의 과잉 공급, 수익성 악화 등이 드러나면서 투자자들이 아파트로 눈을 돌리고 있다는 점도 월세나 반전세가 늘어나는 또 다른 이유다. 실제로 서울 성동구에 위치한 아파트 단지의 경우 2012년 말 입주를 시작한 뒤 월세 물량이 급증하고 있다. 현재 이 아파트는 월세 물량이 전세의 1.8배에 달하는 등 쏠림 현상이 뚜렷하다. 전세와 월세의 중간 형태인 반전세도 늘어나는 추세다. 인근 부동산중개인의 말을 들어 보면 월세를 놓는 집주인 가운데 주택담보인정비율(LTV) 최고 한도인 60

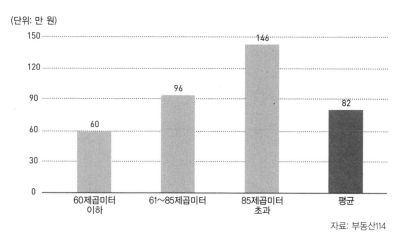

서울 아파트 평균 월세

(단위: 만 원)

자료: 부동산114

퍼센트까지 은행에서 대출받아 월세를 놓고 매월 고정 수익을 올리는 경우가 종종 있다.

월세와 반전세 현상은 입주 2~3년 된 아파트 단지에서도 자주 목격된다. 특히 매매 시세가 3~4억 원 수준인 서울 강북 일대 아파트 단지에 월세 가구가 집중되고 있다.

서울 강동구 인근에 아파트를 보유한 김상중 씨(가명)는 최근 전세금이 치솟자 계약 만료 3개월을 앞두고 세입자에게 2억 원 하던 전세금을 2억 5,500만 원으로 올리겠다고 통보했다. 하지만 세입자는 올려 줄 돈이 없는 상황이라며 전세금 2억 원을 그대로 둔 채 매월 55만 원의 월세를 추가 지급하는 반전세를 제안했다. 결국 김씨는 얼마 전부터 '전세 2억 원+월세 55만 원'을 받기 시작했다. 집주인 김씨 입장

## 주택 유형별 권역별 전월세 전환율

(단위: 퍼센트)

| 구분 | 도심권 | 동남권 | 동북권 | 서남권 | 서북권 |
|---|---|---|---|---|---|
| 아파트 | 7.8 | 6.3 | 6.9 | 7.3 | 7.2 |
| 단독 · 다가구 | 9.4 | 8.3 | 7.7 | 7.9 | 7.5 |
| 다세대 · 연립 | 7.8 | 7.1 | 7.8 | 7.2 | 7.0 |
| 전체 | 8.6 | 7.2 | 7.8 | 8.0 | 7.9 |

* 도심권(종로구 용산구 중구), 동남권(서초구 강남구 송파구 강동구), 동북권(성동구 광진구 동대문구 중랑구 성북구 강북구 도봉구 노원구), 서남권(양천구 강서구 구로구 금천구 영등포구 동작구 관악구), 서북권(은평구 서대문구 마포구)

자료: 부동산114

에서는 보증금 5,500만 원 대신 매월 55만 원을 받는 게 유리하고, 세입자 역시 살던 집을 떠나지 않아도 되는 등 이해가 맞아떨어졌기 때문이다. 전세금 5,500만 원 대신 지불하는 월세 55만 원은 연이율로 계산하면 무려 12퍼센트에 달한다.

이처럼 전세를 월세 또는 반전세로 전환하는 사례가 많다. 그런데 전환율을 계산하는 방법을 모르는 사람이 적지 않다. 서울시는 적정한 월세 전환율을 몰라 고민하는 시민을 위해 다섯 개 권역별 '주택 전월세 전환율'을 공개했다. 전월세 전환율은 전세나 보증금을 월세로 전환할 때 적용하는 비율로 지역별 실제 거래를 반영한다. 서울시는 부동산 실거래가 데이터베이스(DB)를 토대로 전환율을 산정했다. 한국감정원에서 매달 전국의 표본 지역을 추출해 전월세 전환율 정보를 제공하지만 지역별 현실을 반영하지 못한다는 지적이 많았다.

서울시가 공개한 2013년 7~9월 전월세 전환율은 도심권 단독주택과 다가구주택이 연 9.4퍼센트로 가장 높았고, 동남권 아파트가 6.3퍼센트로 가장 낮았다. 도심권은 종로구, 용산구, 중구가 해당되고 동남권은 서초구, 강남구, 송파구, 강동구 등이다.

월세 전환율을 계산하는 방법이 있다. 전세금 1억 1,000만 원을 주고 살다가 월세 보증금 8,000만 원에 월 임대료 20만 원을 내는 월세로 바뀐 사례를 보자. 이 경우 월 임대료 20만 원을, 전세금에서 월세 보증금을 뺀 금액인 3,000만 원으로 나눈 뒤 100을 곱한 0.66퍼센트가 월세 이율이 된다. 월세 이율에 12를 곱하면 전환율(연이율) 7.92퍼센트가 된다. 연이율이 높을수록 집주인은 전세를 월세로 돌렸을 때 이자 소득이 늘어난다. 자신의 전환율이 서울시가 공개한 지역별 전환율보다 높으면 지역 평균보다 월세를 많이 받는 것이다.

# 숨은 함정을
# 피하라

많은 사람들이 노후 대비는 부동산이 최고라는 타성에 젖어 있다. 하지만 수익형 부동산에 대한 관심이 높은 만큼 숨은 함정이 많으니 잘 따져 봐야 한다. 월세를 받기 위해 부수적으로 신경 써야 하는 것들이 만만치 않다. 집주인은 도배, 장판 등 세입자의 요구를 세심하게 들어 줘야 한다. 세입자가 월세를 제때 내지 않아 애 먹을 수도 있고, 공실 가능성도 도사리고 있다. 서울 도심에서는 수익률이 5퍼센트도 채 나오지 않는 곳이 많다. 임대 사업은 종합소득세는 물론 국민연금이나 건강보험료도 내야 한다. 차 떼고 포 떼면 수중에 남는 게 별로 없다.

수익형 부동산은 소규모로 짓다 보니 선(先)분양하는 경우가 많은데, 좋은 물건은 도면이 나오자마자 빠져 버린다. 중개업소에 나온 물량은 팔다 남은 하자 물건일 가능성도 있다.

이제 부동산을 사 놓고 몇 년 묵혔다가 시세가 오르면 되팔아 그 차익을 노리는 시대가 아니다. 따라서 매월 꾸준히 안정된 월세가 나오는 수익형 부동산을 골라야 한다. 우선 세입자의 눈높이를 고려할 필요가 있다. 월세 규모를 높이기 위해 좋은 입지를 선택하는 것은 어디까지나 집주인의 생각이다. 세입자는 월세를 적게 내면서도 대중교통과 주변 환경이 좋은 곳을 찾는다. 이런 차이를 인식하고 세입자의 눈높이에 맞춰야 꾸준한 임대 수요를 기대할 수 있다.

부동산 투자는 중개업자나 분양 회사가 결정하는 것이 아니라 자신의 결정에 따른 행위이기 때문에 잘 알고 투자해야 한다. 수익형 부동산은 종류가 다양한데, 그중 자신에게 익숙한 분야에 투자하면 실패할 확률이 그만큼 줄어든다. 또한 임대 관련 법이나 절차를 모른다면 세무사나 부동산 컨설턴트를 찾아가 자문해야 한다. 투자는 돈과 직결되는 만큼 아는 척하며 대충 넘어갈 일이 아니다.

오피스텔과 상가 투자가 부담되면 소액 투자가 가능한 다세대주택을 노릴 만하다. 전세 대란으로 2012년 하반기 서울 시내 다세대주택, 연립주택의 전세 계약 건수는 2010년보다 2배가 늘었다. 아파트에서 밀려난 수요가 저렴한 빌라로 움직인 것이다. 부동산 불황과 전세 대란이 2014년 상반기까지는 여파를 남길 것으로 예상되는 만큼 다세대주택의 수요는 계속 이어질 전망이다. 앞으로 1~2인 가구가 늘어나는 추세라 아파트보다 단기간 내 공급이 가능한 다세대주택 공급이 불가피하다.

임대 수익을 위해 주목해야 하는 지역은 뉴타운, 재개발 구역 중에서 해제 가능성이 높은 곳이다. 이 지역에서 경매로 낙찰받은 후 도시형 생활주택 혹은 다세대주택을 신축해서 분양하거나 임대해서 이익을 얻을 수 있다. 소형 주택의 경우 2퍼센트의 저금리로 건설 자금을 지원받을 수 있기 때문에 적은 투자 금액으로도 가능하다. 다세대주택에 투자하려면 역세권이나 대학가 등 수요가 많은 곳을 찾아야 한다. 향후 재건축으로 재정비될 가능성을 생각해서 대지 지분도 고려해야 한다. 아파트와 달리 5년이 지나면 감가상각으로 임대 수익률이 떨어지기 때문에 신축 주택을 고르는 편이 좋다.

임대용 부동산은 집주인이 꾸준히 관리해야 한다. 이곳저곳 낡은 곳을 고치고, 세입자가 불편한 점을 개선해 줄 의무가 있다. 소유하고 있는 한 계속 신경 쓰지 않을 수 없다. 수익형 부동산은 단기간에 큰 수익을 챙기는 물건이 아니다.


## 세입자를 고르는
## 깐깐한 기준


세입자를 선택할 수 있다면 그렇게 하는 편이 바람직하다. 그 기준은 세입자의 연봉이다. 월세는 보통 연봉의 3분의 1 정도가 적당하다. 월세가 50만 원이라면 연간 월세 비용은 50만 원×12개월=600만 원이다. 연봉 또는 연간 수입이 600만 원의 3배 정도인 1,800만 원가량 되는 사람에게 월세를 주는 것이 좋다. 연봉이 1,800만 원이면 월수입은

150만 원이다. 월세가 100만 원이라면 연 월세 비용은 100만 원×12개월=1,200만 원이다. 이 금액의 3배는 3,600만 원인데 이 정도 연봉을 받는 사람에게 월세를 주면 월세 연체가 거의 생기지 않는다. 월세가 월급의 절반을 넘기는 세입자는 월세를 연체할 가능성이 높다.

세입자가 월세를 두 차례 이상 연체하면 계약을 해지할 수 있다. 연속 두 달 치 월세를 연체한 경우는 물론 1개월분을 연체하고 다음 달에 냈다가 그다음 달에 다시 연체해도 마찬가지다. 계약 기간이 남았는데 이사한 경우에도 세입자는 나머지 월세를 지급할 의무가 있다.

2013년 정부가 임대 실태를 조사해 보니 월세가 소득에서 차지하는 비중이 평균 20퍼센트였다. 저소득층에서는 소득의 최고 42퍼센트가 월세였다. 일반적으로 월세가 30만 원을 넘기면 가처분 소득이 줄어든다. 개인적으로 소비하거나 저축할 돈이 없어지는 것이어서 세입자는 물론 집주인에게도 부담된다.

세입자는 임차하기 전에 등기부등본을 떼어 본다. 그런데 특정 물건의 저당 금액이 집값의 30퍼센트 이상이라면 임대가 어렵다. 세입자 입장에서는 보증금을 돌려받지 못하는 경우를 생각하기 때문이다. 집이 경매에 들어가면 통상 아파트는 시세의 80퍼센트, 빌라는 70퍼센트에 낙찰된다. 따라서 이미 잡혀 있는 근저당권 금액과 세입자의 보증금을 더했을 때 집값의 70~80퍼센트를 넘지 않도록 유지할 필요가 있다.

월세는 연 5퍼센트를 초과해 올릴 수 없다는 점도 알아 두면 편리하다. 집주인이나 세입자는 계약 기간 중 사정에 따라 월세를 올리거나 내려 달라고 요구할 수 있다. 감액은 별다른 제한이 없지만 증액은 연 5퍼센트를 넘지 못한다. 또한 임대 계약을 체결하거나 월세를 인상하고 1년까지는 또다시 인상을 요구할 수 없다. 그런데도 월세 인상률이 연 5퍼센트가 넘는 일이 비일비재한 이유는 2년마다 재계약을 하기 때문이다. 계약을 연장할 때는 5퍼센트 이하가 적용되지만 계약이 끝나고 새로운 계약을 맺으면 이런 제한이 사라진다.

보통 전세는 세입자가 직접 벽지나 장판을 바꾸지만 월세는 집주인이 비용을 댄다. 그렇다면 보증금 상승분을 월세로 돌리는 반전세는 어떨까? 월세를 내는 만큼 집주인이 부담하는 게 맞다. 확실히 하려면 월세 계약서의 특약 사항에 명시하는 게 좋다. 애매한 상황도 있다. 여름에 이사했는데 겨울이 되어 보일러를 돌려 보니 난방이 제대로 안 될 경우, 이것이 세입자의 과실인지 보일러가 낡은 것인지 정확한 원인을 알 수 없다. 만약 하자가 있다면 집주인이 수선 비용을 부담한다. 하지만 세입자의 과실이라면 얘기가 달라진다. 따라서 임대를 놓기 전에 상하수도와 보일러 등을 점검하고 계약할 때 그 내용을 계약서 특이 사항으로 기록해 둬야 한다.

# 알짜배기 수익형 부동산을
## 고르는 요령

수익형 부동산에 관심이 있지만 어떤 물건을 선택해야 좋을지 고민하는 사람이 많다. 특히 오피스텔과 빌라를 놓고 저울질하다 보면 서로 장단점이 있어서 뾰족한 해답이 나오지 않기 때문이다. 이런 경우에는 그 물건을 이용하는 세입자의 상황을 역으로 생각해 보면 도움이 된다. 오피스텔은 높은 월세를 감당할 수 있는 1인 가구가 많다. 빌라는 서민형 주택이므로 월세 부담을 최대한 줄이려는 사람들이 선호한다. 또한 1인 가구보다 2인 이상 가구가 빌라에 눈길을 둔다.

수익률 면에서 보자면 오피스텔은 새것일수록 좋지만 빌라는 약간 오래됐더라도 넓고 쾌적하면 큰 무리가 없다. 관리는 오피스텔이 편리하다. 오피스텔 관리 회사가 따로 있는 경우가 많아 집주인이 시시콜콜한 것까지 신경 쓰지 않아도 된다. 그러나 빌라는 하나부터 열까지 집주인이 관리해야 한다.

전반적으로 오피스텔이 관리나 수익률 면에서 우수하지만 초기 투자금이 빌라에 비해 다소 비싸다. 게다가 오피스텔은 최근 몇 년 동안 우후죽순 늘었기 때문에 주변에 경쟁 물건이 많다는 점도 고려해야 한다. 자칫 수익률이 빌라보다 못할 수도 있다. 투자한 돈은 많은데 빌라보다 수입이 적다면 오히려 손해다.

2년 전 3억 원을 주고 서울 강남의 오피스텔을 분양받은 강초람 씨는 은행 이자보다 높은 연 5~6퍼센트의 이익을 거둘 수 있다는 말에 투자했으나 임차인을 구하지 못해 속만 태우는 중이다. 시세도 3억 원에서 2억 5,000만 원대로 떨어졌다. 500채가 넘는 오피스텔이 한꺼번에 들어서다 보니 임차인은 싼값에 골라서 입주하고 있다.

반면, 2년 전 서울 강남 논현동에 1억 8,000만 원짜리 오피스텔을 사들인 이민우 씨는 부동산 중개 수수료와 경비 등을 빼고도 월 90만 원(수익률 6퍼센트)씩 꼬박꼬박 들어오는 데다 가격도 2억 1,000만 원으로 3,000만 원이 올랐다.

## 발품을 팔아
## 입지 조건을 제대로 파악하라

오피스텔뿐 아니라 빌라도 입지 선정이 가장 중요하다. 전문가들이 부동산을 구입할 때 발품을 팔라고 강조하는 이유가 바로 입지 선정 때문이다. 그 지역의 부동산 현황을 몸으로 체험해야 입지가 좋은지 여부를 알 수 있다. 수익형 부동산에 처음 투자하는 초보자라면 자신에게 익숙한 지역을 중심으로 살펴보는 편이 이롭다. 생판 모르는 지역보다 이미 아는 지역은 듣거나 보고 느껴서 아는 점이 많을 수밖에 없다.

그렇다고 무작정 특정 지역을 발로 뛰어다닐 수는 없는 깃이 현실이다. 인터넷을 통해 그 지역의 부동산 시세, 경매에 나온 물건을 검색해서 사전 정보를 입수하면 된다. 요즘은 다음이나 네이버 등 포털사이트마다 부동산 코너를 잘 갖춰 놓았기 때문에 인터넷에서 80퍼센트가량의 정보를 접할 수 있다. 부동산114, 닥터아파트, 국민은행 실거래가, 국토해양부 사이트 등에서도 시세를 참고할 수 있다. 전월세 실거래가에 대한 자세한 사항은 국토부 실거래가 공개 홈페이지(rt.molit.go.kr) 등에서 확인하면 된다.

이런 정보를 알고 특정 지역에서도 꼭 가 봐야 할 곳을 몇 군데 지정하면서 동선을 그리면 생각만큼 힘들이지 않고 현장을 둘러볼 수 있다. 현장을 둘러볼 때도 그 지역을 4분의 1로 쪼개서 한 구역씩 돌아봐야 훨씬 수월하다. 그 지역에 대한 대기업의 투자 동향이나 개발 호재 등을 언론이나 지자체 공고에서 살펴보는 일도 놓치지 말아야 한다.

답사를 다녀온 뒤에는 경험과 정보를 기록하고 정리하자. 현장에서 수첩에 꼼꼼히 적어 두기도 하지만 제때 메모하지 못한 정보는 머릿속에 기억해 두었다가 집으로 돌아와 반드시 다시 기록해야 한다. 자칫 정리하지 못하고 넘어가면 잊어버리기 십상이다. 전용률, 면적, 평당 가격, 관리비 등은 투자의 기본 정보이므로 꼭 기록해 두는 버릇을

길러야 한다.

현장에서 알짜와 쭉정이를 구분하려면 투자할 부동산의 주변 매매 시세와 임대 시세를 확인해 보고 유동 인구와 향후 발전 가능성을 따져 보는 게 가장 정확하다. 수익형 부동산을 분양하는 광고를 보면 매우 좋은 조건에 현혹될 우려가 크다. 그래서 높은 수익률을 제시하는 곳은 현장에 직접 가서 시세를 확인하라고 전문가들은 조언한다. 특히 시행사가 세입자에게 돈을 보조해 주며 투자자에게 높은 수익률을 보장한다고 큰소리치는 곳은 2~3년 뒤 세입자가 나가면 임대료를 낮추거나 공실로 남을 가능성이 크다. 개발 계획을 내세우며 향후 가치 상승이 확실하다고 주장하는 곳도 해당 구청이나 지자체에 가서 재확인할 필요가 있다. 신규 분양하는 수익형 부동산은 예상 수익률이 장밋빛일 가능성이 크기 때문에 신중하게 투자해야 한다.

특히 기획부동산업자의 말에 현혹되지 말아야 한다. 시세가 바닥이니 살 때라고 하지만 그 바닥이란 살얼음과 같아서 언제 아래로 꺼질지 모른다. 그런데도 분양사는 부동산업자와 짜고 투자자를 유혹한다. 그 유혹에 넘어가면 하우스푸어가 되기 십상이다. 자기 집은 있지만 시세가 오르지 않거나 오히려 떨어져서 빚만 안고 마는 것이다.

세입자의 시각에서 물건을 골라야 실패 확률이 낮다. 직장인의 출퇴근이 용이하고, 주변 환경이 좋고, 사무실이 밀집된 지역을 우선 고려하라는 말이다. 세입자는, 특히 월세 세입자는 그곳에서 수십 년 동안 거주할 사람이 아니다. 될 수 있으면 교통과 편의 시설이 좋은 곳을 고르게 마련이다. 서울에서는 지하철을 타면 강남이나 신논현까지

30분 안에 도착하는 염창역, 등촌역, 정자역, 구갈역 등이 임대 수요가 늘어날 지역으로 주목받고 있다. 신분당선이 개통하면서 그 주변이나 연장선이 신설될 것으로 예정된 곳이 눈여겨볼 지역이다.

꼭 분양하는 수익형 부동산만 노릴 필요는 없다. 기존의 수익형 부동산은 수익률과 임대 수요 등을 확인할 수 있는 장점이 있다. 또한 새로 분양받거나 신축한 주인은 대출을 많이 받아 빚에 대한 부담이 클수록 자신이 정한 임대료를 고집한다. 반면, 헌 집을 산 사람은 그만큼 대출도 적어서 새집보다 임대료를 낮추거나 세입자와 협상할 여유가 있다.

전원주택에 관심을 두었다면 몇 가지 고려할 점이 있다. 1990년대 개인 소득 1만 달러 시대가 열리면서 마이카 붐과 함께 전원주택 바람도 불었다. 도시에서 차로 한두 시간 거리의 교외에 지은 전원주택은 부러움의 대상이기도 했다. 당시에는 경제적으로 안정된 장노년층이 전원주택을 선호했다. 그러나 2000년대 중반 이후 그들이 도시로 돌아오기 시작했다.

10년 전 경기도 광주에 전원주택을 지은 최무혁 씨는 최근 도시로 돌아온 사례다. 전원주택 주인이라는 기분은 잠시일 뿐 외롭고 고립된 느낌이 커졌다. 휘발유와 경유 가격이 올라서 차를 타고 도시를 오가기도 부담이었고, 폭설이 내리면 마을에 고립된 채 며칠을 버텨야 하는 상황도 생겼다. 결국 4억 원을 투자했지만 투자금도 회수하지 못한 채 다시 도시로 거처를 옮겼다. 요즘 전원주택을 찾는 사람은 아토피 환자 가족이나 자유 업종 종사자 등이고 연령대도 30~40대로 낮아졌다.

펜션도 수익형 부동산으로 삼는 추세다. 과거에는 퇴직하고 교외에 펜션을 지어 운영하며 노년을 보내는 정도였지만, 지금은 펜션을 사서 임대를 놓는 사람이 생기고 있다. 정상용 씨는 몇 해 전 5억여 원을 투자해서 경기도에 펜션을 사고 보증금 1억 원에 월 150만 원을 받고 세입자를 들였다. 어떻게 보면 위탁 경영의 형태인 셈이다. 비수기는 성수기의 30~40퍼센트밖에 수익이 안 나지만 여름 성수기인 한 달 보름 동안 1년 치 월세가 나와서 연간 5,000~6,000만 원의 매출이 잡힌다.

## 투자 시기가
## 수익률을 결정한다

수익형 부동산도 투자 시기가 따로 있을까? KB국민은행의 부동산 정보 사이트인 부동산알리지가 설문 조사를 했다. '부동산 투자를 한다면 적정 시기가 언제냐'는 질문에 대해 의견이 분분했다. 투자 적정시기로 2013년(상반기 21퍼센트, 하반기 25.1퍼센트)을 꼽은 응답자가 총 46.1퍼센트에 달했고, 2014년을 적기로 보는 응답자는 27.2퍼센트, 3년 이내에 투자하지 않겠다는 응답자도 26.7퍼센트에 달했다.

특히 무주택자의 경우 전체의 34.9퍼센트가 3년 이내에 투자하지 않겠다고 밝혔다. 미래 소득이나 실물 경기가 불투명하자 부동산 투자에도 소극적인 모습을 보인 것으로 분석된다.

이렇듯 투자자들이 시기에 대해 고민하는 이유는 투자 시기가 수익률에 큰 영향을 미치기 때문이다. 투자 후에 임대인의 입주 시기가 늦어지면 수익 회수도 늦어져 그만큼 수익률이 떨어진다. 아파트 투자는 임내 수익이 아닌 시세 차익을 기대하는 상품이기 때문에 입주일이 큰 영향을 주지 않지만 수익형 부동산은 투자 시기 대비 입주일에 따라 수익률이 달라지기 때문에 수익 회수 가능 시기, 즉 입주 시기가 중요하다. 오피스텔이나 상가 등 수익형 부동산 투자에서는 시세 차익보다 매달 그리고 매년 투자 금액 대비 돌아오는 수익이 관건이기 때문이다. 수익형 상품의 수익률은 공실, 분양가, 임대료 등에 따라 달라지지만 언제 투자를 시작하는가, 즉 언제부터 수익 회수가 가능한가에 따라서도 수익률이 달라진다.

예를 들어 보증금 2,000만 원에 월 75만 원을 받을 수 있는 수익형 부동산을 2013년 12월 2억 원에 매입했다고 가정하자. 해당 수익형 부동산 입주가 2014년 1월일 경우에는 연 5퍼센트의 수익률을 올릴 수 있다. 하지만 입주일이 2014년 9월이라면 그해 수익률은 1.6퍼센트에 불과하다. 입주일이 늦어질수록 투자 금액 대비 회수할 수 있는 수익률은 떨어질 수밖에 없다.

수익형 부동산 투자에서 가장 중요한 배후 수요가 탄탄해 공실이 상대적으로 적으면서도 입주 시기가 빠른 곳은 어디일까? 예를 들어 최근 왕십리뉴타운 2구역 단지 내 상가는 전체 면적 2만 5,506.98제곱미터 1개 동 1~2층 총 208개 점포로 구성된 대규모 거리형 단지 내에 있다. 왕십리뉴타운 2구역 단지 내 상가는 배후 수요만 7만 가구인 데다 서울 도심에 위치한다. 왕십리뉴타운 2구역 직접 고정 수요 1,148가구와 1구역 1,702가구, 3구역 2,529가구 해서 총 5,379가구가 예정되어 있다. 또 인근 대규모 단지 등 고정 수요를 더하면 7,000여 가구의 고정 수요를 확보한 셈이다.

은평뉴타운 초입에 위치한 아이파크 포레스트가든 상가도 최근 아이파크 포레스트게이트 오피스텔 입주로 인기를 얻는 곳이다. 서울 은평뉴타운에서도 1만 6,000여 가구의 배후 수요를 확보한다. 주변의 고양 삼송지구, 고양 원흥지구, 고양 지축지구 등이 은평뉴타운과 경계상에 있어 사실상 배후 수요가 넓다. 오피스텔 814실의 고정 수요가 있고, 상가 인근에 가톨릭대학 제9성모병원(약 800병상)과 소방행정타운(4만 8,169제곱미터)이 들어설 계획이며 2.8~4.4미터의 층고를 이용해 노출성과 쾌적성을 극대화한 것이 특징이다.

## 강북권 수익률이
## 강남권보다 높은 이유

보통 서울 강남권은 강북권보다 임대 수익률이 높다고 생각하지만 현실은 그렇지 않다. 강북권의 수익형 부동산 수익률이 강남권보다 높다. 세금과 건강보험 등 간접 비용을 고려하면 수익률이 5퍼센트 이상 나온다. 서울 자치구별 오피스텔 연간 수익률을 50실 이상 오피스

## 서울시 구별 수익형 부동산 임대 수익률

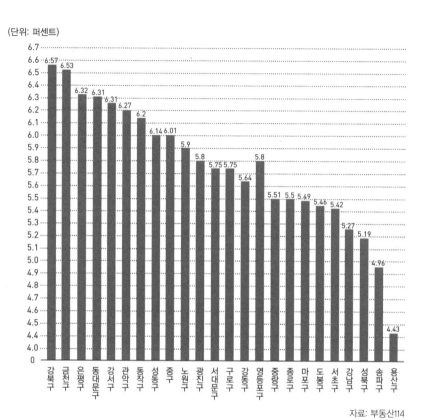

(단위: 퍼센트)

자료: 부동산114

텔을 대상으로 부동산114가 조사했더니, 강북구 6.57퍼센트, 금천구 6.53퍼센트, 은평구 6.32퍼센트, 동대문구 6.31퍼센트 순으로 나타났다. 대부분 강북권이다. 물론 월세 금액으로 따지면 강남권이 우세할 수 있지만 그만큼 투자금이 많으므로 수익률 면에서는 강북권에 밀리는 현상이 나타나는 것이다.

임대 수익률을 따지자면 꼭 도심, 특히 서울권만 볼 일도 아니다. 최근 저금리 기조가 지속되면서 수익률에 목마른 투자자들이 임대수익형 건물에 관심을 보이지만 서울 등 수도권의 경우 수익률이 세전 4퍼센트 정도에 지나지 않아 투자를 주저하는 경우가 많다. 최근 내수 침체로 공실률이 높은 데다 소득세, 재산세 등 세금 부담을 고려하면 실질 수익률은 은행 정기예금 금리 수준에 불과한 곳도 적지 않다. 이 때문에 높은 수익률을 기대하는 투자자들은 최근 중소도시의 상가로 눈을 돌리는 경우가 늘었다. 지방에 있는 상가는 수도권이나 대도시보다 임대 수익률이 높을 가능성이 많기 때문이다. 중소도시의 상가 임대 수익률은 10퍼센트를 웃돌기도 한다. 지방의 수익형 부동산에 투자할 때 유념할 점을 짚어 보자.

임대수익형 상업용 부동산을 단순히 현재 임대 수익률로 투자하는 것은 위험하다. 임대 수익성은 시장 환경에 따라 변하는 것이어서 투자 전에 수익성을 예측하는 것이 매우 중요하다. 여기에 가장 큰 영향을 미치는 것이 상권 변화다. 최근 중소도시는 인구 감소와 고령화 영향으로 도시 성장에 한계가 있는 데다 저성장으로 인해 도시 경제력 유지가 어려운 지역이 늘고 있다. 이 때문에 상권이 쇠퇴하거나 다른 지역으로 상권이 옮겨 가는 경우가 빈번해 상가 임대 수익률을 유지하기 어려운 곳이 생기고 있다. 이런 지역일수록 상가를 매각할 때 매도 호가를 낮춤으로써 임대 수익률이 높은 것처럼 과장하곤 한다.

상가 투자는 적당한 매물을 찾아보기 전에 반드시 투자 대상 지역의 상권을 조사할 필요가 있다. 상권 조사를 통해 상권이 성장하는지 확인하는 것이다. 특히 도시의 성장이 상권 발전에 긍정적인 영향을 주는지 파악하는 것이 중요하다. 성장하는 지역일수록 수익형 상가의 가격도 오르고 임대료도 상승해 안정적으로 높은 수익률을 확보할 수 있기 때문이다.

반대로 쇠퇴하는 지역의 저렴한 상가를 산다면 겉으로는 임대 수익률이 높아 보이겠지만, 가격이 점차 내려가고 공실이 늘면서 임대 수익률 하락이 불가피해진다. 팔고 나오기도 쉽지 않다. 임대수익형 상가는 현재 상태보다는 전망에 집중할 필요가 있다.

## 제대로 공부하면
## 대출도 좋은 기회가 된다

급매와 경매 물건도 살펴볼 일이다. 급매의 장점은 가격 협상이 가능하다는 것이다. 경매는 대출을 80퍼센트까지 받고 시세보다 싸게 산다는 점이 좋다. 경매 물건은 대법원 사이트(www.courtauction.go.kr)에 들러 확인하면 된다.

시세보다 싼값에 부동산을 구입할 수 있지만 실제로 경매를 이용하는 사람은 많지 않다. 서울 광진구 중곡동의 215제곱미터(65평)짜리 땅이 경매에 나왔다. 감정가는 2억 3,000만 원이었으나 여섯 차례나 유찰되어 6,000만 원까지 떨어졌다. 이유는 법정 지상권 때문이었다. 쉽게 말하면 내 땅이지만 다른 사람이 합법적으로 사용할 수 있는 땅이라는 것이다. 남들이 거들떠보지도 않는 이 땅을 김정열 씨는 경매를 통해 6,700만 원에 낙찰받았다. 그는 소유권을 넘겨받은 후 법원에 토지 사용료 청구 소송을 내서 연간 1,020만 원(월 85만 원)의 토지 사용료를 받는다. 비용과 수수료를 제외해도 연 14퍼센트의 수익을 올린 셈이다. 철저한 시장 조사와 사전 준비, 관련 법규와 절차에 대한 공부가 수익의 비결이다.

10여 년 전에 퇴사한 이철승(62세) 씨는 평상시의 꿈처럼 제주도에 가서 노후를 보내기로 마음먹었다. 먼저 6개월의 적응 기간을 두고 바닷가를 돌며 전망 좋은 펜션 부지를 물색했다. 적당한 곳을 찾아서 관리 지역 2,777제곱미터(840평, 평당 30만 원)를 매수했다. 몇 해 전부터 주변에 펜션이 들어서면서 그 지역은 펜션 단지로 변했고, 땅값은 평당 100만 원으로 급등했다. 이 사례처럼 상승 가능성이 있지만 저평가된 토지에 투자해서 10년 이상 묻어 두면 노후 생활을 보장받을 수 있다. 장기 투자처를 찾는다면 관광 자원이 풍부해 교통 여건이 좋아지는 지역이 바람직하다. 해당 토지의 입지 여건은 물론이고 주변 지역이 개발 중인 곳도 좋다. 향후 지자체에서 관광 단지나 테마파크로 조성할 계획이 있거나 택지 개발 등이 예정되어 있다면 더 바랄 게 없다.

투자 전문가들은 대출을 적극적으로 활용하라고 권한다. 돈이 많아 은행 대출을 받지 않고 투자하면 이자 부담 없이 월세가 고스란히 수입으로 잡힌다. 투자에 실패해도 손실을 줄일 수 있다. 그렇지만 처음에는 목돈이 필요하고 그만큼 돈이 부동산에 묶인다. 요즘은 대출 이자율이 낮은 편이라 융자를 낀 부동산 투자가 임대 수익률을 높이는

데도 도움이 된다. 투자하고 남은 돈을 다른 곳에 유용할 수도 있다.

다만 대출 규모를 잘 정해야 한다. 너무 과도한 대출은 이자 부담으로 고스란히 이어진다. 임대 수요가 없어서 공실 기간이 길어지면 부담은 더욱 커질 수밖에 없다. 대출 규모는 어림잡아 투자 금액의 절반가량이 바람직하다고 전문가들은 말한다. 월세가 대출 이자보다 훨씬 많다면 대출 규모를 더 늘려 잡을 수도 있다. 총 투자액이 1억 원이라면 5,000만 원은 자신이 마련하고 절반은 은행 대출을 받아 해결하면 된다. 소액으로 당장 수익형 부동산에 투자할 수 있는 셈이다.

모든 전문가가 수익형 부동산에 투자하려는 사람들에게 당부하는 말이 있다. 투기가 아닌 투자를 하라는 것이다. 투기는 노력 없이 부동산 시세 차익만 노리는 것이고, 본인이 노력해서 이익을 만들어 내는 것이 투자다. '부동산 불패'라는 말이 있을 정도로 과거에는 부동산 투기가 대단했다. 부동산 거품에 휩쓸려 너도나도 대출을 받아 투자한 32만 가구는 고스란히 하우스푸어가 됐다. 이들은 부동산 투기의 최대 피해자다.

자영업자 박병준(45세) 씨는 2006년 일산에 159제곱미터(48평)짜리 아파트를 샀다. 그 당시만 해도 사업이 잘되고 아파트 가격도 폭등해서 아무런 걱정이 없었다. 그러나 사업 매출액이 줄어드는 데다 4억 원을 대출받은 박씨는 매달 270만 원씩 빠져나가는 원리금 부담과 계속 떨어지는 아파트 가격 때문에 밤잠을 이루지 못한다.

요즘 흔히 말하는 수익형 부동산 투자란 월세가 나오는 부동산을 구입해 리모델링 등으로 그 가치를 높여 임대료를 올리는 것까지 포함한다. 2011년 은퇴한 김정렬(52세) 씨는 철저한 부동산 시장 분석을 통해 헐값에 나온 단독주택(130제곱미터)을 구입한 후 다가구주택(지상 3층, 방 15실)으로 신축해서 매월 680만 원의 임대 수익을 올리고 있다. 건축비는 보증금(각 실마다 1,000만 원)과 토지를 담보로 은행에서 조달했다. 다가구주택으로 신축한 후 집값도 꾸준히 상승해서 7억 8,000만 원이 12억 원으로 올랐다.

# 종잣돈,
# 어떻게 모을까?

2013년 11월 26일, 눈이 내리는 궂은 날씨에도 서울 명동에 있는 은행연합회 건물에 300여 명이 모였다. KB국민은행이 일부 고객들에게 부동산 투자 정보를 제공하기 위해 마련한 자리로, 두 명의 부동산 전문가가 국내 부동산 시장과 수익형 부동산의 흐름을 설명했다. 준비한 자리가 모자라 수십 명은 선 채로 강연을 들어야 했을 정도로 수익형 부동산에 대한 사람들의 관심은 매우 높았다. 사람들은 쉬는 시간에도 연사에게 질문하거나 삼삼오오 모여서 정보를 교환하는 등 뜨거운 열기를 보여 주었다.

이들 가운데는 월급쟁이도 적지 않았는데, 휴가를 내면서까지 설명회에 참석한 터였다. 현장에서 만난 50대 직장인은 수익형 부동산에 대한 관심을 이렇게 표현했다.

"20년 전 결혼 초에는 맞벌이를 했는데 아이가 생기면서 아내가 직장을 그만둘 수밖에 없었다. 홀벌이로는 생활이 벅찼다. 당시 월 400만 원이던 벌이가 200만 원으로 줄어들자 다른 방법을 찾아야 했다. 집은 2억 원짜리 전세였는데 은행 대출 이자를 갚기조차 힘들었다. 10년 전부터 생활은 물론 노후 대비가 필요하다고 생각해서 돈을 모으기 시작했다. 현재 1억 원이 있고 대출을 받으면 수익형 부동산을 살 수 있을 것 같다."

수익형 부동산에 투자하려면 최소한 본인이 투자할 돈이 있어야 한다. 이른바 종잣돈이 있어야 한다. 마중물이 있어야 펌프에서 물이 쏟아지는 것처럼 종잣돈이 있어야 투자해서 더 큰 수익을 바라볼 수 있다. 월급쟁이가 수천만 원의 목돈을 단기간에 마련하기란 쉽지 않다. 수익형 부동산에 관심을 둔 사람들을 만나 보니 오래전부터 돈을 조금씩 모았다는 경우가 대부분이었다. 특히 신혼 때부터 또는 아이가 태어나면서부터 계획적으로 돈을 모았다는 사람이 많았다. 종잣돈을 모으려면 오랜 시간이 걸리는 만큼 될 수 있으면 젊을 때부터 돈을 모았다는 것이다. 40대보다는 30대, 30대보다는 20대부터 돈을 모을수록 수익형 부동산에 투자할 만한 여유가 생긴다. 오랜 기간 돈을 모을수록 그 액수가 늘어나므로 수익형 부동산을 고를 수 있는 범위가 넓기 때문이다.

얼마를 모아야 하는가는 정해진 기준이 없다. 자기 형편에 맞춰 돈을 모을 도리밖에 없다. 다만 월세를 받는 월급쟁이들은 종잣돈을 모을 때 목표를 세웠다. 1년에 1,000만 원을 모은다는 식으로 구체적인 목표를 정한 것이다. 40대 후반인 김세훈 씨는 현재 중소기업 간부다. 첫 직장에서 15년째 근무 중인데, 처음에는 월급의 절반을 저축했다. 월급 150만 원에서 매달 80만 원씩 저축해 1년에 1,000만 원을 모았다. 결혼 전이므로 집은 부모와 함께 살았고, 아침과 저녁은 집에서 점심은 구내 식당에서 해결했다. 차도 사지 않고 지하철로 출퇴근했다.

연차가 올라가면서 월급도 높아지자 1년에 1,000만 원씩 모은다는 계획을 6개월로 단축했다. 반년에 1,000만 원을 모으려면 한 달에 160만 원씩 저축해야 얼추 가능하다. 월급이 300만 원을 넘긴 7년 전부터는 1년에 2,000만 원씩 모으기 시작했다. 중간에 결혼하느라 저축해 둔 돈에서 5,000만 원가량 썼지만, 1억 원이 넘는 종잣돈이 남았다.

그는 몇 해 전 은행에서 5,000만 원을 대출받아 서울 상계동에 빌라를 샀다. 빌라는 보증금 500만 원에 월세 70만 원을 받을 수 있었다. 연간 5.6퍼센트의 임대 수익률이다. 매월 20만 원 정도 은행 이자를 갚고도 50만 원이 남는다.

1억 원까지는 아니더라도 몇 천만 원은 손에 쥐어야 수익형 부동산이 가시권에 들어온다. 예를 들어 초기 투자비를 줄이기 위해 경매를 이용할 경우 지방에 있는 소형 아파트나 빌라는 3,000~5,000만 원 선에서 낙찰받을 수 있다. 수중에 2,000만 원이 있다면 1,000만 원은 대출을 받으면 된다. 이런 물건은 보증금 100~300만 원에 월세 10~30만 원을 받을 수 있다. 초기 투자비도 적고 임대 수입도 적지만 임대 수익률은 20퍼센트 이상으로 올라간다.

실제로 투자 전문가들은 투자 초보자라면 5,000만 원 이하의 물건을 고려하라고 권한다. 실패해도 큰 피해가 없고, 무엇보다 투자하고 관리하면서 나름대로 노하우를 쌓을 수 있기 때문이다. 이런 경험은 훗날 규모가 큰 수익형 부동산을 매입하고 임대하는 데 큰 발판이 된다.

## 종잣돈을
## 모으는 노하우

종잣돈을 모으려면 우선 자신의 씀씀이를 점검할 필요가 있다. 돈을 많이 번다면 좋겠지만 월급쟁이라면 수입이 고정된 만큼 지출을 줄이는 것 자체가 돈을 모으는 행위다. 씀씀이를 획기적으로 줄이지 않는 한 월세 부자 프로젝트는 힘들다. 지출 내역을 세세하게 기록하다 보면 자신이 어떤 곳에 많은 지출을 하는지 한눈에 파악할 수 있다. 꼭 쓰지 않아도 되는 돈이라면 줄여야 한다.

씀씀이를 파악하면 신용카드나 체크카드를 사용할 때도 도움이 된다. 한 달 생활비 가운데 식료품비가 많다면 할인점 등에서 할인 혜택이 많은 카드를 선택하고, 외식비가 적지 않다면 식당에서 할인받는 카드를 사용하는 식이다. 특히 체크카드는 여러 개를 사용하는 편이 이롭다. 예를 들어 점심값 할인율이 높은 체크카드에는 식비를 미리 넣어 놓고, 대중교통 할인율이 높은 체크카드에는 한 달 치 교통비를 적립해 두는 식이다.

월세를 받는 월급쟁이들의 공통점 가운데 특이한 점은 주로 사용하는 통장 외에 별도의 통장을 마련해 둔다는 것이다. 신규 통장을 만들어 순전히 월세를 받는 용도로 삼는 것이다. 은행 대출 이자도 이 통장에서 빠져나가게 해 둔다. 그러면 통장에는 매달 들어온 월세와 빠져나간 대출 이자가 가지런히 계산되고 월세 순익이 고스란히 남는다. 이 순익을 모아 금융 상품에 재투자하거나 더 모아서 새로운 부동산에 투자할 때 사용한다.

첫 수익형 부동산에서 월세를 30~50만 원 받고, 대출 이자를 갚은 후 약 20만 원의 순이익을 챙긴다고 가정하자. 이 순이익을 적립식 펀드나 금리가 높은 금융 상품에 3년 동안 투자하면 또 다른 종잣돈이 생긴다. 적립식 펀드 수익률은 평균 10퍼센트, 금융 상품 수익률은 6퍼센트라고 볼 때 1,000만 원가량 모을 수 있다.

종잣돈을 모으는 방법은《한국의 100억 부자들》에서 설명한 내용을 다시 강조하고 싶다. 100억대 부자나 조그만 수익형 부동산을 가진 월급쟁이나 종잣돈을 모은 방법은 비슷하다. 100억대 부자도 처음에는 종잣돈으로 작은 부동산 등을 마련해 수익을 냈고, 그 돈을 눈덩이처럼 굴려 현재에 이르렀기 때문이다.

일반인이나 부자나 모두 큰돈은 아낀다. 그러나 푼돈에 대해서는 일반인과 부자들의 씀씀이가 다르다. 일반인은 푼돈을 시쳇말로 물처럼 쓴다. 그래서는 부자가 될 수 없다고 부자들은 입을 모은다. 돈을 모으기보다 우선해야 할 일은 돈을 쓰지 않는 습관을 붙이는 것이다. 100억 원대 자산가가 푼돈에 대해 하는 말을 들어 보자.

"잔돈은 자신도 모르게 호주머니에서 빠져나가는데, 잔돈이 모여 목돈이 된다는 사실을 알면서도 잔돈이 새는 것에는 대부분 무감각하다. 하루아침에 떼돈을 버는 일확천금은 영화에서나 나올 법한 일이다. 투자로 자산을 늘려 가려면 우선 돈을 모아야 한다. 과연 그 투자금을 어떻게 마련할 것인가. 은행빚을 내서 투자할 것인가. 빚을 내더라도 갚을 능력이 있어야 한다. 갚을 능력도 없으면서 덜컹 융자받아서 투자하다 결과가 좋지 않으면 어떻게 할 것인가. 가장 나은 선택은 적은 돈을 모아 투자금을 마련하는 것이다."

가계부를 쓰는 습관도 푼돈이 새는 구멍을 막는 방법이다. 부자가 쩨쩨하게 가계부를 쓰느냐고 하겠지만 가계부는 돈 씀씀이를 한눈에 볼 수 있는 상황판과 같다. 가계부를 쓰지 않아도 돈 쓴 곳과 금액을 안다는 사람이 있지만 사실 말처럼 쉽지 않다.


## 돈이 나가는
## 구멍부터 막아라

말이 쉽지 푼돈으로 투자금을 모을 수 있을까? 부자들에게 물었더니 '큰돈 나가는 구멍부터 막으면 된다'는 답이 돌아왔다. 아이들은 하루가 다르게 커 가고, 부모님은 병원 신세를 지는 일이 잦아진다. 세월이 흐를수록 돈 나갈 구멍이 커질 것은 자명하다. 그런데도 부자들은 돈 새는 구멍을 찾는 데 열중한다.

구체적으로 돈 새는 구멍을 찾아보자. 돈구멍은 큰 것부터 막아야 한다. 예를 들어 가계 지출 중에 대출 이자가 가장 큰 지출 항목이라면 그 이자를 줄이는 방법을 찾아야 한다. 다른 대출 상품으로 갈아타든가, 이사를 해서라도 대출 이자 부담을 줄여야 한다. 고정 금리와 변동 금리도 꼼꼼히 따져 볼 일이다. 요즘 은행에 가면 변동 금리를 추천하지만 그것은 어디까지나 은행 사정이고, 많은 사람이 그 방식을 선택한다는 것이지 나에게 그 금리가 이롭다고 단정할 수는 없다. 금융 기관의 전문가와 상담하면 대출 이자를 줄이는 방법을 찾을 수 있다.

일반인에게 은행 이자율을 물어보면 한결같은 반응을 보인다. 대충 몇 퍼센트 되지 않느냐는 것이다. 반면, 부자들은 은행 이자율을 잘 안다. 자신이 거래하는 은행은 물론 다른 은행의 이자율이 얼마인지 소수점 뒷자리까지 정확하게 파악하고 있다. 예금 이율뿐 아니라 대출 이율도 꿰고 있다. 저금하거나 대출받을 일이 없어도 이자율에 관심이 많다. 예금이든 대출이든 이자율을 파악해 두었다가 필요할 때 낮은 이자율을 적용받으려고 한다. 소수점 이하 퍼센트가 이자에 얼마나 큰 차이를 보일까 생각하겠지만 대출 원금에 따라, 대출 종류에 따라 한 가정에서 부담하는 전체 이자는 결코 적은 금액이 아니다.

부자들이 이자율을 꿰는 이유는 또 있다. 오랜 시간 이자율을 파악하면서 경기 리듬감을 익힐 수 있는 것이다. 이자율이 오르고 내리는 리듬감인데, 오르기 직전과 내리기 직전에 어떤 일이 있었는지 육감이 온다고 한다. 큰 지진이나 태풍이 오기 전에 직감이나 육감이 오는 것과 같다고 표현한 자산가도 있었다. 이 정도는 아니더라도 현재 은행 이자율은 알고 있어야 한다. 당장은 필요하지 않더라도 투자할 때 기본 정보가 된다.

전기세, 수도세, 통신 요금 등도 줄일 수 있는 만큼 줄인다. 지금도 줄일 만큼 줄였다고 생각하겠지만 사실 더 줄일 수 있다. 만일 4인 가족의 통신비가 많다면 요금제를 한 단계 낮추어서라도 줄여야 한다. 스마트폰이 보편화되면서 필요 이상으로 전화 통화를 많이 하고, 문자를 보내고, 인터넷 검색을 한다. 사실 대부분은 손을 가만히 두지 못해서 생긴 손버릇 때문이다. 화장실에서조차 스마트폰을 들고 게임을 해야 직성이 풀린다. 정작 꼭 필요한 용도로만 사용한다면 지금처럼 높은 요금제를 선택할 필요가 없다.

돈을 모은다는 것은 다이어트와 같다. 다이어트를 작심한 사람이 평상시에 갈 수 없는 호텔 뷔페에 초대받았다고 하자. 다이어트를 위해 과감히 그 초대를 사양할 사람이 얼마나 될까? 대부분은 '다이어트는 내일부터 다시 시작하자.'고 생각하여 뷔페 음식을 먹어치운다. 살을 빼기 위해 열심히 운동하는 사람도 '운동했으니 밥 한술 더 먹는다고 큰 차이가 있을까.'라고 생각한다. 땀을 뻘뻘 흘리며 산에 올랐다가 내려와서 동동주에 파전을 먹는 사람도 결코 다이어트에 성공할 수 없다. 다이어트에 실패한 사람은 다이어트에 성공한 사람을 보면 돈을 들여 지방 흡입 수술을 받았을 거라고 시기한다.

부자는 현금영수증을 모은다. 편의점에서 몇 천 원짜리 물건을 사도 현금영수증을 챙긴다. 이는 절세의 첫걸음이다. 절세는 부자들이 큰 관심을 두는 항목이다. 세금을 줄이는 만큼 돈이 굳는다. 국세청 홈페이지에 절세 방법을 설명할 정도로 정부도 절세를 권장한다. 현금영수

증만 잘 모아도 환급받는 혜택이 있다. 이런 것이 절세 방법이다. 부자는 세금을 내더라도 적게 내는 방법을 찾는다. 자산가 100명 중 56명은 절세 보험 상품에 가입한다. 어차피 보험에 들어야 한다면 세금을 적게 내는 상품을 찾는 것이다. 절세를 위해 금융 PB센터를 활용하는 사람은 24명, 고문 세무사를 만나 자문을 듣는 사람도 17명이다. 본인이 직접 절세법을 마련하는 사람은 3명에 불과하다. 한마디로 절세 전문가를 통해 절세 방법을 알아낸다. 이런 방법들은 일반인도 충분히 따라 할 수 있다.

사실 투자도 돈이 새는 구멍이다. 이 때문에 부자는 투자할 때도 자기 돈을 쓰지 않으려고 한다. 부자들이 늘 아쉬운 소리를 하는 이유다. 돈이 없다고 엄살을 떠는 것이다. 돈이 없는 게 아니라 투자할 돈이 없다는 얘기다. 기회가 왔다 싶으면 빚을 내서라도 투자한다. 가능한 만큼 은행에서 대출을 받는다. 물론 투자에 실패해도 갚을 수 있을 만큼만 대출받는다. 금융권의 대출은 신용과 직결되는 터라 원금 갚는 시기를 넘기지 않는다.

# 달라지는
# 2014 부동산 제도

2014년부터 달라지는 부동산 관련 제도가 있다. 눈여겨볼 점을 정리하면, 우선 정책 모기지가 하나로 통합된다. 정책 모기지는 집을 사려는 사람에게 낮은 이자로 자금을 대출하는 제도다. 2014년 4월부터는 지은 지 15년 이상 지난 아파트의 리모델링 수직 증축이 가능해진다. 부동산 제도에 변화가 많다 보니 주택 보유자나 구매자가 미리 살펴봐야 할 내용이 적지 않다.

### – 취득세 영구 인하에 따른 요율이 완화된다

2013년 마지막 국회 본회의에서 지방세법 개정안이 통과되면서 취득세율이 영구적으로 인하됐다. 6억 원 이하 주택은 1퍼센트, 9억 원 초과 주택은 3퍼센트로 취득세율이 낮아졌다. 2013년까지는 9억 원 이하 1주택자는 2퍼센트, 9억 원 초과와 다주택자는 4퍼센트였다. 단, 6억 원 초과~9억 원 이하는 현행과 동일하게 2퍼센트를 유지한다.

### – 주택청약 자격이 19세 이상으로 낮아진다

주택 공급에 관한 규칙 개정에 따라 주택청약 가능 연령이 만 20세 이상에서 만 19세 이상으로 완화됐다. 2013년 7월 민법상 성년 나이가 만 19세로 낮아진 데 따른 것이다. 연령 제한 없이 가입하는 주택청약종합저축을 제외한 청약 예금, 부금 가입 나이도 만 20세 이상에서 만 19세 이상으로 낮아졌다.

## – 세입자 임대 보증금 보호 범위가 확대된다

소액 임차인의 우선 변제금을 올리고 적용 대상 보증금을 확대하는 내용을 골자로 한 주택 및 상가 건물 임대차보호법 시행령 개정안이 시행됐다. 개정안에 따르면 주택은 서울의 경우 우선 변제를 받을 임차인 범위가 현행 전세 보증금 7,500만 원 이하에서 9,500만 원 이하로 확대된다. 수도권은 6,500만 원에서 8,000만 원으로, 광역시 등은 5,500만 원에서 6,000만 원으로 대상자가 늘어난다. 전세에서 월세로 전환할 경우 월세 상한은 현행 14퍼센트에서 10퍼센트로 낮아진다.

상가 건물 임대차보호법 시행령 개정안에 따라 상가 세입자의 보호 범위도 확대됐다. 서울은 현행 3억 원에서 4억 원으로, 수도권은 2억 5,000만 원에서 3억 원으로, 광역시 등은 1억 8,000만 원에서 2억 4,000만 원으로 대상자가 늘어난다. 최우선으로 갚는 영세업자 범위도 전국으로 확대해 서울은 보증금 5,000만 원에서 6,500만 원까지 늘어났다. 우선 변제받는 보증금도 2013년 1,500만 원보다 700만 원 늘어난 2,200만 원이 된다.

## – 주택 구입 지원 자금이 하나로 통합된다

정부는 정책 모기지를 하나로 통합해 대출 문턱을 낮췄다. 정책 모기지로는 근로자·서민 및 생애 최초 주택 구입 자금 대출, 우대형 보금자리론 등이 있었다. 통합 정책 모기지의 이름은 내집마련디딤돌 대출이다. 2일부터 부부 합산 연 소득 6,000만 원 이하(생애 최초는 7,000만 원 이하)인 무주택 가구주는 통합된 모기지를 이용하면 된다. 통합 정책 모기지는 소득 수준과 만기에 따라 시중 은행보다 낮은 연 2.8~3.6퍼센트의 금리를 적용하며 고정 금리와 5년 단위 변동 금리에서 고를 수 있다. 최대 연체 이자율도 은행 최저 수준인 10퍼센트로 낮췄다.

### – 4월부터 리모델링 시 수직 증축이 가능하다

공동 주택 리모델링 때 수직 증축을 허용하는 내용의 주택법 개정안이 국회를 통과했다. 2014년 4월부터 시행된다. 지은 지 15년 넘은 공동 주택을 현재 층수에서 최대 세 개 층까지 증축하고 최대 15퍼센트까지 가구 수를 늘릴 수 있다.

### – 희망임대주택 리츠 면적 제한이 폐지된다

하우스푸어 주택을 매입해 임대하는 '희망임대주택 리츠' 사업은 전용 면적 85제곱미터 이상 주택으로 확대된다. 희망임대주택 리츠는 집이 있지만 대출 상환금으로 고통받는 하우스푸어가 주택을 리츠(부동산투자신탁)에 매각하고 보증부 월세(연 6퍼센트) 형태로 5년간 임차해 거주하는 제도다. 지난 4 · 1 대책에서 도입한 이 제도는 매입 대상을 1가구 1주택자(한시적 2주택자)가 소유한 전용 85제곱미터 이하 중소형 아파트(9억 원 이하)로 제한했다.

# 제2장

# 오피스텔은 월세 부자로 나아가는 첫걸음이다

한국은행이 최근 발표한 '금융 기관 가중 평균 금리'

에 따르면 예금은행의 예금 금리는 연 2.62퍼센트로 전월

대비 0.01퍼센트포인트 하락한 것으로 나타났다. 통계를

집계하기 시작한 1996년 이래 가장 낮은 수준이다. 물가

상승률(약 2~3퍼센트)을 제외하면 실질 금리는 마이너

스나 다름없는 상황에서 은행에 돈을 묵혀 두면 손해라는

인식이 확산되며 대체 수익 창출 수단이 절실해졌다. 이

에 많은 투자자들이 부동산 시장을 주목하고 있다. 소형

상가나 오피스텔 등의 임대수익형 상품에 관심이 쏠리는

분위기다. 특히 배후 임대 수요가 풍부하고 희소성이 있

는 오피스텔의 경우 평균 임대 수익률이 6~10퍼센트로

형성되어 투자자들이 몰리는 현상이 빚어지는 상황이며,

월급만으로는 생활이 빠듯하자 여유 자금을 끌어 모아 오

피스텔을 분양받고 매월 나오는 월세 수입을 월급처럼 여

기는 직장인들도 늘어나고 있다.

# 초보 투자자에게
# 적합한 오피스텔

오피스텔은 수익형 부동산 투자를 이제 막 시작하는 초보자에게 적합하다. 초기 투자 규모가 크지 않아 부담이 적은 편이다. 면적에 따라 가격은 천차만별이지만 2013년 서울 지역의 평균 오피스텔 분양가는 1억 3,000만 원대다. 지역에 따라서는 천만 원대에서도 오피스텔 투자가 가능하다는 얘기다. 또한 오피스텔 세입자는 전문직 종사자나 고수익자가 많아서 월세 납기를 늦추는 일이 거의 없다. 투자자가 세입자와 월세 미납 문제로 신경전을 벌이거나 말싸움할 필요가 없다는 점은 초보 투자자에게 매력적인 부분이다. 가격과 관리 면에서도 오피스텔은 수익형 부동산 첫 물건으로 안성맞춤이다.

수익형 부동산 투자는 말 그대로 수익을 내는 데 그 목적이 있다. 수익률을 높이기 위해서는 주택의 특성을 꼼꼼히 살펴야 한다. 펜션은 도심보다 공기도 좋고 한적한 곳에 있어야 그 가치가 올라간다. 오피스텔도 그런 조건들이 있다. 우선 역세권을 살펴볼 일이다. 오피스텔은 지하철역과 걸어서 5분 거리가 수익률이 가장 높다. 대부분의 세입자가 지하철로 출퇴근한다고 가정할 때 지하철역과의 거리는 오피스텔 선택의 절대 기준이 된다. 사방으로 통하는 버스 노선이 있는 지역의 오피스텔도 인기다. 그러나 버스는 계절과 날씨에 관계없이 운행하는 지하철만 못하다. 지하철이나 버스 등 대중교통의 편리성은 오피스텔의 가치를 가르는 주요한 요인이다.

오피스텔은 수익률 6퍼센트대를 노려야 한다. 2013년 서울 도심 오피스텔의 평균 수익률은 5.5퍼센트 정도였으나, 2014년부터 부동산 경기가 다소나마 풀릴 전망이어서 수익률 6퍼센트대를 기대할 수 있는 오피스텔을 노려 볼 일이다. 오피스텔은 아파트와 달라서 용적률이 적은 것을 잘 따지며 수익률을 살펴봐야 한다.

미래의 수익률은 오피스텔 주변 환경에 달려 있다고 해도 과언이 아니다. 대학가가 형성되거나 대형 상업 지구가 개발되는 호재가 있으면 해당 오피스텔의 장래는 밝다. 이런 개발 호재가 없더라도 편의 시설과 휴게 시설이 갖춰질 지역의 오피스텔을 선택하는 편이 좋다. 헬스클럽, 작은 공원, 세탁소 등 생활에 필요한 시설이 가까이 있어야 그 오피스텔에 세입자가 몰린다.

역세권이고 주변 환경이 좋아도 유동 인구나 상주 인구가 너무 적으면 공실이 생길 수 있다. 임대 수요가 없으면 수익률은 무의미할 뿐만 아니라 수익형 부동산에 투자할 가치도 없다. 현재 임대 수요가 많은 곳도 좋지만 미래 임대 수요가 늘어날지도 살펴봐야 한다. 미래의 임대 수요는 할인점, 편의점 같은 유명 유통 매장의 계획을 통해 가늠할 수 있다. 대형 유통사들은 치밀한 상권 분석을 마친 후에야 막대한 돈을 투자해 점포를 내는데, 만약 아직 아무것도 없는 지역에 할인점이 들어선다면 앞으로 그 지역은 장사가 될 지역이니 먼저 선점하려는 것이다. 그런 곳은 향후 유동 인구와 상주 인구가 늘어나기 때문에 오피스텔 임대 수요가 끊이지 않는다.

## 세금을 절약하는 방법

자신이 사는 집이 있는 상태에서 오피스텔을 분양받으면 세금 문제를 고민하지 않을 수 없다. 오피스텔은 업무용과 주거용으로 임대할 수 있는데, 특히 주거용 오피스텔이라면 1가구 2주택에 해당한다. 취득세부터 종합부동산세까지 다양한 세금이 줄줄이 이어진다. 오피스텔 임대로 월세를 받아도 정작 세금으로 줄줄 새나가 수익률이 줄어들게 된다. 세금을 막는 방법은 오피스텔을 업무용으로 유지하는 것이다. 상업 지구에 있는 오피스텔은 업무용으로 임대하면 1가구 2주택에 해당하지 않는다.

문제는 주거용 오피스텔이다. 이때는 주택임대사업자로 등록하면 세금을 내지 않거나 내더라도 할인받을 수 있다. 정부가 임대 시장을 활성화하기 위해 주택임대사업자 등록 기준을 낮추고 혜택을 확대했는데 한마디로 임대용 부동산은 세금을 감면해 준다는 것이다. 물론 그 오피스텔을 5년 이상 팔지 못하는 등의 제한 사항도 있으니 해당 내용을 잘 살펴봐야 한다.

위와 같은 조건에 위치한 오피스텔을 적기에 분양받기란 쉽지 않다. 설사 그런 오피스텔이 있다고 하더라도 분양가가 무척 비쌀 것이다. 그렇다고 미리 포기할 필요는 없다. 당장의 수익은 적더라도 미래를 위해 장기간 투자할 여력이 있다면 신도시 개발 지역 등에서 오피스텔을 분양받는 방법도 생각해 볼 수 있다. 그런 지역의 오피스텔은 향후 매각할 때 시세 차익까지 노릴 수 있다.

서울 강남구는 위와 같은 조건을 다 갖춘 지역이다. 지하철역이 거미줄처럼 엮여 있고 버스 노선도 많다. 유동 인구와 상주 인구도 풍부하며 주변에 편의 시설이 널렸다. 이런 지역에는 오피스텔이 몰릴 수밖에 없다. 하지만 임대 경쟁이 붙기 때문에 월세를 올려 받기가 쉽지 않다. 결국 투자 대비 수익, 즉 수익률이 높지 않아 투자의 의미가 퇴색될 수 있다. 물론 오랜 시간이 지나면 시세 차익은 생기겠지만 당장 월세 수익이 아쉬운 사람에게는 적합하지 않은 투자 지역이다. 그래서 주변에 경쟁 물건이 있는지도 살펴봐야 한다. 오피스텔뿐만 아니라 도심형 소형 주택이나 소형 아파트도 경쟁 상대다. 세입자는 오피스텔을 고집하는 게 아니라 자신이 살 만한 공간을 찾는 것이기 때문에 도심형 소형 주택이나 소형 아파트도 고려한다. 임대료가 비슷하다면 오피스텔을 고집할 이유가 없다.

이런 현상 때문에 오피스텔도 투룸, 스리룸으로 진화하고 있다. 처음에는 단독주택이나 아파트와 확실하게 차별된 주거 형태를 띠고 주거 시장에 안착했지만, 이제 도심형 소형 주택이나 소형 아파트와 경쟁할 수밖에 없는 상황이 된 것이다. 원룸이 더 이상 매력으로 주목받지 못하자 오피스텔도 방과 거실을 갖춘 형태로 변하고 있는 것이다.

같은 오피스텔이라도 호텔처럼 편리하고 화려한 곳이 있는가 하면 허름한 곳도 있다. 이런 오피스텔은 월세부터 차이가 나겠지만 그 월세가 큰 차이를 보이지 않는다면 임대 수요가 몰리는 오피스텔은 정해진 셈이다. 깔끔하고 세련된 외관에 아늑하고 모든 집기가 잘 갖춰진 오피스텔을 마다할 세입자는 없다.


## 지방으로
## 눈을 돌려라


오피스텔 투자는 굳이 서울만 고집할 이유도 없다. 오히려 지방의 오피스텔은 경쟁이 심하지 않아 수익률이 높다. 서울보다 적은 돈을 투자할뿐더러 향후 월세를 올려 받기도 수월하다. 물론 투자자가 서울에 살면 지방에 있는 오피스텔을 관리하는 일이 번거롭기는 하다. 그러나 세입자와 월세 미납 등의 말썽이 생기지 않는다면 오피스텔이 지방에 있다고 해서 문제 될 일은 없다.

수익형 부동산에 처음 투자하는 초보자는 오피스텔 매매 정보를 어디서 어떻게 접할지 막막하다. 그래서 분양하는 오피스텔에 관심을 둔다. 오피스텔 홍보물, 모델하우스, 대출 조건을 보고 사정에 맞는다 싶으면 덜컥 계약하는 경우가 많다. 오피스텔 홍보물에는 그 물건의 장점만 있을 뿐 단점은 찾아볼 수 없다. 장점도 분양을 위해 부풀렸을 가능성이 있다.

모델하우스도 방 자체보다 화려한 설비와 실내 장식에 눈길을 빼앗기다 보면 투자자가 투자 객관성을 잃기 쉽다. 홍보물은 기초 정보로만 여기고 투자자 자신이 발로 뛰면서 투자 정보를 수집하여 전문가와 충분히 상담한 후 투자를 결정해도 늦지 않다.

# 천만 원부터
# 시작할 수 있다

수익형 부동산은 수많은 형태가 있다. 오피스텔, 상가, 빌라, 토지, 소형 아파트 등 다양하다. 수익형 부동산이라고 특별한 점이 따로 있는 것은 아니다. 그동안 시세 차익을 위해 투자해 온 부동산 물건이라면 모두 수익형 부동산이 될 수 있다. 예컨대 전세로 임대하던 아파트를 월세로 전환하면 시세차익형 부동산이 곧 수익형 부동산이 되는 셈이다. 세월이 흐르면서 사 두었던 부동산에 웃돈이 붙었을 때 되팔아 그만큼의 수익을 챙기는 것이 시세차익형 재테크다. 과거에 부동산으로 돈을 번 사람은 대부분 시세차익형 재테크에 집중한 부류다.

최근에는 이런 재테크가 주춤하는 대신 수익형 재테크가 늘고 있다. 같은 부동산 물건이라도 월세를 통해 당장 수익을 내는 수단이 되는 것이다. 이런 현상이 나타나는 가장 큰 이유는 장기적으로 투자해 봐야 시세 차익이 크지 않기 때문이다. 정부가 내놓은 부동산 정책의 '약발' 때문인지, 부동산 거품이 꺼지면서 시세 차익이 점차 줄어들자 수익 모델을 달리하려는 움직임이 형성된 것이다.

이런 움직임이 확산된 데는 또 다른 사회 배경도 있다. 직장에서 정년을 보장받지 못하고, 인구 구성비에서도 고령자 비율이 높아지고 있다. 직장을 그만둔 후에도 살아갈 날이 많아 남자 생계비가 부담스러워진 것이다. 이들은 주식, 펀드, 부동산 등에 투자해 수익을 챙기기 시작했다. 그 가운데 부동산에 관심을 둔 경우, 대개는 오피스텔을 투자 대상 1순위에 올린다.

과거부터 꾸준히 부동산에 투자해 온 경험이 있다면 물건을 보는 안목이 뛰어나고 투자 시기나 이윤 등을 제대로 따질 테지만, 부동산 투자 초보자는 허둥대기만 할 뿐이다. 아파트부터 상가, 토지까지 기웃거려 보지만 이윤이 맞지 않거나 투자액이 벅차다. 이런저런 이유로 선뜻 부동산에 투자하지 못하고 세월만 보내다가 지인 또는 기획부동산의 입소문에 얇은 귀가 팔랑거리기도 한다.

이런 초보 부동산 투자자에게 가장 손쉽게 다가오는 물건이 오피스텔이다. 여러 형태의 부동산 물건 가운데 오피스텔은 수익형 부동산의 대명사 격이다.

오피스텔이라는 용어는 사무실을 뜻하는 오피스(office)와 호텔(hotel)의 합성어다. 사무실 같은 업무 공간에 호텔의 편리함과 관리를 결합한 것이다. 그래서 말 그대로 오피스텔은 주 용도가 업무 시설이며 업무 공간이 50퍼센트 이상이고 주거 공간이 50퍼센트 미만인 건축물을 말한다. 낮에는 업무를 보는 사무실 개념으로 사용하고 밤에는 숙식 공간으로 활용한다. 오피스텔은 서양의 스튜디오 아파트(studio apartment)와 흡사하다. 방, 거실, 주방 등을 따로 나누지 않고 한 공간에 담았다. 국내에서는 1985년 고려개발이 서울 마포구에 지은 성지빌딩을 분양한 것이 효시이며, 이후 수요가 급격히 늘어나 주로 도심에 들어섰다.

1990년대 재택 근무와 개인 벤처 기업 열풍이 불면서 오피스텔이 우후죽순처럼 생겨났다. 사실 지금까지도 재택 근무가 보편화되지 못했지만 당시 재택 근무 바람이 불면서 오피스텔이 그 바람에 편승했다. 또한 1998년 외환 위기 이후 명예 퇴직 등의 이유로 직장을 그만둔 사람들 사이에서 소자본으로 창업하려는 붐이 일었을 때도 오피스텔은 1인 창업의 산파 역할을 했다.

## 오피스텔이
## 유리한 이유

오피스텔은 건축법에서 주택이 아닌 업무 시설로 분류되기 때문에 한 사람이 주택 이외에 오피스텔을 소유하더라도 1가구 2주택에 해당하지 않는다. 실정법상 오피스텔은 건축물 분양에 관한 법률에 따라 업무용으로 사용하는 경우, 주택법의 적용을 받는 일반 주택과 달리 업무 시설을 기준으로 세금을 부과한다. 그러나 업무용이 아닌 주거용으로 오피스텔을 사용하는 경우 종합부동산세 부과 대상이 될 수 있으며, 오피스텔 이외에 다른 주택을 소유하고 있으면 다주택자로 인정돼 처분할 때 양도소득세가 중과되기도 한다. 사실 특정 오피스텔이 업무용인지 주거용인지는 용도 구분 또는 사업자 등록 여부와 관계없이 주민등록 전입 여부와 그해 오피스텔의 내부 구조와 형태, 취사 시설 등 거주 시설의 구비 여부와 사실상 사용하는 용도 등을 종합해서 판단한다.

요즘 오피스텔은 초보자도 손쉽게 접근할 수 있는 수익형 부동산으로 주목받는다. 처음에 투자하는 돈이 크지 않은 데다 관리도 쉽기 때문이다. 서울을 포함한 수도권에도 분양가 수천만 원대로 시작할 수 있는 오피스텔이 있다. 또한 오피스텔은 가족형 주택이 아니라 1~2인 가구 주택인데, 세입자가 직장 생활을 하는 경우가 많아 임대료를 연체하는 일도 적다.

오피스텔을 찾는 세입자 중에는 교수, 연구원, 변호사 등의 전문직과 펀드 매니저, 은행원 같은 고소득자가 많다. 한마디로 월세를 꼬박꼬박 낼 수 있는 사람들이기 때문에 오피스텔 투자자는 세입자와 월세 논란을 벌이지 않아도 된다. 세입자가 월세를 연체하기 시작하면 투자자와 세입자 사이에 신경전이 벌어지는데 처음에는 웃는 얼굴로 얘기하지만, 한 달 두 달을 넘겨 석 달째 연체가 계속되면 그 웃는 얼굴은 온데간데없어진다. 심한 경우 법적 다툼으로 이어지기도 한다. 이전부터 서로 아는 사이라면 더욱 이상한 관계가 되고 만다. 오피스텔 세입자는 월세를 연체하는 일이 없다는 보장은 없으나 대개는 그런 위험성이 낮은 편이다. 아이들과 함께 사는 경우도 거의 없어서 오피스텔을 깨끗하게 유지하는 것도 장점이다.

오피스텔에는 목적이 있어서 일정 기간 '살 공간'이 필요한 사람들이 모이기도 한다. 잠시 지낼 계획이라 큰돈을 투자해 아파트를 임차하기도 번거롭고 자신의 일정에 따라 계약 기간을 줄이거나 늘리기도 쉽지 않은 것이다. 게다가 아파트는 1인 가구에 어울리지 않게 규모가 크다. 소형 아파트가 부쩍 늘었지만 월세가 저렴한 편은 아니다. 직장일을 하면서 혼자 생활하기에 적당한 크기, 저렴한 가격, 편리성 등을

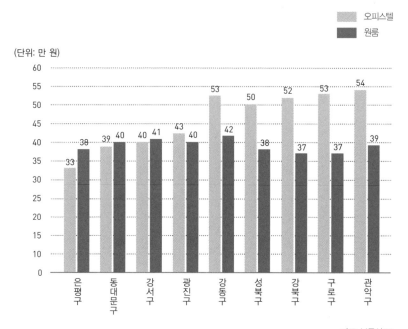

2013년 서울시 구별 60제곱미터 이하 오피스텔과 원룸 월세 비교

자료: 부동산114

고려할 때 오피스텔만 한 주거 형태가 없다. 물론 자취나 하숙도 있다. 하지만 여러모로 자취나 하숙보다는 오피스텔이 편리하다. 오피스텔의 월세가 비슷한 규모의 원룸보다 더 비싸긴 하지만 다른 자취생이나 하숙생과 부딪히는 일 없이 자신만의 공간을 활용할 수 있다.

주변 환경도 쾌적한 편이다. 대형 오피스텔 빌딩에는 주차장은 기본이고 세탁소, 편의점, 병원 등이 입주해 있어서 건물 밖으로 나가지 않아도 일상 생활을 하는 데 불편함이 없다. 자취나 하숙보다 오피스텔의 월세가 비싸게 형성되는 이유다. 사실 자취나 하숙을 선호하는 층과 오피스텔 세입자는 그 부류가 나뉜다. 월세가 적은 자취나 하숙은 학생들이 주 세입자라면 오피스텔은 전문직 종사자와 고소득자들이 즐겨 찾는 주거 형태라고 볼 수 있다. 이와 같은 특성들 때문에 부동산 투자 초보자에게는 오피스텔이 매력적이다. 한마디로 오피스텔 소유자는 큰 어려움 없이 부동산 투자를 시작할 수 있다.

## 소득공제 혜택으로
## 월세 수요가 늘어난다

국민 주택 규모 이하 주택의 월세 소득공제 요건이 완화됐다. 총 급여 3,000만 원 이하에서 5,000만 원 이하로 확대된 것이다. 배우자나 부양 가족이 없는 단독 세대주도 공제 혜택을 받을 수 있게 됐다. 원룸이나 오피스텔에서 월세를 내며 홀로 거주하는 1인 가구도 소득공제가 가능해진 것으로 이해되지만, 사실은 그렇지 않다. 같은 건물이라도 도시형 생활주택에 월세로 살면 소득공제가 가능하지만, 사는 방이 오피스텔이라면 해당되지 않는다. 오피스텔, 고시원 등의 준주택은 소득공제 혜택을 받을 수 없는 것이다.

이에 대해 논란이 많았다. 주택법상 주택은 차입금의 원리금 상환액과 월세액을 소득공제해 주는데 준주택은 소득공제가 안 되냐는 것이다. 주택법 시행령에는 준주택에 기숙사, 고시원, 노인 복지 주택과 함께 오피스텔이 포함된다. 준주택 가구 수는 2010년 기준 전체 가구 수 대비 2퍼센트 수준인 35만 가구로 추산된다.

국회에서 논란이 일었다. 인구 구조 변화와 다양한 주거 방식에 대한 이해가 결여되어 형평성 문제가 생긴다는 것이다. 주택법상 주택 거주자의 과세 형평 원칙에 따라 준주택 거주자도 소득공제 혜택에 포함하는 것이 마땅하다는 얘기다. 결국 2013년 8월 13일 이후부터 주거용 오피스텔의 월세도 소득공제 대상에 포함했다. 전세 보증금과 월세 그리고 전월세를 구하려고 빌린 대출금(주택 임차 자금 차입금)의 원리금 상환액만큼 소득공제 혜택을 받을 수 있다는 말이다. 오피스텔 수요가 더 늘어날 여지가 생긴 것이다.

# 오피스텔의 황금 조건,
# 역세권 5분

오피스텔 투자와 임대에서 따져 볼 조건은 무엇일까? 투자 전문가와 월세 부자들에게 질문하면 역세권 입지부터 살펴야 한다고 입을 모은다. 장사하려면 목이 좋아야 하는 것처럼 오피스텔도 수요가 많은 목이 있다는 것이다. 그들이 공통으로 추천하는 오피스텔 최적의 입지는 역세권이다. 오피스텔은 지하철역이 있는 대도시에서 발달한 주거 형태인 만큼 지하철역과 가까울수록 여러모로 좋다는 말이다.

물론 버스 노선이 다양하면 금상첨화지만 지하철은 사계절 날씨에 큰 영향을 받지 않고, 도로 사정과도 무관하게 운행하므로 도시인에게는 가장 편리한 교통 수단이다. 서울, 부산, 대구, 대전 등 주요 도시에는 지하철이 있는데 정부가 지하철을 놓을 때는 교통량과 인구 이동량, 동선 등을 자세히 살펴 역 위치와 규모를 정한다. 따라서 지하철역은 사람이 많이 다니는 길목에 위치한다. 지하철역과 가까운 오피스텔일수록 임대 수요가 많은 것은 당연하다.

세입자 중에는 본가를 떠나 업무 등의 이유로 다른 도시에서 일정 기간 살아야 하는 경우가 있다. 이들은 출퇴근하거나 업무상 움직일 때 지하철을 이용하는 편이다. 비싼 기름값과 주차비, 주차난 등을 생각하면 잠깐 다른 도시에서 지내는 동안 대중교통을 이용하는 것이 그렇게 불편한 일만은 아니다. 그래서 오피스텔을 선택할 때 역세권을 우선시한다. 임채우 KB국민은행 부동산전문위원은 "오피스텔은 지하철역에서 5분 이내 역세권이 가장 좋다고 본다. 오피스텔을 임차하는 사람 중에는 직장인이 많아서 출퇴근하기 편한 주거지를 찾게 마련이다."라고 설명한다.

## 주변 지역에 익숙한 곳에서 시작하라

50대인 김상주 씨는 몇 해 전 작은 오피스텔에 투자한 뒤로 월급 외에 월세 40만 원을 챙기고 있다. 전남 여수가 고향인 그는 40대 초반에 직장을 옮기면서 서울 생활을 시작했다. 지방과 달리 집값이 비싸서 전셋집을 마련할 수밖에 없었다. 여수에서는 1억 원 안팎으로도 세 식구가 살 만한 아파트를 장만할 수 있었지만 서울에서는 전세금에도 미치지 못했다. 그는 은행 대출을 받지 않으려고 집을 구입하는 대신 3층짜리 다가구주택에 전셋집을 마련했고, 서울에서 10여 년 동안 직장 생활을 하며 종잣돈을 모았다. 한 달에 60만 원씩 적금을 부어 8,000만 원 가까운 목돈을 마련했다.

그는 자전거로 출퇴근하면서 길을 익히고 주변 변화를 읽었다. 대형 아파트와 호텔이 들어서고 상권이 바뀌는 것도 지켜봤다. 내부순환도로가 인접해 있어서 서울 외곽으로 드나드는 교통망이 좋은 데다 월드컵경기장과 월드컵공원이 가까워 주거 환경으로 쾌적했다. 연세대, 세브란스병원, 광화문 방향으로 출퇴근하는 사람들이 많아졌고, 매년 봄이면 하숙집과 자취방을 찾는 사람들이 몰렸다. 이런 변화를 느끼면서 목돈으로 부동산에 투자하겠단 꿈을 키웠던 것이다.

그즈음 집주인이 전세금을 올리겠다는 통보를 해 왔다. 은행 융자를 받으면 소형 아파트를 장만할 수 있었다. 하지만 그는 내 집 마련을 포기했다. 전세금 1,000만 원을 올려 주고 남은 돈 7,000만 원으로 오피스텔을 샀다. 서울 마포구 중동에 있는 K오피스텔은 2002년에 준공해서 깨끗한 편이었다. 한 층에 다섯 세대가 사는 7층짜리 소형 오피스텔에다 유명 건설사가 지은 것도 아니었다. 그 건물이 오피스텔인지 모르는 사람도 있을 정도다. 게다가 주차 공간도 여유롭지 않았다. 준공 당시는 월드컵 특수 때문에 시세가 나쁘지 않았지만 이후 매매가가 고만고만했다. 5년 전 그는 22제곱미터(7평)짜리 오피스텔을 5,000만 원에 샀다. 은행 대출을 받지 않고 부동산을 사기 위해 오래전부터 보아 온 그 오피스텔을 투자 대상으로 선택한 것이었다.

## 내 집 마련 대신
## 월세를 내 손으로

그가 이 오피스텔을 장만한 이유는 두 가지다. 임대 수요가 꾸준하다는 점을 피부로 느꼈고, 가좌역이 걸어서 5분 거리에 있다는 점도 마음에 들었다. 적은 돈으로 독립된 개인 공간을 누리면서 출퇴근하기 편리한 오피스텔을 원하는 세입자에게 안성맞춤인 조건이었다. 그는 오피스텔 매매 계약을 하기 전에 주변 시세도 알아봤다. 김씨는 "주변이 전부 소형 오피스텔뿐인데 보증금 500~1,000만 원에 월세를 45~50만 원 받았다. 처음에는 연세대 학생에게 빌려 줬는데 보증금 1,000만 원에 월세 40만 원을 받았다. 그 후 세입자가 바뀌고 세월이 지나면서 지금은 월세가 50~60만 원으로 뛰었다. 수익률이 9~10퍼센트니 만족한다."고 말했다.

8년째 월세를 받아 4,000만 원이 넘는 돈을 모았다. 은행 이자로 들어가지 않으니 월세는 고스란히 통장에 쌓였다. 그 돈은 다른 오피스텔 투자에 쓸 계획이다. 오피스텔 한 채를 더 장만하거나 지금 소유한 오피스텔을 팔아 상권이 더 좋은 지역의 오피스텔을 구입할 생각이다.

반면, 서울 마포구 상암동에 있는 ○오피스텔은 입지가 좋지 않은 대표적인 사례로 꼽는다. 그룹 계열 건설사가 지어서 지명도가 있는 그 오피스텔은 2012년 4월에 분양해서 2013년 12월에 입주를 시작했다. 10개 층에 897실이 있는 대형 건물이다. 20제곱미터(6평)짜리가 1억 3,000만 원대다. 평당 1,000만 원 초반대여서 투자 부담이 높은 편은 아니다. 2013년 12월 기준 예상 임대가는 보증금 1,000만 원에 월세 65만 원이다. 수익률이 6퍼센트대라 나쁘지 않은데, 경의선 수색역이 걸어서 20분 거리에 있다. 공항철도와 경의선이 지나고 인근에는 아파트와 초등학교가 있는 전형적인 주택 단지지만 지하철 역세권은 아니다. 차가 없는 사람은 접근성이 떨어지므로 고액 연봉 생활자가 아니면 세입자로 들어오려고 하지 않는다. 수요에 한계가 있어서 향후 임대 수익이 어떻게 될지 장담하기 어려운 지역이다.

# 수익률 6퍼센트 이상도
# 가능하다

오피스텔을 고를 때 무엇보다 중요한 요인은 수익률이 얼마나 되는가이다. 오피스텔에 투자하는 목적은 주거가 아니라 임대이기 때문에 당연히 수익률이 높아야 한다. 아무리 임대 수요가 많은 오피스텔이라도 수익률이 낮으면 투자 가치는 떨어질 수밖에 없다.

수익률이 높다는 말을 쉽게 설명하면 적은 돈을 투자해서 월세를 많이 받는 것이다. 2013년 말 현재 시중 은행의 예금 금리가 대략 2.7퍼센트대인데 오피스텔 수익률은 이 선을 무조건 넘어야 한다. 그렇지 않으면 은행 대출 이자를 갚지 못하는 상황이 생길 수도 있다. 수익률이 예금 금리보다 낮을 때는 부동산에 투자하기보다 은행에 돈을 묻어 두는 편이 이롭다.

2014년 이후 오피스텔의 임대 수익률은 6퍼센트 선을 넘을 것이라는 전망이 우세한데, 큰 변수가 없다면 이는 무난히 실현될 것으로 보인다. 2013년 서울 지역 오피스텔의 평균 수익률은 5.5퍼센트 선이고 이후 경제가 완만하게나마 회복될 거라는 관측이 나오기 때문이다. 부동산114에 따르면 서울시에서는 강북구의 오피스텔(50실 이상) 수익률이 6.57퍼센트로 가장 높다. 6퍼센트가 넘는 구는 금천구(6.53퍼센

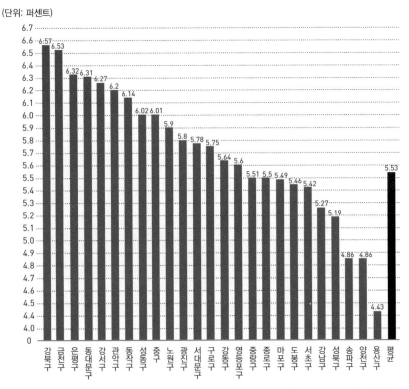

2013년 서울시 구별 오피스텔 임대 수익률(50실 이상 오피스텔 대상)

(단위: 퍼센트)

자료: 부동산114

트), 은평구(6.32퍼센트), 동대문구(6.31퍼센트), 강서구(6.27퍼센트), 관악구(6.2퍼센트), 동작구(6.14퍼센트), 성동구(6.02퍼센트), 중구(6.01퍼센트) 등 아홉 개 구에 이른다. 연간 수익률이 가장 낮은 구는 용산구이며 4.43퍼센트로 나타났다. 이와 함께 5퍼센트를 넘지 못한 구는 송파구(4.86퍼센트)와 양천구(4.86퍼센트)이고 나머지 구는 모두 5퍼센트를 웃돌았다.

한눈에 봐도 강북권 수익률이 강남권보다 높다는 사실을 알 수 있다. 2013년 초반에 전문가들은 세금과 건강보험 등 간접 비용을 고려할 때 수익률이 5퍼센트 이상은 나와야 오피스텔에 투자한 의미가 있다고 했다. 이 예상대로 서울시에서 두 개 구만 빼고 나머지 지역에서는 오피스텔이 투자 가치가 있다는 얘기다. 평균 수익률 5퍼센트를 넘지 못한 두 개 구도 서울 도심의 평균치 5퍼센트를 다소 밑도는 수준이었다. 물론 오피스텔의 기대에 맞게 수익률이 알아서 오르지는 않는다. 국가 경제, 국제 경기, 부동산 정책 등 다양한 변수에 따라 수익률이 달라질 수 있는 만큼 반드시 수익률이 오른다거나 내린다고 단정하기란 쉽지 않다.


## 수익률에
## 영향을 미치는 요소

그렇지만 오피스텔 자체적으로 수익률을 유지하거나 떨어뜨리는 요인은 사전에 파악할 수 있다. 그 방법 가운데 하나가 물건 분석이다. 분석이라고 해서 골치가 지끈거릴 정도로 어려운 것은 아니다. 전용률과 투자액을 비교해 보는 것처럼 누구나 쉽게 할 수 있는 것이 물건 분석이다. 오피스텔은 아파트보다 전용률이 낮아서 50퍼센트가 채 되지 않는 곳이 있다. 예를 들어 보자. 같은 지역에 있는 A오피스텔은 분양가가 평당 1,000만 원이고, B오피스텔은 1,200만 원이다. 모두 66제곱미터(20평)여서 A오피스텔은 분양가가 2억 원이고 B오피스텔은 2억 4,000만 원이다. 두 오피스텔은 분양가에서 4,000만 원이 차이난다. 세금 등을 합치면 그 차이는 더 벌어진다.

두 오피스텔의 용적률을 따져 보자. 전자는 40퍼센트이고 후자는 60퍼센트라면 실평수는 A오피스텔이 26제곱미터(8평)고 B오피스텔은 40제곱미터(12평)다. 누가 보더라도 B오피스텔이 넓고 쾌적하다. 이런 이유로 세입자는 실평수를 따지고 전용률을 참고하는 것이다. 집주인으로서는 양쪽 모두 보증금은 비슷하게 받는다 하더라도 월세가 A오피스텔은 40만 원, B오피스텔은 60만 원으로 달라질 수 있다. 월세 차액 20만 원은 1년 만에 120만 원으로 불어나고, 시간이 가면서 월세가 오르기라도 하면 그 간격은 더 벌어진다. 은행 대출 이자를 갚고도 손에 쥐는 실수령액이 높은 만큼 같은 오피스텔이라도 월세를 받는 느낌은 달라진다.

수익률을 검토할 때 반드시 따져 볼 다른 한 가지는 주변에 경쟁 상대가 얼마나 있고 앞으로 어느 정도 늘어날지를 예측하는 일이다. 서울 강남역 주변은 업무용 건물도 많은 데다 영어 학원 같은 교육 시설도 몰려 있어서 학생과 직장인의 이동이 많다. 또한 커피숍과 식당, 술집, 쇼핑, 영화관이 있어서 다른 지역으로 이동하지 않아도 많은 욕구가 충족되는 전형적인 상업 지역이다.

전국에서 유동 인구가 많기로 꼽히는 지역인 데다 역세권이어서 더 따져 볼 것 없이 오피스텔 입지로는 최적이다. 임대 수요가 끊이지 않고 월세도 높게 책정된다. 실제로 1~2년 전 분양할 때 월세 120만 원은 족히 받을 것으로 예상했다. 그러나 지금은 예상에 한참 못 미치는 90만 원대에 형성되어 있다. 투자 대비 수익률이 4퍼센트대에 머무르

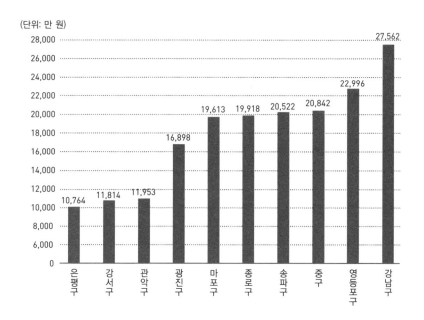

2013년 서울시 구별 오피스텔 매매 가격

(단위: 만 원)

자료: 부동산114

는 셈이다. 그 이유는 최근 몇 년 사이에 강남역 부근에 수많은 오피스텔이 우후죽순처럼 들어섰기 때문이다.

서울에서 전용 면적 19~23제곱미터(6~7평) 규모의 오피스텔은 1억 3,000~1억 5,000만 원에 살 수 있다. 보증금 1,000만 원에 월세 60만 원이면 수익률이 6퍼센트가 넘는다. 대출이 적고 자기 투자금이 많을수록 수익률을 8퍼센트까지도 올릴 수 있다. 이에 비하면 서울 강남역 주변 오피스텔은 고전을 면치 못하는 셈이다.

김문도 씨는 몇 해 전 서울 강남역 근처에 있는 오피스텔을 분양받았다. 보증금 1,000만 원에 월세 120만 원은 충분히 받을 거라는 분양사의 말만 믿고 계약했다. 수요가 많고 역세권이며 주변에 편의 시설이 많아서 5퍼센트 수익률은 무난하다고 판단했다. 그러나 막상 뚜껑을 열어 보니 임대 수익은 90만 원 선에 머물렀다.

분양 회사는 임대료를 주변 시세보다 높게 제시하고 그 기준으로 분양가를 책정한다. 1~2년 후인 입주 시점의 월세를 높게 잡아 투자자들에게 임대 수익률을 강조하려는 것이다. 그래서 분양사의 말을 액면 그대로 받아들이면 낭패를 보기 쉽다. 분양사가 제시한 임대 수익률의 근거를 기반으로 주변 임대 시세와 향후 들어설 주변 오피스텔 등을 참고해 미래 임대 수익을 예측해야 한다.

앞으로 얼마나 많은 오피스텔이 들어설지는 계약을 앞둔 시점에서 살펴볼 수밖에 없다. 발품을 팔아 주변 오피스텔 분양사를 찾아다니며 관련 자료를 수집하면 큰 그림을 그릴 수 있다. 유동 인구, 예상 세입자 등 분양사는 구체적인 정보를 가지고 분양 계약자를 끌어들이려고 한다. 이런 정보에다 언론 보도, 정부 정책, 부동산 전망, 금융 기관의 부동산 설명회, 해당 지역 개발 계획 등을 참고하면 어렴풋하게나마 미래를 예상할 수 있다.

주변 경쟁 상대를 오피스텔 이외의 범위로 넓혀 보는 것도 좋은 방법이다. 소형 아파트나 도시형 생활주택은 오피스텔과 경쟁 관계로 봐도 무방하다. 세입자는 오피스텔만 고집하지 않는다. 월세가 비슷하면 소형 아파트나 도시형 생활주택도 고려한다. 주변 오피스텔만 볼 것이 아니라 소형 아파트와 도시형 생활주택이 얼마나 밀집된 지역인지도 알아볼 일이다.

박기철 씨는 2011년 서울 송파구에 있는 오피스텔을 1억 원이 조금 넘는 가격에 분양받았다. 1,249실이 들어선 대형 오피스텔로 46제곱미터(14평)와 23제곱미터(7평)가 주를 이루고 있으며, 2013년 하반기 평균 매매가는 1억 8,000만 원에 형성됐다. 지하철역(장지역)이 걸어서 6분 거리인 역세권이고 전용률도 51퍼센트로 나쁘지 않았다. 송파구는 서울 강남 동쪽 도심이어서 임대 수요도 걱정할 일이 아니었다. 그럼에도 불구하고 박씨는 투자에 실패했다고 고백했다. "월세를 85만 원은 받을 줄 알았는데, 2013년 7월 입주를 시작하자 임대료가 보증금 1,000만 원에 월세 65만 원으로 형성됐다. 수익률이 6퍼센트에서 3퍼센트로 주저앉은 것이다. 주변에 오피스텔은 물론 소형 아파트 등이 많은 게 화근이었다."

이에 대해 임채우 KB국민은행 부동산전문위원은 "아무래도 오피스텔, 소형 아파트, 도시형 생활주택이 몰린 지역은 높은 수익률을 기대하기 어렵다. 주변에 오피스텔이 많아도 수요가 넘치면 큰 걱정이 없겠지만 수요보다 공급이 많은 지역은 입지가 아무리 좋아도 수익률은 떨어지게 마련이다. 입지가 좋아서 오피스텔을 내놓기 무섭게 세입자가 나타나더라도 향후 월세를 올려 가기에는 무리가 있다는 점을 고려해서 투자해야 한다."고 조언한다.

## 임대 수요와 임대 수익률은 항상 정비례하지 않는다

통계청과 업계의 자료를 보면 2013년 서울의 오피스텔 매매 가격은 평균 1억 8,287만 원이다. 최소 1억 764만 원(은평구)부터 최대 2억 7,562만 원(강남구)까지 구별로 큰 차이를 보인다. 은평구, 강서구, 관악구, 광진구는 서울 전체 평균을 밑돌고 마포구, 종로구, 송파구, 중구, 영등포구, 강남구는 평균치를 웃돌았다. 한눈에도 알 수 있듯이 도심과 먼 지역일수록 오피스텔 매매 가격이 저렴하다. 그 차이가 1억 5,000만 원 이상이다.

같은 평형일 때 1억 원 이상 투자할 가치가 있는지 따져 봐야 한다. 보통은 도심에 가까운 구일수록 임대 수요가 많고 월세도 많이 받는 편이다. 서울에서 오피스텔 월세를 가장 많이 받는 구는 종로구, 서초구, 강남구로 평균 80만 원 이상이다.

그런데 임대 수요가 많은 지역은 오피스텔이 많아 수익률이 떨어지기 쉽다. 서울 강남구의 오피스텔 매매가는 2억 7,562만 원으로 서울에서도 최고가를 자랑한다. 그만큼 수요가 많지만 수익률은 높지 않은 편이다. 강남구의 임대 수익률은 5.27퍼센트로 서울의 오피스텔 평균 임대 수익률 5.53퍼센트보다 낮다.

서울에서 매매가가 가장 낮은 은평구(1억 764만 원)의 임대 수익률은 무려 6.32퍼센트로 서울에서 최고치를 기록하고 있다. 강남구의 오피스텔은 은평구보다 수익률이 1퍼센트 이상 떨어지는 셈이다. 임대 수요가 많은 곳은 경쟁 상대가 많아 임대 수익률이 떨어지고, 임대 수요는 적지만 경쟁 부동산이 적은 곳은 임대 수익률이 높은 것이다.

투자 대비 수익이 적으면 그만한 값어치가 없다. 오히려 도심에서 떨어진 곳이라 수요가 많지 않더라도 역세권을 낀 오피스텔은 수익률 면에서 유리할 수 있다. 월세는 낮지만 수익률로 따지면 나쁘지 않다. 한 부동산중개인은 "임대 수요가 끊이지 않는다는 조건이 같을 경우, 도심지 오피스텔의 월세가 부도심권 오피스텔보다 높다. 대신 최초 투자금이 많이 든다. 이런 문제로 고민한다면 초기 투자와 수익률이 부담스러운지 여부가 좋은 기준이 된다. 경제적 여유가 있어서 초기 투자나 수익률에 연연해하지 않는다면 도심지 오피스텔을 권하겠지만, 그 반대 사정이라면 부도심권 오피스텔부터 시작하는 것도 나쁘지 않다."고 조언한다.

# 호텔처럼 편리한 공간을
# 제공하라

오피스텔이라는 단어에는 호텔 개념이 묻어 있기 때문에 세입자에게
는 그만한 기대 심리가 있다. 그 기대 심리 중 하나가 바로 주차 시설
이다. 자기 차를 소유한 세입자라면 주차장이 잘 갖춰진 오피스텔이
주차 공간이 부족한 일반 주택보다 편리하다. 이들에게 주차 시설이
없는 오피스텔은 의미가 없다. 주차 시설이 없는 일반 주택을 임차하
는 것과 다름이 없기 때문이다. 주차장도 지하 주차장이나 주차 타워
가 인기다. 한여름에 뜨겁게 달궈진 차나 추운 겨울에 얼음처럼 차디
찬 차를 누가 타고 싶겠는가.

주차 규모도 무시할 수 없다. 주차 공간이 오피스텔 입주자보다 터
무니없이 적다면 오히려 안 좋은 인상을 남긴다. 하루 이틀도 아니고
매번 주차 공간을 찾아 헤매다 보면 오피스텔에 정이 떨어져 버린다.

이런 불편함이 요즘은 단순히 세입자 선에서 그치지 않는다는 점이 문제다. 인터넷, SNS 등을 통해 다른 사람들에게 전달된다. 결국 예비 세입자를 끌어들이지 못해 수요 공백이 생길 우려가 크다.

그러므로 오피스텔에 투자하려면 주차장 같은 주요 편의 시설을 꼼꼼히 살펴봐야 한다. 주차 시설 못지않게 오피스텔 주변 환경도 중요하다. 가까이에 편의점, 세탁소, 식당, 병원 등이 갖춰져 있어야 한다. 1인 가구가 많은 터라 편의 시설을 자주 이용하기 때문이다. 대형 오피스텔의 경우 건물 안에 편의 시설이 들어서기도 한다. 세입자가 건물 밖에 나갈 필요가 없을 정도로 편리하기 때문에 오피스텔에 더욱 호감을 갖는다. 이는 세입자의 장기 체류 또는 예비 사업자의 유입으로 이어지는 계기가 된다.

조금 더 욕심을 내어 오피스텔 인근에 공원이 있으면 금상첨화다. 도심에 가까운 오피스텔은 자칫 여러 건물 사이에 끼어 삭막한 환경에 노출되기 십상이다. 그런데 걸어서 갈 만한 거리에 공원이 있다면 세입자에게 좋은 안식처가 된다. 초록 식물이 주는 안정감도 오피스텔의 가치를 높인다. 어떻게 보면 오피스텔의 휴식 공간이 생기는 셈이다.

진주철 씨는 1994년 서울 강남구 개포동에 들어설 오피스텔 58제곱미터(17평)짜리를 3,400만 원에 분양받았다. 당시 주변 아파트 시세가 평당 400만 원이었으니 거의 반값에 오피스텔을 마련한 셈이다. 1997년 5월에 준공한 그 오피스텔은 지하철 3호선 대청역과 연결돼 있어서 인기가 높았다. 강남으로 나가기 쉽고 주차 공간이 넓으며 상가, 은행, 병원, 헬스클럽 등 편의 시설이 건물 1~2층에 자리한 800세대 규모의 오피스텔이었다.

아직 붙박이 가구가 보편화되지 않았을 때라 이 오피스텔에도 별다른 가구는 없었다. 접이식 침대, 옷장, 화장실 겸 샤워실, 싱크대, 신발장이 전부였다. 하지만 진씨는 자비를 들여 벽걸이형 에어컨까지 설치했다. 임대를 놓은 지 이틀 만에 보증금 1,000만 원에 월세 35만 원을 받기로 계약하고 첫 입주자를 맞았다. 강남으로 출퇴근하는 맞벌이 부부였다. 돈을 모아 아파트를 분양받기 전까지 직장에서 20분 거리에 있는 그 오피스텔에 살기로 한 것이다.

처음 오피스텔을 분양할 때만 해도 공사하면서 파 낸 흙이 건물 뒤편에 낮은 야산을 이루자 듬성듬성 나무 몇 그루만 심어 놓은 상태였다. 그런데 얼마 후 이 야산이 마루공원이라는 이름표를 단 휴식 공간으로 변모하자 주변 환경이 더 좋아졌다. 주변에 높은 건물이 없어 전망도 좋은 편이다. 경쟁할 만한 오피스텔도 없다. 주위에 삼익대청아파트, 개포우성7차아파트 등 아파트 단지가 있는 전형적인 거주 지역이다. 현재 그의 오피스텔 매매가는 1억 5,000만 원, 전세가는 1억 1,000만 원 선이다. 지난 10년 동안 임차인이 몇 차례 바뀌었고, 그 사이에 월세는 60만 원(보증금 1,000만 원)으로 올랐다.

진씨는 30대 중반부터 악착같이 돈을 모았다. 200만 원이 조금 넘는 월급에서 매월 40만 원을 뚝 떼어 내 저축했다. 1년에 500만 원씩 적금을 부어 6년 만에 3,000만 원을 손에 쥐었다. 타고 다니던 자동차를 팔아 보탠 종잣돈으로 그 오피스텔을 분양받은 것이었다.

은행 대출을 받지 않아서 이자로 나가는 돈도 없다 보니 월세가 고스란히 통장에 쌓였다. 임대한 첫 1년 동안 1,000만 원 보증금에 연간 420만 원이 수익으로 잡혔다. 2년째에는 오피스텔 분양가의 절반이 넘는 돈을 모을 수 있었다. 3년 후에는 또 다른 오피스텔을 계약했다. 4,000만 원짜리였는데 자신이 모은 돈 3,000만 원에 지인에게 빌린 돈 1,000만 원으로 장만했다. 당시 보증금 1,000만 원에 매월 40만 원을 받던 월세가 지금은 60만 원(보증금 1,000만 원)으로 늘었다.

진씨는 종잣돈 3,000만 원으로 부동산 투자를 시작한 것이다. 첫 종잣돈을 모으는 과정은 힘들었지만 그다음부터는 월세가 보태져 종잣돈을 모으는 기간이 줄었다. 결국 그는 오피스텔 두 채에 모두 7,400만 원을 투자해 지금 월세 120만 원을 받고 있다. 직장 생활을 하며 매달 600만 원을 버는 그는 지난 10년 동안 서울 송파구 방이동에 있는 다가구 전셋집을 벗어나지 않았다.

그는 "대형 오피스텔이어서 건물 안에 식당부터 병원까지 있는 데다 뒤편에 공원이 생기자 오피스텔의 인기가 날이 갈수록 좋아졌다. 물론 지하철역과 연결돼 있다는 것이 큰 장점이지만 주변 편의 시설이 오피스텔의 가치를 높인 것은 분명하다."고 분석한다.

# 임대 수요가 많은 지역을
# 찾는 노하우

오피스텔을 고를 때 빼놓지 않고 챙겨야 하는 것은 임대 수요가 얼마나 되는지 확인하는 작업이다. 하지만 거리에서 지나가는 사람마다 붙잡고 오피스텔에 살 생각이 있는지 물어볼 수는 없는 노릇이다. 일단 상시 인구가 많은 지역이 임대 수요가 풍부하다. 대학가, 업무 단지, 상업 지역은 유동 인구뿐만 아니라 주변에 상주하는 인구도 많다. 이들 가운데 상당수는 오피스텔 같은 주거지가 필요하다.

부산에 사는 김영모(50대) 씨는 2012년 2억 원을 투자해 부산 금정구 부곡동에 있는 오피스텔 건물을 통째로 분양받았다. 대지 255제곱미터(77평), 건평 324제곱미터(98평)에 16세대가 사는 3층짜리 소형 오피스텔 건물이지만, 부산 가톨릭대까지 걸어서 3분 거리라 임대 수요가 끊이지 않는다. 초기에는 월세 400만 원을 예상했지만 현실은

300만 원이 조금 넘는다. 그래도 수익률은 18퍼센트에 이른다.

김씨는 "대학가여서 수요는 얼마든지 있다. 주변에 하숙집도 있지만 요즘 젊은이들은 자신만의 공간을 원해서 오피스텔이 인기다. 다음에 또 한 채를 살 생각인데 역시 대학가를 알아보고 있다."며 상주 인구가 많은 지역의 장점을 강조한다.

임대 수요를 예측하는 또 다른 방법은 편의점을 이용하는 것이다. 한때 유통 산업을 담당하면서 국내외 편의점에 대해 공부하고 취재하다 발견한 사실이 있다. 편의점 본사는 가맹점을 내기 전에 매우 다양한 정보를 수집하고 평가하고 분석한다는 점이다. 하루 매출을 일정 금액 이상 올릴 수 있는 최적의 장소를 찾기 위해서다. 유동 인구와 주변 상가 등을 면밀하게 따지고 계산해서 지역을 정하고 그 지역에서도 최적의 장소를 물색한다. 물론 대형 아파트 단지를 보고 들어선 편의점은 다르지만, 일반적으로 편의점이 들어선 상업 지역은 유동 인구와 상주 인구가 많은 곳으로 봐도 된다.

조금 더 구체적인 방법은 편의점 본사가 예비 가맹점주를 대상으로 여는 사업설명회에 참석하는 것이다. 물론 편의점 사업을 할 것은 아니지만 입지에 대한 분석을 들어 볼 수 있고, 자신이 관심을 둔 지역에 대해 문의할 내용이 있으면 개인 상담을 통해 알아보면 된다. 부동산 정보와 똑같은 형태는 아닐지라도 입지 조건이 괜찮은지 여부를 판단하기에는 적합하다. 한 편의점 본사뿐만 아니라 다른 편의점 본사의 사업설명회도 참석해 이야기를 듣고 정보를 입수하면 임대 수요를 판단하는 데 많은 도움이 된다.

편의점 외에 대형 할인 매장이 들어설 지역을 살펴보는 방법도 있다. 할인점이 들어선다는 정보를 개인적으로 얻기에는 무리가 있다. 해당 지역의 부동산중개소와 친해져 자주 지역 정보를 접하거나 언론 보도를 꼼꼼히 살펴보면 언제 어떤 형태의 할인점이 들어서는지 가늠할 수 있다. 할인점을 낼 때도 입지 조건과 상권 분석을 철저히 한다. 특히 할인점은 소비자가 차를 타고 올 수 있는 지역까지 고려해 주변 몇 킬로미터를 상권으로 잡기 때문에 편의점보다 넓은 시각으로 주변 입지를 바라볼 수 있다.

일반 상점보다는 대형 매장이 들어서는 곳도 주목할 필요가 있다. 맥도날드, 피자헛 같은 유명 프랜차이즈 업체가 매장을 낼 때도 특정 지역에 대한 상권 분석을 철저히 한다. 이들은 건물 2층 이상보다 1층에 점포를 마련하는 경우가 많은데, 그만큼 초기 투자가 크다. 그래서 상권 분석을 통해 이윤이 날 만한 곳을 신중하게 고른다. 물론 상권 분석이 항상 정확하다고 단정할 수는 없지만 대부분은 예상을 크게 벗어나지 않는다.

## 앞으로의 개발 호재를
## 놓치지 마라

임대 수요를 예측하려면 향후 개발 호재도 따져 볼 필요가 있다. 지금은 별 볼 일 없어 보이는 지역이라도 몇 년 이내에 재개발 계획이 있거나 지하철역이 들어설 예정이라면 개발 호재가 있는 지역이다. 이런 지역은 임대 수요가 는다고 봐도 된다. 인근에 공원을 조성한다든지 업무 단지가 들어설 경우도 마찬가지다.

개발 호재를 손쉽게 알아보는 방법은 신문과 잡지의 광고를 살펴보는 것이다. 과거 분당신도시가 조성되기 전에 건설사와 분양사의 광고가 부쩍 늘었던 사례가 있다. 직원 모집 공고부터 분양 광고까지 다양한 형태의 홍보물을 들여다보면 앞으로 어느 지역에 개발 계획이 있는지 파악할 수 있다.

이름이 생소한 건설사나 분양사보다는 익히 아는 유명 회사의 광고를 특히 눈여겨볼 일이다. 작은 규모의 개발이 아니라 대형 개발일 가능성이 높은 만큼 향후 인구가 밀집될 가능성이 크다. 이런 지역은 임대 수요가 늘어날 수밖에 없다.

부동산중개소나 해당 지자체 공고 등을 수시로 확인하는 방법도 좋다. 부동산중개소는 해당 지역의 부동산 정보를 가장 먼저 파악하는 곳이기도 하거니와 기존 시세와 향후 시세까지도 분석해 놓고 투자자를 기다린다. 또한 지자체가 특정 지역을 개발하려면 입찰 공고를 내는데 이런 것까지 자세히 살피는 사람은 의외로 많지 않다. 단, 지자체장 선거를 앞둔 시점에서는 결정을 피해야 한다. 지자체장이 바뀌면 이전 지자체장이 수립한 계획을 백지화할 우려가 있기 때문이다.

같은 오피스텔이라면 새것일수록 좋다. 준공 일자를 보면 언제 지었는지 알 수 있다. 너무 오래된 오피스텔은 낙후된 내부 시설을 수리해야 하는 등 여러모로 새 오피스텔보다 떨어진다. 세입자들 역시 낙후된 오피스텔보다 최근에 지은 오피스텔을 선호한다.

서울 상암, 은평, 광교에 들어선 월드마크와 강남, 역삼, 부산 해운대에 있는 이지소울더 같은 오피스텔은 디자인이 뛰어나 성공한 사례로 꼽힌다. 이런 지역은 임대 수요가 안정적이다. 상주 인구와 유동 인구가 많고 임대 수요가 넘치는 지역은 오피스텔 사이의 임대 경쟁도 심하다. 한마디로 월세를 올려 받기가 쉽지 않은 것이다.

이때 무기로 내세울 만한 것은 디자인과 주변 편의 시설이다. 오피스텔 건물 자체도 번듯하지만 들어서는 입구부터 화려하면 일단 세입자의 시선을 끈다. 게다가 요즘에는 테라스를 갖춘 오피스텔도 인기다. 작은 오피스텔이지만 나름대로 테라스를 두어 공간 활용이나 미관이 우수하다. 임채우 KB국민은행 부동산전문위원은 "오피스텔 건물은 크더라도 실내 전용 면적은 30제곱미터를 넘지 않은 소형이 수요가 많고 수익률도 높게 나온다. 임대 수요가 풍족한 지역일수록 무조건 큰 오피스텔보다는 임차인을 끌어들일 만한 요소가 있는 오피스텔을 찾는 안목을 기를 필요가 있다."고 설명한다.

# 주택임대사업자 등록으로
# 수익률을 높여라

수익형 부동산 투자에서 반드시 따지고 넘어가야 할 부분이 세금이다. 임대 수익은 다른 소득에 비해 과세 비중이 높은 편이라 세금을 제대로 파악하지 못한다면 자칫 수익률이 떨어지기 쉽다. 따라서 비과세 요건 등을 잘 활용해야 수익률을 높일 수 있다.

가장 효율적인 방법은 주택임대사업자로 등록하는 것이다. 주택임대사업자는 주택을 사들여서 전월세를 놓는 사업자를 말하는데 정부가 임대 시장을 활성화하기 위해 일반인의 주택임대사업 참여를 확대했다. 본인이 사는 집을 제외하고 주택을 한 채 이상 소유했다면 임대사업자로 등록할 수 있다. 오피스텔을 분양받고 주택임대사업자로 등록하면 세금 혜택을 받기 때문에 그만큼 수익률이 높아진다. 주거용 오피스텔뿐만 아니라 도시형 생활주택과 도심형 중소형 아파트도 집주인이 주택임대사업자로 등록했다면 세금을 줄일 수 있다. 단, 입식 주방, 수세식 화장실, 목욕 시설을 갖춰야 하는 조건이 있다. 요즘은 이런 시설을 갖추지 않은 곳이 없으니 임대용 주거 형태는 거의 모두 해당한다고 보면 된다.

2013년부터 주택임대사업자 등록 조건이 완화됐다. 과거에는 임대 주택을 다섯 채 이상 보유해야 가능했지만 지금은 한 채 이상으로 그 요건이 느슨해졌다. 임대 주택 규모도 85제곱미터 이하에서 149제곱 미터 이하여서 조금 큰 집도 거래할 수 있다. 다만 5년 이상 임대해야 한다는 점에 유의해야 한다. 주택임대사업자로 등록하고 5년이 지나지 않은 상태에서 오피스텔을 매각하면 임대주택법에 위반된다. 2년 이하의 징역이나 2,000만 원 이하의 벌금형을 받는다. 단, 등록된 주택 임대사업자끼리는 매각 신고 후 사고팔 수 있다. 임대 계약을 맺으면 해당 시군구청에 임차인 현황을 신고해야 한다.

그렇다면 세금 혜택을 얼마나 받을 수 있을까. 주택임대사업자로 등록하면 양도소득세, 취득세, 재산세 면제 또는 감면 혜택을 받는다. 분양받은 공동 주택은 2015년 말까지 취득세를 감면받는다. 주택을 취득한 후 30일 이내에 임대사업자 등록을 마쳐야 혜택 대상이 된다. 전용 면적 60제곱미터(18평) 이하는 취득세와 등록세가 면제되고, 149제곱미터(45평) 이하는 취득세의 25퍼센트를 감면받는다.

재산세는 전용 면적에 따라 감면 범위가 다르다. 전용 면적 40제곱미터(12평) 이하는 재산세를 면제받는다. 60제곱미터 이하는 50퍼센트, 85제곱미터 이하는 25퍼센트 감면된다.

주택임대사업자 등록 절차는?

임대 주택 등기부등본(매매 계약서)과 신분증, 도장을 지참하고 주소지 관할 시
군구청 주택과를 방문해 주택임대사업자 등록을 신청한다

임대사업자 등록증이 나오면 주소지 세무서를 방문해 사업자 등록을 마친다.

임대 주택 물건 소재 시군구청에 임대사업자 등록증 사본을 제시하고 재산세 감
면 신청을 한다.

임차인 입주 10일 전까지 시군구청에 임대 조건을 신고한다.

종합부동산세는 합산 대상에서 제외되므로 사실상 비과세다. 수도
권에서 공시 가격 6억 원(그 외의 지역은 3억 원) 이하인 집을 5년 이상
임대하면 양도소득세 중과세 대상에서 제외된다. 2013년 4·1 대책
에 따라 연내에 사들인 주택은 5년간 차익이 발생해도 양도세가 면제
되고 그 이후엔 오른 집값만큼만 세금이 매겨지기 때문이다. 가령 최
초 5년간 집값이 1억 원 오르고 그 후에 5,000만 원이 추가로 올랐다
면 추가 인상분(5,000만 원)에만 세금을 물리는 것이다. 그런데 정부가
8·28 대책을 통해 6년째부터 적용하는 장기보유특별공제율을 매년

현 3퍼센트에서 5퍼센트로 확대하면서 이 부담도 줄게 됐다. 사실상 양도세 부담이 사라진 셈이다. 주택임대사업자 자신이 사는 9억 원 이하의 주택도 2년 이상 가지고 있으면 해당 주택에 대한 양도소득세를 내지 않는다.

## 얼마나
## 아낄 수 있을까

아파트 두 채를 소유했다고 가정해 보자. 3년 전 서울 송파구의 아파트를 3억 원에 샀는데, 현재 예상 시가가 9억 원일 경우 현재 상태에서 이 아파트를 양도하면 양도세는 1억 4,800만 원이다. 그러나 서울 은평구의 아파트를 임대 주택으로 등록하면 2주택자라도 거주한 주택에 대해 1가구 1주택 비과세 혜택을 받기 때문에 양도세를 내지 않는다. 주택임대사업자 등록만으로 양도세 1억 4,800만 원을 절세한 셈이다.

종합부동산세에서도 유리하다. 임대 주택으로 등록한 주택은 종합부동산세 과세 대상에서 제외된다. 따라서 두 채를 합해 종합부동산세를 내야 하지만, 주택임대사업자로 등록한 이후에는 서울 송파구 주택 한 채만 과세 대상이 되므로 기준 시가 9억 원을 넘지 않는다면 종합부동산세가 없다. 단, 주택임대사업자 등록을 하려면 서울 은평구 아파트의 전용 면적이 149제곱미터 이하이고 기준 시가가 6억 원(수

주택임대사업자의 세금 혜택

| 구분 | 주택임대사업자 | | 일반 임대사업자 | |
|---|---|---|---|---|
| 취득세 | 60m² 이하 | 100% 감면<br>(신규 분양 시) | 주택 외<br>(상가, 오피스텔 등) | 분양가의<br>4.6% |
| | 60~85m² 이하 | 25% 감면<br>(20% 이상 분양 시) | – | – |
| | 85~149m² 이하 | 해당 없음 | – | – |
| 재산세 | 40m² 이하 | 100% 감면 | 2억 원 이하 | 0.2% |
| | 40~60m² 이하 | 50% 감면 | 10억 원 이하 | 2억 원<br>초과분의<br>0.3% |
| | 60~85m² 이하 | 25% 감면 | 10억 원 초과 | 10억 원<br>초과분의<br>0.4% |
| 소득세 | 종합소득 합산 6~38% | | 종합소득 합산 6~38% | |
| 종합 부동산세 | 비과세 | | 비과세(토지는 합산) | |
| 양도소득세 | 분리 과세(법안 통과 시) | | 일반 세율 | |

자료: KB국민은행 부동산팀

도권 밖의 지역은 3억 원) 이하여야 한다.

민간 주택임대사업자가 주택 구매 자금을 조달하기도 쉬워졌다. 임대용 주택을 살 경우 주택기금 대출 한도가 6,000만 원에서 1억 5,000만 원으로 상향됐다. 대출 금리 역시 2013년 한시적이나마 기존 5퍼센트에서 2.7~3퍼센트로 대폭 낮췄다. 적용 대상도 지금은 미분양 주택만 해당하는데 향후 기존 주택까지 넓힐 예정이다.

최대 수혜주는 주거용 오피스텔이다. 정부가 주거용 오피스텔도 기존 주택과 마찬가지로 양도세 5년 면제 혜택은 물론 소득세, 법인세 혜택을 주기로 했기 때문이다. 덕분에 자금 조달이 한층 쉬워진 데다 양도세 혜택 등도 추가돼 임대사업자가 더욱 증가할 것으로 보인다. 특히 주거용 오피스텔도 다양한 혜택이 적용돼 주거용 오피스텔에 관심이 커질 것이라는 게 정부 관계자의 말이다.

그렇다면 주택임대사업자로 등록했을 때 불리한 점은 없을까. 주택임대사업을 하려면 해당 구청과 세무서에 임대사업자 등록을 하고 5년이상 임대 사업을 유지해야 한다. 만일 사업자 등록을 한 지 5년이 되기 전에 임대 사업을 폐업하거나 임대 주택을 처분하면 비과세했던 세금을 추징할 뿐 아니라 임대주택법에 따른 벌금 등을 부과하기 때문에 최소 5년간은 처분하는 데 제한을 받는다.

이 경우 임대 소득에 대한 종합소득세는 어떻게 될까. 주택 임대를 전세로 하는지, 월세로 하는지에 따라 달라진다. 전세라면 보유 주택이 2주택이므로 임대 소득에 대한 종합소득세는 발생하지 않는다. 하지만 월세로 받으면 1년간의 임대 소득에 대해 종합소득세 신고를 해야 한다. 물론 상가와 달리 주택은 임대료를 월세로 받고 소득세 신고를 안 해도 파악하기가 쉽지 않아 세금을 추징당하는 사례는 현실적으로 많지 않다. 그러나 총 급여 5,000만 원 이하인 근로자는 연말정산 때 월세 소득공제를 받을 수 있기 때문에 소득공제를 받기 위해 임대차 계약서를 세무서에 제출하는 세입자가 많아질 것으로 보인다.

집주인 입장에서는 과세 소득이 노출돼 임대 소득에 대한 세금을 신고하지 않으면 불이익을 당할 가능성이 커졌다. 하지만 임대 소득 외에 다른 소득이 없다면 월세에 대해 소득세 신고를 하더라도 세금은 생각보다 많지 않다. 문제는 건강보험료일 수 있다. 지금은 직장인 자녀 등의 피부양자라 건강보험료를 내지 않지만 임대 소득이 있으면 피부양자 자격이 상실되고 건강보험 지역 가입자로 전환되어 보험료를 따로 내야 하기 때문이다.

아파트에 살면서 오피스텔 한 채를 임대한 이철희 씨는 사정이 생겨서 아파트를 팔아야 할 처지다. 그런데 주거용으로 사용하는 오피스텔은 주택으로 취급하는 터라 현재 상태에서 아파트를 먼저 팔면 아파트에 대한 양도세가 부과된다. 이 양도세를 줄이는 방법은 무엇일까. 오피스텔의 용도를 주거용에서 업무용으로 전환하면 된다. 업무용 오피스텔은 주택으로 간주하지 않는다. 이씨는 1가구 1주택자가 되어 아파트를 팔기 때문에 양도세 비과세 대상이 된다.

업무용으로 전환한 오피스텔은 업무용으로 임대가 끝난 후 다시 주거용으로 전환하면 용도 변경 전후 주거용으로 사용한 기간을 통산한다. 과거 주거용으로 1년 임대했고 업무용으로 바꿨다가 다시 주거용으로 전환하면 과거 주거용으로 임대한 1년을 이어 갈 수 있는 것이다. 주거용으로 2년 이상 보유한 오피스텔을 팔 때는 1가구 1주택 양도세 비과세 혜택을 본다. 아파트와 오피스텔 모두에 대해 양도세를 절감하는 셈이다.

세대가 분리된 자녀나 부모에게 오피스텔을 증여하는 방법도 있다. 세대가 분리된 자녀나 부모가 소유한 주택은 자신의 주택 수에서 제외되므로 그때 아파트를 팔면 양도세 비과세 혜택을 받는다. 다만 증여에 드는 비용이 양도세 절세 효과보다 많다면 의미가 없다.

오피스텔은 기본적으로 업무용이다. 이를 레지던스, 그러니까 주거용으로 용도를 변경하면 생활숙박업으로 분양할 수 있다. 단, 용도 변경 조건이 있다. 그 오피스텔이 상업 지역에 있으면 가능하지만, 일반 주거 지역의 오피스텔은 용도 변경이 어렵다. 또한 오피스텔 소유주들의 전원 동의가 필요하다. 그 오피스텔 건물이 학교에서 어느 정도 거리를 두어야 한다는 규정도 따져 봐야 한다.

용도 변경이 번거롭다면 아예 오피스텔을 분양받을 때부터 주택임대사업자로 등록하는 방법도 고려해 볼 만하다. 임대용으로 오피스텔을 사고파는 것이어서 양도세의 부담으로부터 자유롭다. 단, 이씨가사는 아파트는 2년 이상 보유해야 할 뿐만 아니라 2년 거주 요건도 충족해야 한다. 아파트를 보유한 지 5년째라도 거주 사실이 없다면 양도세 비과세 혜택을 받지 못한다. 또한 임대주택법에 따라 임대 주택으로 등록한 오피스텔은 5년 이상 임대 사업을 유지해야 한다. 만일 5년안에 임대 사업을 폐지하면 아파트에 대한 양도세 비과세 혜택을 취소하고 양도세를 추징한다.

오피스텔을 분양받아 임대할 때는 임차 수요나 주택 소유 여부에따라 용도를 결정하는 편이 바람직하다. 주택가나 대학가에 있는 오피스텔이라면 아무래도 주거용이 유리하다. 업무 밀집 지역이라면 주거용뿐만 아니라 업무용도 나쁘지 않다. 특히 투자자가 무주택자지만아파트 분양 예정자라면 오피스텔을 업무용으로 임대하는 편이 이롭다. 앞에서도 설명했듯이 업무용 오피스텔은 1가구 1주택 양도세 비과세 혜택을 받는다. 종합부동산세 부과 대상인 다주택자도 업무용 오피스텔이 이롭다. 이런 사람이 오피스텔을 주거용으로 임대하면 종합부동산세 추징 대상이 된다. 어차피 오피스텔을 임대 목적으로 분양받은 것이므로 주택임대사업자로 등록해서 세금을 절약하는 편이 바람직하다.

## 소규모 월세 집주인들의 세금 부담을 줄여라

최근 월세 소득에 대한 세금 문제가 도마 위에 오르면서 소유하고 있던 집을 매매하거나 어떻게 대응할지 몰라 이곳저곳에 문의하는 사람들이 늘고 있다. 하지만 세금 폭탄이 무섭다고 지레 겁먹을 필요는 없다. 정부에서 발표한 내용을 정확하게 이해하면 합리적으로 세금을 내고 수익률을 유지할 수 있기 때문이다.

2014년 3월 5일 정부에서 발표한 '주택 임대차 시장 선진화 방안 보안 조치'에 따르면 월세 수입이 연 2,000만 원 이하인 2주택 보유 임대소득자에 대해 2016년부터 과세하되 경비로 인정해 과세 대상 금액에서 빼 주는 비율을 대폭 높여 세금 부담이 급격하게 높아지지 않도록 했다. 다른 소득 없이 연간 2,000만 원 이하의 월세로 생계를 꾸리는 2주택 보유 임대소득자에게는 400만 원의 '임대 소득공제' 혜택도 줄 예정이다. 주요 내용을 알기 쉽게 문답으로 정리했다.

**Q. 소규모 임대소득자와 다른 임대소득자의 차이는?**
**A.** 일반적으로 3주택 이상 보유하고 있거나 임대 소득이 연 2,000만 원이 넘

는 집주인은 월세 수입을 다른 소득과 합친 뒤 6~38퍼센트 구간별 세율을 적용해 세금을 낸다. 이른바 종합 과세 방식이다. 반면, 2주택만 보유하고 월세 수입이 연 2,000만 원 이하인 소규모 임대소득자의 임대 소득은 다른 소득과 분리해 14퍼센트 단일 세율이 적용된다. 보통 이런 분리 과세는 종합 과세보다 납세자 입장에서는 더 유리하다. 하지만 종전에 6퍼센트의 세율을 적용받았던 저소득 임대소득자는 14퍼센트 단일세율을 물리면 세금 부담이 높아질 수 있다. 이런 점을 감안해 연 2,000만 원 이하를 버는 임대소득자에게는 필요경비율(경비로 인정해 공제해 주는 비율)을 현행 45퍼센트에서 60퍼센트로 늘려 주고 다른 수입이 전혀 없는 임대소득자에게는 400만 원의 임대 소득공제 혜택을 주기로 했다. 이에 따라 저소득 임대소득자는 세금 부담이 줄어들거나 최소한 늘지 않을 것으로 보인다.

**Q. 소규모 임대소득자에게 2년 뒤부터 과세하는 이유는?**

**A.** 2014년부터 국토교통부가 세입자들의 확정일자 자료를 국세청에 제공해 과세에 활용하기로 했다. 이렇게 되면 그동안 월세 소득 등에 대해 세금을 탈루해 온 임대인들의 세 부담이 갑자기 늘어난다. 보유 주택 수가 두 채이고 임대 소득이 연 2,000만 원 이하인 소규모 임대인은 고소득 임대인보다 더 큰 충격을 받을 수 있다. 이에 따라 소규모 임대인에 대해 경과 규정을 두어 과세에 대비할 시간을 주려는 것이다.

**Q. 소규모 임대소득자의 세금 부담이 얼마나 줄어드나?**

**A.** 현재 근로 소득 없이 배우자와 연간 1,000만 원의 월세 수입으로 생활하는 2주택자인 A씨는 총 8만 원의 소득세를 내고 있다. 임대 소득 1,000만 원 중 경비와 기본 공제를 빼고 6퍼센트의 소득세율을 적용한 세액이다. 그러나 이번 조치에 따라 A씨는 세금을 한푼도 내지 않아도 된다. 경비로 인정되는 비율이 임대 소득의 60퍼센트로 늘고 기본 공제 대신 400만

원의 임대 소득공제가 적용돼 과세 대상 소득이 0원이 되기 때문이다.

**Q. 임대소득을 다른 소득과 합쳐서 과세할 때 세금을 더 적게 내는 사람도 있는데?**

**A.** 노인 공제나 장애인 공제 등 추가 공제를 많이 받는 사람은 종합 과세가 더 유리할 수 있다. 이런 경우에 대비해 소규모 임대소득자에 대해서는 분리 과세와 종합 과세를 비교해 납세자에게 유리한 쪽으로 과세한다.

**Q. 과세 대상이 되는 임대소득자 수는?**

**A.** 2013년 전월세 임대 소득 납세자는 8만 2,000명 정도였다. 집을 두 채 이상 보유해 임대 소득이 있을 것으로 추정되는 136만 5,000명(2012년 기준)의 6퍼센트만 세금을 낸 셈이다. 하지만 2014년부터는 국세청이 국토부에서 넘겨받은 확정일자 자료를 토대로 세금을 제대로 냈는지 검증할 예정이어서 과세 대상자가 크게 늘어날 것으로 보인다.

**Q. 2014년 5월 종합소득신고 때 임대 소득을 반드시 신고해야 하는 사람은?**

**A.** 3주택 이상 보유자와 연간 임대 소득이 2,000만 원을 초과한 사람이다. 연간 임대 소득이 2,000만 원 이하인 사람은 2년 동안 비과세될 뿐 아니라 국세청이 과거에 내지 않았던 세금을 추적 조사할 때도 대상에서 빠질 가능성이 높다. 정부에서는 "연간 2,000만 원 이하 임대소득자의 과거분 소득에 대해 세정(稅政)상 최대한 배려할 계획"이라고 말했다.

자료: 동아일보

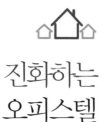

# 진화하는
# 오피스텔

오피스텔은 아파트와 차별화하며 자신만의 시장을 형성해 왔다. 그러나 최근 들어 소형 아파트나 원룸이 들어서면서 경쟁이 불가피해졌다. 2013년 서울 송파구에서는 오피스텔과 원룸 주인들 간의 임차인 경쟁이 치열했다. 5월에는 송파구 문정동 한화오벨리스크(1,533실), 7월에는 송파푸르지오시티(1,249실)가 잇따라 입주하면서 오피스텔의 임대료가 떨어지고 공실이 늘었기 때문이다. 송파구의 오피스텔 매매가는 평균 2억 원으로 높지만, 수익률은 4.86퍼센트로 서울 지역 평균 오피스텔 수익률(5.53퍼센트)에 크게 못 미친다. 오피스텔 주변에 경쟁 물건이 많으면 수익률이 떨어진다. 따라서 오피스텔은 자구책을 마련하기 위해 진화하는 모습을 보이기 시작했다.

서울 마포구와 강남구에 있는 오피스텔의 월세 수익은 짭짤하다.

2013년 서울에서 오피스텔 임대 거래가 가장 많은 지역은 마포구, 강남구, 영등포구, 서초구, 강서구 순이었다. 임대 전문 정보 회사 렌트라이프가 서울 도심 오피스텔 실거래 자료를 분석한 결과 9월까지 총 매매 거래 건수는 5,800건이었고, 이 가운데 마포구가 600건을 차지했다. 강남구, 영등포구, 서초구, 강서구도 400건이 넘었다. 이들 지역은 서울에서 오피스텔이 가장 많은 지역이기도 하면서 상대적으로 오피스텔에 거주할 만한 소득이 있는 임차인도 많은 곳이다. 한마디로 공실 걱정이 적은 지역인 것이다.

이 지역의 오피스텔 거래가 많은 요인 중에는 원룸 거주자가 오피스텔로 이동한 점도 한몫한다. 오피스텔이 임차인 유치를 위한 과잉 경쟁을 벌이면서 임대료가 원룸 수준으로 떨어지자 원룸에 살던 세입자들이 원룸보다 시설 관리가 잘되고 편의 시설도 잘 갖춰진 오피스텔로 옮겨 간 것이다. 오피스텔 면적도 원룸과 비슷하게 소형화되는 추세여서 오피스텔과 원룸이 경쟁하는 지역이 점차 넓어지는 현상은 눈여겨볼 만한 대목이다.

초소형 원룸 일색이던 오피스텔이 투룸, 스리룸으로 진화하는 이유도 이와 같은 경쟁 관계에서 살아남으려는 몸부림으로 해석된다. 면적이 넓어질 뿐 아니라 평면도 다양해진 것이다. 방과 거실로 나뉜 투룸은 물론 거실과 방 두 칸을 들인 스리룸도 있다. 원룸이 넘쳐나면서 다른 오피스텔과 차별화하고 쾌적성을 높여 새로운 수요를 끌어들이려는 시도다.

최근 분양했거나 분양 중인 오피스텔을 살펴보면 원룸에서 탈피해

투룸, 스리룸까지 갖추고 있다. 2013년 12월 대우건설이 서울 송파구에서 분양한 파크하비오푸르지오 오피스텔은 3,470실 가운데 2,132실이 거실과 방이 나뉜 구조다. 이 회사가 서울 강남구에서 분양하는 역삼푸르지오시티 역시 333실 중 122실이 투룸이다.

백상건설이 경기도 남양주시 별내지구에서 분양한 백상앨리츠2차나 동광건설이 충북 청주시 흥덕구에서 분양할 오피스텔에도 투룸이 있다. 경기도 성남시 분당구에 들어서는 AK와이즈플레이스의 일부 물량도 방 두 칸과 거실로 이루어진 스리룸 오피스텔이다.

투룸, 스리룸 오피스텔이 등장한 데는 특별한 배경이 있다. 정부가 급증하는 1~2인 가구를 위한 초소형 주택을 장려하면서 원룸 오피스텔이 크게 증가했다. 부동산 정보 회사인 부동산114에 따르면 2012년 공급된 오피스텔 4만 5,000여 실 중 90퍼센트 이상이 원룸이다. 여기에 도시형 생활주택까지 더하면 원룸은 이미 공급 과잉 상태다. 원룸 오피스텔과 소형 아파트나 도시형 생활주택이 경쟁 구도로 자리 잡은 것이다. 이런 상황에서 원룸과 중소형 아파트 중간 수요인 2~3인 가구에 초점을 맞춘 투룸, 스리룸 오피스텔이 등장했다.

틈새시장을 공략하기 위해 나온 오피스텔은 분양 시장에서 인기를 끌었다. 한화건설이 2013년 5월 서울 마포구에서 분양한 상암오벨리스크2차 오피스텔은 투룸이 원룸을 제치고 최고 경쟁률(25.5 대 1)을 기록했다. 그해 4월 인천 송도지구에서 나온 송도센트럴파크푸르지오시티 역시 투룸 경쟁률(5.1 대 1)이 평균 경쟁률(3.2 대 1)을 웃돌았다.

임대 시장 수요는 어떨까? 임대 시장 역시 2~3인 가구를 위한 소형 주거 시설이 거의 없어서 투룸, 스리룸 오피스텔은 인기가 높다. 특히 고소득 독신자, 신혼 부부가 즐겨 찾는다. 이러한 주거 형태가 별로 많지 않은 데다 원룸보다 주거 만족도가 높기 때문이다.

그렇다고 원룸보다 투룸, 스리룸 오피스텔의 임대가 무조건 희망적인 것은 아니다. 원룸보다 분양가 부담이 큰 데 반해 임대료는 원룸과 큰 차이가 나지 않기 때문이다. 즉 수익률이 떨어질 수밖에 없다. 게다가 투룸, 스리룸 오피스텔을 찾는 세입자는 월세보다 전세를 선호하는 터라 생각만큼 월세 수익이 안 나올 수도 있다.

복층 오피스텔도 눈여겨볼 만하다. 포스코A&C가 시공하는 지하철 2호선 문래역 인근의 복층 오피스텔 힘멜하임이 1차 분양을 성공리에 마감하고 2차 분양을 시작했다. 공급 면적이 44.5제곱미터(13평)인 소형 오피스텔로 투자 가치와 함께 복층이라는 희소 가치를 누리는 장점이 있다. 대다수의 복층 오피스텔은 일반 오피스텔로 건축 허가를 받아 준공한 후 복층형으로 불법 구조 변경을 하지만, 이 오피스텔은 인허가 단계에서 복층으로 허가를 받아 별도 시공비 없이 3.9미터의 높은 층고를 구현해 활용도와 개방감이 뛰어나다는 평가를 받았다. 복층은 주거용으로 사용할 경우 위층은 침실, 아래층은 거실 또는 사무실 등의 개인 공간으로 만들 수 있다. 자주 사용하지 않는 짐을 올려 둘 수도 있고, 복층으로 올라가는 계단 하부를 수납 공간으로 사용하는 등 공간을 최대한 넓게 활용하는 것이 장점이다.

# 시세 차익까지
# 노려 볼까?

오피스텔은 시세 차익을 기대하기 어려운 부동산 물건이다. 그러나 부동산 투자는 현재 수익도 중요한 반면 환금성도 절대 무시할 수 없다. 훗날 그 부동산을 팔 때 지금보다 비싼 값을 받았으면 하는 것이 모든 투자자의 바람이다. 요즘처럼 분양가에도 미치지 않는 매매가가 형성되면 부동산을 파는 것 자체가 손해다. 은행 대출 이자만 쏟아 부은 꼴이어서 손해 규모는 더 커지게 마련이다. 부동산을 사고팔 때 손해가 아닌 이익을 보고 싶은 것이 모든 부동산 투자자들의 희망 사항이다. 부동산 시장이 얼어붙었다고 해서 전국의 모든 부동산 가치가 답보 상태에 머무르는 것은 아니다. 많지는 않더라도 분명히 그 가치가 올라 추후에 시세 차익을 기대할 만한 물건이 있다.

시세 차익을 노릴 만한 오피스텔은 어떻게 찾을 수 있을까. 전문가가 아닌 일반 투자자가 그런 오피스텔을 고르는 것은 불가능한 일일까. 그렇지 않다. 서울 영등포구 문래역 주변에 들어선 오피스텔(힘멜하임)의 예를 살펴보자. 이 오피스텔을 분양받을 때 계약금 정액제 500만 원, 중도금 50퍼센트 무이자 은행 융자가 가능하다. 또한 2년간 확정 보장으로 보증금 1,000만 원에 월세 70~75만 원(일부 세대)이 예상된다. 분양가는 1억 4,500만 원 선이다. 분양사는 융자 이자율(3.5퍼센트)과 보증금(1,000만 원)까지 계산하면 수익률이 10퍼센트대에 이른다고 장담한다. 이 수익률을 액면 그대로 받아들이지 않더라도 투자액 대비 연간 월세 수익을 단순 계산하면 수익률은 5.7퍼센트대다. 인근 여의도 오피스텔의 평당 분양가가 2,000~2,500만 원이고, 영등포 일대의 오피스텔도 평당 1,200~1,400만 원인 점을 고려하면 이 오피스텔은 평당 분양가가 1,080만 원대여서 수익률이 낮지도 않다. 게다가 입주 후 매매할 경우 2억 원의 매매가가 예상되는 점도 이 지역 오피스텔의 특징이다.

단기간에 이와 같은 시세 차익이 가능한 배경은 몇 가지가 있다. 우선 주변의 개발 호재가 있어야 한다. 이 오피스텔이 들어선 지역도 개발 호재가 있는 곳이다. 영등포뉴타운(2016년 예정) 개발과 양평동 일부 구역에 재개발 사업이 예정되어 있어 미래 가치가 높다는 평가를 받는다. 특히 양평동 11구역과 13구역은 삼성물산, 12구역은 GS건설로 시공사가 확정된 터라 눈길을 끈다.

시세 차익이 올라가는 지역의 기본 조건은 바로 교통의 편리성이다. 이 지역 역시 지하철 5호선 양평역과 2호선 문래역이 멀지 않고 올림

픽대로, 서부간선도로, 경인고속도로 등 광역 교통망이 잘 갖춰져 있어 서울과 수도권으로 이동하기에 편리하다.

주변 환경도 무시하지 못할 조건이다. 인근에 안양천체육공원, 한강 시민공원 등 쾌적한 생활 환경을 갖추고 있으며 현대백화점, 롯데백화점, 신세계백화점, 타임스퀘어, 목동이대병원, 이마트, 홈플러스, 롯데마트, 코스트코 등 각종 생활 편의 시설이 가까이 있어 생활 인프라가 좋다.

오피스텔 자체의 가치도 높아야 한다. 이 오피스텔 1층에 영등포구 1호 지정 주민행복카페 입점이 확정되었으며 옥상정원, 주민회의실, 무인 택배, 100퍼센트 자주식 주차 시설 등 생활 편의가 완비되어 있다. 또한 냉장고, 세탁기, 시스템 에어컨, 전자레인지 등을 갖춘 풀옵션 오피스텔이다.

세월이 지나도 임대 수요에 변함이 없어야 한다. 물론 지금보다 임대 수요가 커지면 더 바랄 게 없지만 적어도 지금의 임대 수요가 꾸준히 이어져야 한다. 아무리 상권이 좋고 개발 호재가 있어도 정작 임대 수요가 줄어들면 시세 차익을 기대하기란 어렵다. 오히려 오피스텔 가치가 떨어져서 투자 대비 손해를 볼 수도 있다. 이 오피스텔 주변에는 KBS, MBC, SBS 등 방송타운과 여의도국제금융센터, GS홈쇼핑, LG전자 등이 자리해 임대 수요가 두텁다.

**TIP**

## 눈여겨봐야 할 서울 도심의 오피스텔 지역

임대 전문 정보 회사 렌트라이프에 따르면 최근 업무 지구를 통과하는 지하철 9호선과 7호선 일대의 오피스텔도 계속 인기가 높아지고 있다. 투자 금액은 강남·여의도권의 절반 수준이지만 임차 수요가 풍부해 안정된 임대 수익을 올릴 수 있다. 9호선이 지나는 강서구는 오피스텔 월세가 40만 원, 7호선 주변의 광진구는 45만 원으로 주변 원룸과 큰 차이가 없다. 임채우 KB국민은행 부동산전문위원은 "종합하면 오피스텔은 역세권, 업무 단지, 공단, 대학가 등 수요가 많은 지역이 좋은 입지다. 주변에 오피스텔, 소형 아파트, 도시형 생활주택이 적다면 최고 입지라고 할 수 있다. 수요도 끊임이 없고 수익률도 높게 잡을 수 있기 때문이다."라고 설명한다.

　오피스텔의 입지 요건을 고려할 때 앞으로 뜰 오피스텔 지역은 서울 마곡 지구다. 공항철도, 지하철 5호선과 9호선 등이 지나므로 교통도 나쁘지 않다. 광화문 등 강북 지역과 강남 지역으로 출퇴근하기에 좋은 위치다. 지금은 건설 공사가 한창이다. 오피스텔 분양은 1억 2,000~1억 3,000만 원 선에서 형성될 전망이다. 은행 대출 이자를 내고도 수익을 가져갈 수 있다. 분양가가 1억 3,000만 원인데 월세 65만 원을 받는다면 수익률이 6퍼센트가 넘는다. 물론 아직은 주변에 경쟁 건축물이 많지 않지만 몇 년 후 경쟁이 심해지면 수익률이 떨어질 수 있다. 그 시점이 언제 올지는 모르지만 계속 관찰하다가 적절한 시점에 팔고 나온다면 시세 차익도 노려 볼 만하다.

# 세입자 입맛에 맞추거나,
# 지방 오피스텔을 노리거나

서울 강서구 화곡동에 사는 김세윤 씨는 7년 전 중소기업 임원직을 그만두고 다른 회사로 옮겼다. 첫 직장에서 20년 가까이 일하다 보니 다른 직원들보다 이른 나이에 임원이 되었고 퇴직도 그만큼 빨랐다. 당시 40대였던 김씨는 회사에 더 머물러 달라는 사장의 만류를 뒤로하고 다른 회사의 스카우트 제의를 받아들였다. 높은 연봉이 탐나서 자리를 바꾼 것은 아니었다. 그는 "다니던 회사에서 10년 더 일할 수 있었지만 다른 회사에서 스카우트 제의가 들어왔다. 처음에는 별 생각이 없었는데, 노후를 생각하니 퇴직금을 받아 지금부터 대비해야 할 것 같았다."고 퇴직 이유를 설명했다.

그는 퇴직금을 투자해 노후에 대비할 생각이었던 것이다. 회사를 그만두면서 받은 퇴직금 3억 원의 여윳돈을 어디에 투자할지 고민했다.

우선 주식과 창업을 생각했다. 동생이 주식으로 재미를 봤다는 말에 주식 투자에 구미가 당긴 터였다. 또한 평상시 꽃 가게 겸 커피 전문점을 내는 꿈을 가지고 있던 터라 창업 관련 책을 보며 구상하기도 했다.

그렇게 고민을 거듭하던 어느 날 경기도 부천에 사는 친구와 술 한 잔 하고 편의점 앞 파라솔에 앉아서 맥주 몇 잔을 더 기울일 때였다. 이런저런 대화를 나누는 중에 그 친구가 집 근처에 있는 여관 얘기를 꺼냈다. 영업이 안 돼서 곧 문을 닫을 처지라는 거였다. 호텔보다 화려하고 고급스러운 모텔이 우후죽순 생긴 요즘, 여관이라는 어감 자체부터 촌스럽게 느껴졌다. 그런데 김씨의 머리를 스치는 생각이 있었다. 그 여관 건물은 대학 근처에 자리한 만큼 임대 수요가 있을 거라는 생각이었다.

김씨는 다음 날 그 여관이 있다는 지역을 찾았다. 대학에서 500미터쯤 떨어진 주택가 골목에 자리잡은 3층짜리 건물로 하얀색 아크릴 간판이 위태롭게 달려 있는 허름한 모습이었다. 그런데 주변을 오가는 사람이 제법 많은 편이었고 20~30미터 떨어진 곳에 편의점과 버스 정류장도 있었다. 내친김에 인근 부동산중개소에 들러 이것저것 물어보면서 여관에 대한 정보를 얻을 수 있었다. 그 여관 주인은 수십 년 동안 같은 자리에서 영업하며 자식들을 키웠는데 지금은 거동이 시원치 않아 일하기 어렵다는 것이었다. 아르바이트생을 고용해 간신히 푼돈을 버는 정도라고 했다. 목은 좋은데 건물이 낡아 값어치가 없다는 말도 덧붙였다.

김씨는 곰곰이 생각했다. 허름하게 낡았지만 건물값이 못해도 5~6

억 원은 되리라 생각했다. 그런데 시세가 많이 떨어져서 3억 원에도 팔리지 않을 거라는 부동산중개인의 말에 오감이 쏠렸다. 주식 투자와 창업을 두고 저울질하던 그에게 이 여관이 새로운 투자 대상으로 떠오른 순간이었다.

그러나 부동산 투자를 해 본 경험이 없는 터라 선뜻 결정하지 못했다. 싼 게 비지떡이라고 싸게 산 건물, 그것도 여관 자리에 임대 수요가 생길지 확신할 수 없었다. 게다가 동생은 부동산 투자를 극구 반대했다. 부동산 거품이 꺼지면서 매매가가 형편없는 요즘, 부동산을 매수하는 일은 바보짓이라는 것이었다. 무엇보다 여차하면 팔아서 돈을 만들어야 하는데 환금성을 고려할 때 그 여관은 매력적이지 않다는 지인들의 말도 들었다. 며칠 고민하던 그는 마침내 매수 쪽으로 기울었다. 낡은 건물을 리모델링해서 용도를 변경하면 대학생들의 보금자리로 안성맞춤일 거라고 확신했다. 해당 구청에 들러 알아보니 용도 변경도 문제가 없었다.

남은 문제는 여관 주인을 설득하는 일이었다. 80대로 보이는 주인 할머니는 허리가 굽지는 않았지만 한눈에 보기에도 기력이 없고 거동이 불편한 모습이었다. 그런데 건물을 사고 싶다는 말을 꺼내자마자 더 이상 듣지도 않고 손사래를 쳤다. 여관을 팔 생각이 없으니 귀찮게 하지 말라며 사라져 버렸다. 며칠 뒤 김씨는 그 여관을 다시 찾았다. 할머니는 화를 내며 다신 찾아오지 말라고 했다. 김씨는 "할머니 목소리가 얼마나 정정한지 깜짝 놀랐다."면서 "삼고초려라는 말도 있으니 세 번까지는 도전해 보기로 마음먹었다."고 고백했다.

며칠 후 다시 여관을 찾았다. 그런데 이번에는 할머니의 태도가 바뀌었다. 방으로 김씨를 불러들이고는 대뜸 얼마나 쳐 줄 수 있느냐고 물었다. 아들에게 여관 매매에 대해 상의하자 나쁘지 않은 조건이라면 팔라고 했다는 것이다. 안 그래도 아들은 노모를 모시고 싶어 했는데 자식에게 얹혀살지 않겠다며 여관의 3층 골방에서 나오지 않았던 것이다.

김씨는 건물값을 흥정하기보다 부동산중개인에게 시세를 듣고 결정하자고 제안했다. 다음 날 김씨는 부동산중개인과 함께 여관을 찾았다. 시세가 2억 5,000만 원 전후라는 말에 할머니는 고개를 끄덕였고 다음 날 계약서를 쓰기로 했다. 김씨, 부동산중개인, 할머니 그리고 할머니 아들이 모여 계약서를 작성했다. 할머니가 여관에 있는 집기를 정리하고 이사하는 시간으로 한 달을 달라고 해서 그렇게 하기로 했다. 김씨도 여관 리모델링을 위해 전문가와 상의할 시간이 필요한 참이었다. 소유권 이전 등기를 마치자마자 여관을 원룸으로 바꾸는 공사를 시작했다.

대학생들에게 월세를 줄 생각이라 그는 대학생들을 만나 좋아하는 방 분위기를 물었다. 시멘트 벽과 바닥에 목재를 덧붙여 젊은이들이 좋아하는 아늑한 분위기를 연출하고 오래된 나무 창문도 세련되고 깔끔한 섀시 창으로 바꿨다. 벽을 허물기도 하고 새로 만들기도 했다. 젊은 감각에 맞춘 가구, 침대, 냉장고, TV, 욕조, 에어컨, 싱크대 등을 갖춘 원룸 20실이 나왔다. 바닥에는 러그를 깔아 아늑한 맛을 더했다. 창문의 커튼도 요즘 유행하는 블라인드로 교체했다. 리모델링 비용으로

1억여 원이 들었다. 퇴직금 외에 더 필요한 자금 5,000만 원은 은행 융자를 받아 해결했다.

공사를 끝낸 후 홍보지를 만들어 대학가 곳곳에 붙이고, 부동산중개소에도 세입자를 받는다고 말해 두었다. 김씨의 예상대로 임대 수요는 많았다. 마침 신학기철이어서 원룸을 찾는 대학생이 많았다.

그는 주변에 하숙방이나 자취집 등 경쟁 상대가 많은 점을 고려해 새로운 마케팅도 개발했다. "회사에서 수십 년 동안 해 온 일이 마케팅이었다. 경쟁사보다 물건을 많이 팔려면 무언가를 부각해야 한다. 원룸도 차별화가 필요하다고 생각했다."

차별화라고 해서 거창한 것은 아니다. 일단 욕조를 붙박이가 아니라 이동식 제품으로 갖췄는데 여학생들에게 인기가 높았다. 사실 나중에 낡은 욕조를 바꿀 때도 이동식 욕조가 편리했다. 또한 책장을 세입자가 원하는 색상으로 갖춰 주었다. 작은 차별화지만 대학가에 입소문이 나면서 문의가 줄을 이었다.

월세는 원룸 크기에 따라 20만 원에서 40만 원까지 받았다. 그 건물에서 매달 500만 원이 들어왔다. 은행 융자는 임대 보증금으로 갚았다. 낡아빠진 여관이 어느새 젊은이들의 보금자리로 변신했고, 김씨는 옮긴 회사에서 받는 월급보다 많은 금액을 월세로 벌고 있다.

굳이 오피스텔 건물만 고집할 일이 아니다. 낡았어도 목이 좋은 건물이라면 용도를 변경해서 세입자를 들일 수 있다. 오피스텔 한 실을 분양받는 것보다 초기 투자비가 많이 들고, 용도 변경에 따른 리모델링 비용도 준비해야 하지만 그만큼 높은 수익률을 노릴 수 있다.

## 수익률이 높은
## 지방으로 눈을 돌려라

시세 차익을 크게 기대하지 않는다면 지방에 있는 오피스텔을 노려볼 만하다. 투자액이 서울이나 수도권보다 적으면서도 투자 대비 수익률은 높은 곳이 꽤 있다. 서울처럼 경쟁 오피스텔이 많지 않아서 임차수요도 나쁘지 않다.

　서울 강남구 개포동에 사는 이근형 씨(60세)의 사례를 살펴보자. 그는 2012년부터 노후 대책을 찾다가 수익형 부동산에 관심을 가졌다. 초보 투자자인 이씨는 2013년 서울에서 오피스텔을 물색하다가 지방으로 눈길을 돌렸다. 서울 주요 지역에 있는 오피스텔은 너무 비싼 데다 주변에 경쟁 오피스텔이 많아서 수익률이 생각보다 높지 않았기 때문이다. 우연히 고향인 대구에서 열린 동창회에 갔다가 생각하지도 못한 이야기를 들었다. 그는 "서로 나이가 있으니까 모이면 노후 대책이 화제다. 그 자리에서 대구의 오피스텔 수익률이 높다는 소식을 들었다."고 말했다.

　그는 몇 차례 대구에 들러 부동산중개업을 하는 친구의 도움을 받아 오피스텔 물건을 찾았다. 같은 대구라도 지역에 따라 가격과 오피스텔 선호층이 달랐다. 그는 무엇보다 수익률과 수요층을 중시했다. "이미 은퇴를 했고 별다른 수입이 없는 상황이기 때문에 생계에 보탬이 되는 월세 수입이 중요했다. 임차인이 꾸준히 생겨야 공실이 없고, 그래야 월세 수입을 안정적으로 확보해 생활에 어려움이 없을 거라고 생각했다."

그가 특히 대학가를 눈여겨본 이유다. 대학가는 꾸준히 수요가 발생한다. 인근에 오피스텔이 많지 않다면 수익률도 나쁘지 않으리라고 예상했다. 친구의 도움을 받아 계명대와 대구교육대 부근으로 범위를 좁혔다. 같은 지역에 영남대병원까지 있어서 임차인은 꾸준한 편이었다.

그는 10층짜리 S오피스텔을 방문했다. 2004년 11월 입주를 시작해 현재 70세대가 있는 그 오피스텔의 면적은 59.5~62.81제곱미터(17~19평)다. 평균 매매가는 8,500만 원, 전세가는 6,700만 원 선이다. 59.5제곱미터는 보증금 500만 원에 월세 55만 원, 62.81제곱미터는 보증금 1,000만 원에 월세 55만 원으로 형성되어 있었다.

두류공원과 두류수영장이 가까이 있어서 주변 환경도 쾌적한 편이었다. 인근에 다른 오피스텔이 별로 없어서 임대 경쟁이 심하지도 않았다. 그런데 지하철 대명역과 두류역 사이에 자리해 교통이 좋은 편은 아니었다. 이씨는 "지하철역까지 걸어서 20분 거리지만 주로 대학생들이라 크게 개의치 않는다."고 말했다. 그는 2013년 초 59.5제곱미터짜리 오피스텔을 8,000만 원에 계약하고 대학원생에게 임대해 월세 55만 원을 받는다. 그는 "수익률이 8퍼센트 이상이라 만족한다. 인근에 다른 경쟁 오피스텔이 없어서 물건을 내놓자마자 임대가 가능한 것도 마음에 든다."고 만족해했다.

최근 들어 부산에도 오피스텔 바람이 불고 있다. 단독주택 월세는 하락하고 오피스텔 월세는 꾸준히 상승하는 추세다. 한국감정원이 2013년 11월 월세 동향을 조사한 결과, 부산의 단독주택 월세는 지난

달보다 0.1퍼센트 하락했지만 오피스텔은 0.1퍼센트 상승했다. 단독주택 월세는 전월에 이어 7개월 연속 내림세다. 오피스텔은 4개월 연속 하락하다 지난달 상승세로 반전했다. 아파트는 2개월 연속 보합세를 유지하는 중이다. 임채우 KB국민은행 부동산전문위원은 "꼭 서울에 있는 오피스텔만 고집할 것은 아니다. 오히려 지방 오피스텔의 입지 조건이 좋다. 역세권, 주변 편의 시설, 치열하지 않은 임대 경쟁 등으로 인해 수익률이 높다. 다만 매각할 때 시세 차익은 크게 기대할 수 없다."고 설명한다.

# 오피스텔 홍보물을
# 제대로 활용하는 법

오피스텔 투자자들을 만나 이야기를 들어 보니 모두 처음에는 분양 광고에 눈길이 갔다고 한다. 신문, 잡지 광고나 동네에 뿌려진 분양 광고 전단이 호기심을 끌었다는 것이다. 그런 홍보물에는 분양 정보가 일목요연하게 정리돼 있어 참 유용하다. 작은 지면에 분양 정보를 다 담을 수 없으니 핵심만 요약한 점이 소비자의 눈길을 끌 만하다.

그러나 너무 요약해서 정보의 가치가 떨어질 수도 있다. 따라서 오피스텔 분양 광고물이나 전단을 볼 때는 주의할 점이 있다. 우선 홍보물은 장점을 강조하기 위한 것임을 잊지 말아야 한다. 단점은 눈 씻고 찾아봐도 없다. 광고물이나 전단만 보면 완벽한 입지 조건과 환경을 갖췄다. 좋은 점을 부각하려니 실제보다 과장되기도 한다. 흔히 접하는 것이 거리다. '지하철역에서 5분 거리'라는 표현은 마치 수학 공식처럼 우리 뇌리에 박혀 있을 정도다.

거리 얘기가 나왔으니 더 짚어 보자. 최근 지인이 일산의 오피스텔에 입주하려고 분양 회사에 전화했다. 오피스텔이 지하철역에서 5분 거리라고 되어 있어서 출퇴근에 좋은 입지라고 생각한 것이다. 그런데 5분이라는 거리는 도보가 아니라 자동차로 5분 거리였다. 홍보 전단에는 도보나 자동차라는 표기 없이 그냥 5분이라고만 되어 있었다. 분양 회사가 소비자를 속였다고 할 수는 없지만, 정확한 정보를 준 것도 아니다.

지하철역에서 500미터 거리라는 표현도 심심치 않게 볼 수 있다. 문제는 직선 거리일 수도 있다는 점이다. 오피스텔에서 지하철역까지 걸어가는 동안 골목을 지나고 구부러진 모퉁이를 돌다 보면 실제 거리는 1킬로미터가 넘기도 한다.

도보로 5분 거리라는 말도 마찬가지다. 건장한 성인 남성이 손에 아무것도 들지 않고 빠르게 걸었을 때 5분이기 쉽다. 여성이 손에 물건을 들거나 비가 오는 날 우산까지 쓴 채로 걸으면 10분은 족히 걸린다는 점도 염두에 두어야 한다.

자신은 오피스텔을 분양받거나 매입할 뿐 입주할 것이 아니므로 상관없다고 할지도 모르겠다. 만일 이런 생각이라면 지금 당장 마음을 바꿔야 한다. 같은 오피스텔이라도 지하철역 또는 버스 정류장과의 거리가 임대에서는 큰 변수로 작용하기 때문이다. 광고물이나 전단에 유독 지하철역과의 거리를 강조하는 이유도 바로 여기에 있다. 한 예를 든 것이지만 홍보물과 전단의 분양 정보를 그대로 받아들이고 직접 확인해 보지 않은 채 계약을 맺으면 이후에 난처한 일이 생길 수 있다. 그래서 부동산 전문가들이 발품을 판 만큼 좋은 물건을 건진다고 얘기하는 것이다. 현장에 가서 실제로 주변 상황을 여러모로 살펴보는 것이 낭패를 피하는 비결이다.

분양 회사를 찾아가서 이런저런 문의를 하는 경우도 있다. 광고물이나 전단을 들고 가서 조목조목 따져 볼 심산으로 분양 회사 관계자를 만난다. 오피스텔과 지하철역의 실제 거리는 얼마나 되는가, 주차장은 넉넉한가, 유동 인구는 어떻게 조사했는가, 전단에 적힌 수익률이 보장되는가 등을 묻는다. 하지만 분양사 관계자는 이런 질문에 대해서 이미 숙지하고 정답(?)까지 마련해 둔 상태다. 주차장은 넉넉하지 않지만 인근 주차장을 이용할 수 있다는 답을 내놓기도 한다. 그런데 처음에는 그 주차장과 계약을 맺어서 입주자가 큰 불편이 없었더라도 이후에 그 주차장과 계약이 종료되고 재계약이 이루어지지 않을 수 있다. 그러면 입주자는 할 수 없이 오피스텔 주차장을 이용해야 하는데 매일 주차 전쟁에 시달리면 더는 그 오피스텔에 머물고 싶지 않게 된다. 이런 소문이 꼬리에 꼬리를 물고 이어져서 이후 임차인을 구하기 어려운 상황까지 생긴다.

따라서 분양사 직원의 말은 참고만 할 뿐 절대적인 투자 결정 요인으로 삼으면 곤란하다. 사실 분양사는 감언이설에도 잘 넘어오지 않는 깐깐한 투자자를 상대하는 대책도 마련해 두고 있다. 예컨대 전문 용어나 통계 수치를 섞어 가며 설명하면 투자자는 자신이 잘 모르는 분야여서 주눅이 든다. 분양사 직원은 이때를 놓치지 않고 더욱 열을 올려 분양 계약으로 밀어붙인다.

나름대로 발품을 판다며 모델하우스를 찾는 투자자도 있다. 모델하우스는 말 그대로 모델이다. TV 등에서 패션쇼를 보더라도 모델은 늘씬한 몸매에 세련된 워킹으로 어떤 옷이든 그럴듯하게 소화한다. 일반인은 같은 옷을 입어도 그만한 분위기가 나지 않는다. 이는 모델하우스에도 똑같이 적용된다. 모델하우스는 항상 깨끗하고 아늑하게 꾸며져 있다. 고급 침구류와 가구, 가전제품이 소비자의 눈을 현혹한다. 오피스텔 자체보다는 실내 장식에 마음을 빼앗기는 투자자가 의외로 많다. 투자할까 말까 망설이면서 모델하우스를 나설 즈음 분양사가 걸어놓은 플래카드가 눈에 밟힌다. '은행 융자 최저 금리 연 0.0퍼센트'라는 문구를 발견하는 순간 계약하기로 마음먹는다.

필자는 오랜 기간 경제부 기자 생활을 하면서 여러 기업체로부터 보도 자료를 수없이 받아 봤다. 그런데 언제부터인가 '보도 자료=기사'라는 등식이 성립되어 버렸다. 기자 출신이거나 기자 출신이 아니더라도 글발이 되는 홍보맨이 보도 자료를 작성하므로 현직 기자들이 원하는 내용을 잘 담아낸다. 게다가 기자들이 따로 취재하지 않아도 될 만큼 기사체로 보도 자료를 만들고 관계자의 도움말(멘트)까지 따서 기자들에게 배포한다. 기자들은 손가락 하나 대지 않고 차려 놓은 밥상을 받아먹으면 된다. 하지만 보도 자료는 자료일 뿐이다. 그 자료를 기본으로 삼을 뿐 기사 가치가 있는지, 기사 가치가 있을 경우 어떤 취재를 어떻게 해서 어떤 기사를 언제, 어느 정도 분량으로 만들어 낼지는 순전히 기자의 몫이다.

오피스텔 분양사에서 만든 홍보물도 마찬가지다. 오피스텔의 홍보 문구, 분양 회사 직원의 혀끝, 모델하우스의 실내 장식, 은행 대출 저금리 같은 정보는 말 그대로 정보일 뿐이다. 그것이 투자 가치, 수익률, 향후 시세 변동을 대변해 주지 못할 뿐더러 혹시 손해를 보더라도 보상해 주는 것은 더욱 아니다. 그런 자료를 기초에 두고 자신의 힘으로 얻은 정보를 더해서 최종 결정을 내려야 한다.

# 오피스텔 투자,
# **이렇게 하면 실패한다**

오피스텔 투자에 실패한 원인을 한마디로 종합하면 세입자의 입장을 무시한 결과라고 할 수 있다. 투자자의 입장과 세입자의 시각에는 온도 차이가 있다. 투자자는 적은 투자로 많은 수입을 챙기려고 하지만 세입자는 좋은 집을 싼값에 얻으려고 한다.

같은 크기의 오피스텔 두 채가 있다고 가정하자. A오피스텔의 가격은 1억 원이고, B오피스텔은 8,000만 원이다. 투자자 입장에서는 B오피스텔에 투자해야 한다. 그러나 투자 금액만 고려한 오피스텔 투자는 위험하다. 오피스텔이라고 해서 반드시 세입자가 몰리라는 법은 없다. 세입자가 어떤 오피스텔을 선호하는지 확인해야 한다. 세입자가 A오피스텔에 몰린다면 1억 원을 투자할 가치가 있다.

오피스텔 세입자는 몇 년 살다가 다른 곳으로 옮겨 갈 사람이다. 계속 세입자가 들어와야 투자한 가치가 있다는 말이다. 그런데 B오피스텔이 공실률이 높다면 싼값에 투자했지만 월세 공백이 생겨 투자한 의미가 희석된다.

투자자는 '내가 이만큼이나 투자했으니, 이 정도 월세는 받아야 한다.'며 투자액에 대한 보상을 기대한다. 그러나 세입자는 투자자가 얼마를 투자했는지는 관심이 없다. 세입자는 일단 월세가 싸고 교통이 편리하며 편의 시설이 풍부한 오피스텔이면 그만이다. 따라서 투자자는 단순히 투자 금액을 따지기보다는 세입자가 원하는 지역을 먼저 정하고 그 지역에서 투자 능력에 맞는 오피스텔을 찾아야 매월 꾸준한 월세 수입을 기대할 수 있다.

여기서 간과하지 말아야 할 점은 오피스텔이 많은 지역은 피해야 한다는 사실이다. 월세 수요는 많지만 오피스텔 간의 세입자 유치 경쟁이 심해서 월세를 낮출 수밖에 없다. 그만큼 수익률이 떨어지는 것이다. 주변에 도심형 주택과 소형 아파트가 많은 지역도 경쟁 관계가 형성되므로 기대 수익률이 나오지 않는다. 2014년 이후 오피스텔 투자의 기대 수익률을 6퍼센트대로 맞추라고 전문가들은 조언한다.

투자액이 싸다고 오래된 오피스텔을 덥석 선택해도 손해 보기 쉽다. 월세가 같거나 작은 차이가 난다면 세입자는 새 오피스텔을 선호한다. 새 오피스텔에 투자하면 5~10만 원이라도 월세를 더 올려 받을 수 있다는 의미다. 오래된 오피스텔은 관리할 일도 많다. 벽지, 잡기 등을 교체해야 하고 수도, 전기, 냉난방 기능에도 신경 써야 한다. 오피스텔 관리에 매달리기 시작하면 삶이 바빠진다. 여유로운 생활을 위해 투자한 수익형 부동산이 오히려 삶을 각박하게 만들고 만다.

임차 수요가 없다고 무조건 세입자를 받고 보자는 식의 임대도 생각해 볼 문제다. 직업이 불분명하거나 수입이 들쭉날쭉한 세입자는 월세를 체납할 가능성이 있다. 야속하게 들리겠지만 생계형 소규모 자영업은 경기 영향을 많이 받는다. 몇 개월 뒤 경기 악화로 타격을 받으면 그 자영업자는 월세를 내지 못하는 처지에 몰린다. 세입자도 난처하겠지만 오피스텔 주인도 난감한 일이다. 따라서 세입자를 가려 받을 필요가 있다. 그렇다고 세입자를 뒷조사하거나 면접 보는 식으로 대하면 자칫 개인 정보 유출에 대한 오해를 받을 수 있으니 주의해야 한다. 지나가는 말로 직업 정도를 묻거나 명함을 교환하면 된다. 빌라나 소형 아파트 등 다른 주거 형태를 선택하지 않고 오피스텔을 살펴보는 이유를 가볍게 물어볼 수도 있다.

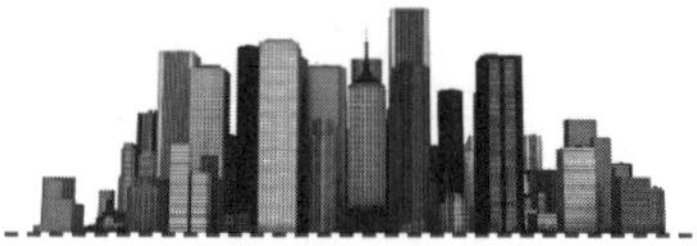

# 제3장

# 적은 금액으로 시작하는
# 빌라 투자

최근 결혼을 앞두고 구하기 힘든 전세 대신 월세로 신혼집을 구하는 예비 부부가 늘고 있다. 전세금이 폭등하면서 전세 대출로도 감당하기 어렵자 차라리 실속 있는 월세를 선택하는 것이다. 월세는 목돈 없이 정기적인 소득만 있으면 일단 거주가 가능하다. 전문가들은 요즘처럼 전세금이 빠른 속도로 상승하면 불확실성이 너무 큰 만큼 여건에 따라서는 월세가 전세보다 유리한 점도 있다고 지적한다. 문제가 되는 깡통 전세를 피할 수 있다는 것도 월세의 장점이다. 집이 경매에 넘어가 전세를 살던 세입자가 보증금을 돌려받지 못하는 깡통 전세는 이제 흔한 일이 돼 버렸다. 아파트보다 저렴하고 깨끗한 신축 빌라를 찾는 신혼부부가 늘면서 빌라 시장에도 새로운 바람이 불고 있다.

# 마르지 않는 수요의 시장, 빌라

대기업에 다니는 정태호 과장은 아파트에 전세로 살면서 빌라에 투자하여 노후를 대비하는 전형적인 사례로 꼽힌다. 그는 6년 전 경상남도 창원에 살면서 서울 상수동에 빌라를 샀다. 당시 서울에서 부동산중개업을 하는 친구와 오랜만에 만나 술 한잔 하며 회포를 풀 때였다. 친구는 상수동 일대에 재개발 호재가 있어서 인근의 당인리발전소가 다른 지역으로 이전한다는 말을 꺼냈다.

투자 얘기를 시작한 쪽은 정 과장이었다. 40대 중반인 그는 아내와 두 자녀를 둔 평범한 가장이었다. 작은 아파트 한 채와 자동차를 소유하고 있었다. 큰돈은 없지만 생활하는 데 크게 불편하지는 않았다. 그러나 장래를 생각하면 아득하기만 했다. 아이들이 중고등학교 들어가고 대학에 진학하면 더 많은 돈이 필요할 테고, 그 이후에도 결혼 자금이나 노후 생활비는 부담이 아닐 수 없었다. 그렇다고 직장을 그만 두고 장사를 하자니 지방에서는 한계가 있고 투자를 하자니 두렵기만 했다.

수중에 3억 원이 있었다. 하루아침에 하늘에서 뚝 떨어진 것이 아니라 그가 20년 이상 모은 종잣돈이었다. 월급을 쪼개 가며 적금을 부어 1년에 1,000만 원씩 모으고, 연말 등에 나오는 보너스는 고스란히 은행에 입금했다. 자동차도 10년이 넘어 불편하지만 큰 고장이나 사고 없이 타고 다녔다. 적금도 비과세로 옮기고, 이율이 높은 상품으로 갈아타기를 반복하면서 조금이라도 돈을 불렸다. 적금도 한 곳에 집중하지 않고 분산해서 관리했다. 같은 은행이면 갈아타기가 쉽지만 다른 은행으로 이동하려면 신경 쓸 부분이 많아 주거래 은행을 두 곳으로 했다. 이자율이 높은 상품이 나올 때마다 은행 직원과 상담해서 갈아타기를 반복했다.

그 돈을 서울 마포구 상수동에 있는 36제곱미터(11평)짜리 빌라에 투자했다. 물론 친구의 말만 믿고 결정한 것은 아니었다. 주말마다 서울을 찾아 주변을 둘러보며 투자 가치를 따졌다. 상수동은 홍익대가 자리하고 지하철 6호선이 지나며 가까운 거리에 한강변이 있는 등 상권과 주거 환경이 두루 갖춰진 지역이다. 신촌이나 광화문 등 강북 도심으로 이동하기도 어렵지 않고 서강대교를 건너면 바로 여의도였다.

관련 자료를 찾아보고 현장에 있는 부동산중개소에 들러 시세도 살폈다. 두세 달 동안 매주 그 지역을 찾아 현장을 확인하고 또 확인했다. 세입자처럼 걸어 다니며 주변을 둘러보기도 하고 대중교통을 이용해 보기도 했다. 등기부등본을 떼서 이상이 없는지도 살폈다. 투자하겠다고 마음을 굳힌 뒤로는 빌라의 내외부 상태도 관찰했다. 무엇보다 임대 수요가 꾸준한 점이 마음에 들었다. 학교, 병원, 금융가가 인근에 있으니 세입자는 쉽게 구하겠다 싶었다. 실제로 그는 월세 55만 원을 받는다. 첫 세입자는 방송국 작가였고, 지금은 대학에 다니는 두 딸과 엄마가 살고 있다.

빌라에 투자한 지 1년 만에 그는 서울로 발령을 받았다. 처음부터 서울 근무를 예상한 게 아니어서 이사할 일이 막막했다. 그래도 사 둔 빌라가 있어서 첫 1년은 그 빌라에 살았다. 그러면서 불편한 점을 하나하나 개선했다. 오래된 수도관을 교체하고 낡은 장판과 벽지를 바꿨다. 형광등도 새로운 디자인으로 바꿔 달고 변기 위치도 바꿔 좁은 화장실을 넓게 활용했다. 방 두 칸에 주방 겸 거실과 화장실로 구성된 빌라는 1~2인 가구가 생활하기에 적당한 규모였다.

그렇지만 100제곱미터가 넘는 아파트에 살던 4인 가족에게는 여러모로 불편했다. 서울 생활 1년 후 정 과장은 인근의 66제곱미터(20평)짜리 아파트로 옮겼다. 빌라에 투자한 것은 안정된 월 수익이 목적이었는데 자기가 살면 그 의미가 사라지기 때문이다. 서울 아파트 가격은 지방과 비할 바가 아니었다. 결국 그는 대출을 받아 전셋집을 구했고, 빌라 월세의 일부를 이자 갚는 데 사용 중이다. 그는 전망을 밝게 보고 있다. "역세권인 데다 인근에 공원이 들어서고 지하철 노선도 더 생길 것이라는 도시 계획이 있어서 임대는 큰 걱정이 없다."

# 빌라의 성격을
# 파악하라

오피스텔 바람이 불기 전에는 빌라가 수익형 부동산을 대표했다. 빌라는 오피스텔과 유사한 수익형 부동산이다. 그러나 조금 자세히 살펴보면 미묘한 차이가 있다. 작은 차이로 치부하고 넘길 수 있지만 막상 수익형 부동산의 형태를 놓고 갈등할 때는 결코 그냥 넘길 부분이 아니다. 자동차를 새로 구입할 때와 마찬가지다. 똑같은 3,000cc를 살 때 자동차의 기본 기능, 즉 달리고 서는 것과 관계없는 편의 장치에 마음을 빼앗겨 특정 자동차를 선택하는 경우가 왕왕 있다.

오피스텔이 돈 좀 있는 세입자가 찾는 주거 형태라면 빌라는 서민들의 보금자리 성격이 강하다. 오피스텔은 단기간 거주하는 사람이 찾는다면 빌라는 장기 거주 형태다. 오피스텔은 시세 차익까지 노릴 수 있는 물건이지만 빌라는 그렇지 못하다. 대신 오피스텔보다 저렴해서 초기 투자 비용에 큰 부담이 없는 것이 빌라의 장점이다. 오피스텔 한 채 가격이면 빌라를 몇 채 구입하는 만큼 투자 전략에 따라 오피스텔보다 몇 배의 수익을 챙길 수도 있다.

허름한 빌라라도 위치와 실내 구조에 따라 임대료를 주변보다 더 받을 수 있다. 서울에서도 1억 원 정도로 시작할 수 있는 빌라 투자는 당분간 수익형 부동산의 전형적인 모습을 이어 갈 것으로 보인다.

도대체 빌라는 어떤 주거 형태를 말하는 것일까. 건물 층수 제한으로 아파트와 그 외의 건물을 구분하는데 5층 이상이면 아파트고, 4층 이하는 연립주택이다. 조금 더 정확하게 구분하면 전체 면적이 660제곱미터(200평) 이상이고 4층 이하인 건물을 연립주택이라고 한다. 연립주택을 흔히 빌라라고 부른다. 참고로 전체 면적이 660제곱미터 미만이면 다세대주택이다. 이와 비슷한 용어로 다가구주택이 있다. 외관만으로는 두 가지 주택 형태를 구별하기가 쉽지 않다. 등기부등본을 떼어 보는 방법이 가장 확실하다. 등기부등본에서 201호, 202호 등 호마다 주인이 제각각이면 다세대주택이고, 주인이 한 사람이면 다가구주택이다. 등기부등본은 인터넷등기소(www.iros.go.kr)에서 주소만 입력하면 건당 500원을 내고 열람할 수 있다. 다세대주택은 아파트와 비슷한 개념이고 다가구주택은 보통 원룸 건물에 해당한다.

이 책에서는 연립주택, 즉 빌라와 다세대주택을 묶어서 설명한다. 오피스텔과 상가보다 저렴한 가격에 투자할 수 있는 대상으로 보는 것이다. 이런 주택은 아파트보다 소규모여서 건설비가 적게 들고 유지나 관리비도 절감된다. 단독주택보다 높은 밀도를 유지하므로 임대용 또는 수익형 부동산의 전형적인 주택 형태다.

## 빌라 시장의
## 미래가 밝은 이유

과거에 수익형 부동산 붐을 이끌었던 오피스텔이나 도시형 생활주택 등은 과잉 공급에다 경쟁 물건이 많아서 서울 강남구 등 일부 지역에서는 공실이 늘어나는 상황이다. 그렇지만 빌라 등 다세대주택은 건재한 편이다. 빌라를 포함한 다세대주택은 소액으로 투자할 수 있는 틈새 물건이다. 오피스텔보다 초기 투자액이 싸고 경쟁도 심하지 않아 안정적인 수익형 부동산이다. 단, 빌라는 월세가 싸고 시세 차익을 낙관할 수 없는 단점이 있다.

최근 전세금이 상승하면서 다세대주택은 임대 수요가 느는 추세다. 1인 가구나 소형 아파트에 거주하던 수요층이 찾는 것이다. 경매 정보 사이트인 부동산태인에 따르면 2013년 수도권 경매 시장에 나온 이들 주택은 1만 4,300여 가구로 2007년 이후 최대치를 기록했다. 따라서 시세보다 낮은 가격에 주택을 낙찰받은 뒤 몇 년 후 되팔거나 보유하는 동안 월세 수익을 챙길 수 있다는 장점 때문에 다세대주택의 인기가 오르고 있다.

빌라는 전형적인 서민 주택이다. 소형 또는 임대 아파트 등 아파트가 주요 주거 형태로 자리 잡으면서 빌라는 경쟁력이 생겼다. 우선 빌라는 관리비가 없다. 직접 관리해야 하는 번거로움이 있지만 주차, 경비, 엘리베이터 등 공동으로 사용하는 돈이 따로 들지 않는다. 돈 없는 세입자에게는 안성맞춤인 주거 형태다. 실제로 전국 월세 가구의 대부분은 저소득층이며 이들은 주로 단독주택과 연립주택에 사는 것으로 조사됐다. 최근 한국감정원의 〈월세 시장 분석과 정책 방향 보고서〉에 따르면 월세 가구는 저소득층(69.9퍼센트)과 1~2인 가구(58퍼센트) 등으로 조사됐다. 월세 주택은 방 1~2칸(73퍼센트) 규모와 단독 · 연립주택(65퍼센트)의 비중이 높았다.

반면, 전세는 고소득층(81.0퍼센트)과 중소득층(59.1퍼센트)의 대표적인 임차 형태로 나타났다. 전세 주택 유형은 3~4인 가구(53퍼센트)와 아파트(47퍼센트)의 비중이 높고 방 2~3칸(70퍼센트) 규모가 대부분으로 조사됐다. 저금리 기조와 주택 매매 가격의 안정세가 유지되면 임대인의 월세 전환 선호로 이어지고, 전셋돈 상승세가 지속되면 월세 수요가 증가해 월세 비중이 확대될 것으로 보인다.

2013년 서울 지역 빌라의 평균 매매가는 1억 2,000만 원 선이었다. 1억 원으로도 투자를 시작할 수 있는 물건이라는 말이다. 대출 5,000만 원을 끼고 임대하면 보증금 1,000만 원에 월세 45~50만 원을 받는다. 대출 이자 20만 원을 갚아도 수입이 생긴다.

위에서 언급했듯이 빌라의 형태, 세입자의 소득, 임대 흐름, 투자 규모는 물론 빌라의 장단점을 두루 고려하면 투자를 결정하는 데 큰 도움이 된다.

# 오피스텔 부럽지 않은
# 빌라 고르는 법

한민주 씨는 2010년 서울 송파구 아파트에 거주하고 있었다. 2009년 세계 금융 위기가 발생하자 아파트 가격은 날개 잃은 새처럼 추락했다. 6억 원가량 되던 시세가 5억 원 초반대로 떨어진 것이다. 남편이 운영하는 한식당의 매출도 반토막이 났다.

아파트 살 때 받은 은행 대출은 이미 다 갚고 신용 대출 등 잔잔한 융자만 있었다. 지금 사는 데는 큰 지장이 없지만 앞으로가 걱정이었다. 아파트 시세는 오를 기미가 없고 노후 대책은 까마득해 보였다.

남편과 밤새도록 고민했지만 뾰족한 대책이 없었다. 한씨는 아파트 가격이 더 내려가기 전에 무슨 수를 써야겠다고 생각했다. 오랜 시간 거래해 온 은행에 상담을 요청했다. 마침 주요 고객을 대상으로 부동산 투자 강연이 있었다. 강연회에는 수백 명이 모여들었고 국내 부동산 투자 흐름과 유망 지역 등에 대한 전문가의 강의가 이어졌다. 자신과 같은 고민을 하는 사람이 많다는 사실에 새삼 놀랐다는 한씨는 오피스텔에 관심이 생겼다. 아파트를 담보로 대출받을 수 있는 금액을 따져 보니 오피스텔 투자가 가시권에 들어왔던 것이다.

그때부터 서울 지역 오피스텔 정보를 수집하기 시작했다. 분양 회사도 찾아가고 좋은 매물이 나왔다고 하면 지방이라도 단걸음에 달려갔다. 그러던 중 집에서 멀지 않은 동네에 있는 오피스텔이 눈에 들었다. 가격도 적당하고 거리상 관리하기도 크게 불편하지 않을 것 같았다. 당장 목돈이 없으니 아파트를 담보로 은행 대출을 받기로 했다. 은행에서 대출 상담을 하다가 소개받은 부동산 전문위원과 긴 시간 이야기를 나눌 기회가 생겼다. 그 이야기를 한마디로 압축하면 오피스텔을 살 가격에 빌라 여러 채를 살 수 있다는 것이었다. 오피스텔 경쟁이 심해서 수익률을 장담하기 힘든 지역이니 다른 지역의 오피스텔을 찾든가, 빌라 쪽으로 눈을 넓혀 보라는 얘기였다.

한씨는 일주일 동안 남편과 고민했다. 이자와 원금 등을 고려해 대출은 2~3억 원만 받기로 했다. 이 돈으로 살 수 있는 오피스텔과 빌라를 놓고 이모저모 따져 보았다.

오피스텔은 임대 수익과 함께 시세 차익도 노릴 수 있지만 수익률이 복병이고, 빌라는 시세 차익을 포기하는 대신 임대 수익이 오피스텔보다 좋다는 점을 놓고 저울질했다.

결국 한씨는 빌라 쪽으로 선회했다. 대신 임대 수요 걱정이 적은 서울 강남권으로 한정해서 빌라 시세를 알아보기 시작했다. 대부분의 빌라가 2~3억 원대였다. 오피스텔 한 채 가격이었다. 한번은 개포동 인근 부동산중개소에 들러 매물을 찾았더니 급매물을 노려 보라는 귀뜸을 하는 거였다. 1억 원대로 빌라를 살 수 있으니 급하지 않다면 시간을 가지고 급매물을 찾아보라는 것이었다. 인터넷에 올라오지 않은 매물도 있고, 인터넷에 올라온 매물이라도 실제 거래 가격은 다를 수 있으니 꼭 현장에 가서 확인하라는 말도 덧붙였다.

## 발품을 팔아
## 좋은 입지를 정하라

한씨는 조급한 마음을 정리하고 천천히 급매물을 기다리기로 했다. 부동산중개소에 원하는 가격대와 물건을 말해 두고 자신은 거의 매일 강남 일대를 돌아다니며 빌라 입지로 좋은 환경을 찾았다.

그가 마음에 둔 지역은 개포동과 일원동 일대였다. 강남 중심지는 너무 비싸서 엄두가 나지 않았는데, 개포동과 일원동 일대는 강남 상권에서 가깝고 교통도 좋은 데다 주거 지역이어서 쾌적한 편이었다.

그러던 차에 개포동에서 빌라 한 채가 급매물로 나왔다는 소식을 들었다. 3층 건물의 1층인 그 빌라는 40제곱미터(12평) 정도였지만 옆집이 높지 않은 빌라여서 햇볕도 잘 들고 아늑해 보였다. 무엇보다 강남 상권으로 가는 버스 정류장이 걸어서 1~2분 거리라 대중교통을 이용하기에 나쁘지 않았다.

또 다른 빌라는 한씨가 직접 구했다. 빌라촌을 돌아다니다 마음에 드는 빌라 건물을 발견하고 스마트폰으로 사진을 찍었다. 그때 마침 빌라의 세입자와 마주쳤고 왜 남의 집 사진을 찍느냐는 항의를 받았다. 자초지종을 설명해서 오해를 푼 것은 물론 그 세입자가 다른 곳으로 이사해야 하는 처지라는 말까지 들었다. 더불어 그 빌라에 대해 자세한 설명을 들을 수 있었다. 가격은 1억 5,000만 원가량이고 다른 시설은 다 좋은데 여름 장마철이면 싱크대 뒤편에 곰팡이가 생긴다는 단점이 있었다. 양해를 구해 그 빌라를 살펴본 후 한씨는 구입하기로 마음을 굳혔다.

이런 식으로 빌라 두 채를 2억 7,000만 원에 사들였다. 보증금 외에 월세만 140만 원을 받았다. 은행 대출금 2억 원에 대한 이자를 내고도 90만 원을 손에 쥘 수 있었다.

한씨의 경우 운이 좋았다고 생각할지도 모른다. 그렇다. 부동산 투자에서 운도 무시하기 힘든 요인이다. 아무리 과학, 수학에다 역학까지 끼워 맞춰 부동산 투자를 했더라도 운이 받쳐 주지 않으면 실패할 수 있다. 하지만 그 운도 열심히 공부한 사람에게 따른다. 부동산 투자에 관심을 두어 정보를 모으고 공부하고 여기저기 찾아다녀야 작은 정보라도 잡는 것이다. 로또 1등의 환희를 맛보려면 평생 로또를 사야한다. 절대 사지 않던 로또를 길몽을 꾸고 딱 한 번 샀는데 조상이 도와서인지 1등에 당첨된 사례가 있긴 하다. 그러나 대부분은 꾸준히 로또를 샀다. 이런 사람은 평상시에 로또라는 말이 들리면 귀를 쫑긋 세운다. 신문이나 잡지를 펼쳐도 로또라는 글자가 유난히 크게 들어온다. 그런 간절함이 있어야 운이 붙는 것이다. 사실 그 운이라는 것도 작은 정보에서 오는 경우가 많기는 하지만 말이다.

성공한 사람을 부러워하기만 하면 앞으로 10년 후에도 부러워하고 있을 것이다. 자신이 그 부러움의 대상이 될 수는 없을까. 적은 돈이지만 정작 투자하려면 혹시 실패해서 돈만 날리는 것이 아닐까 하는 두려움에 실천하지 못하는 사람이 태반이다. 그런 사람은 빌라 투자의 장단점부터 살피면서 공부할 필요가 있다. 이 책에서 빌라의 모든 것을 설명할 수는 없는 노릇이라 빌라 투자에서 꼭 알고 넘어가야 할 점만 조목조목 적었다.

## 빌라만의 장점을
## 활용하라

빌라의 최대 장점은 현금화가 쉽다는 것이다. 시세 차익을 기대하기는 어렵지만 급하게 목돈이 필요할 경우 급매 처분을 하거나 전세로 전환해 필요한 자금을 유용할 수 있다. 소액을 투자해 수익률을 극대화하면서 가계에 부담이 생겼을 때 빠르게 대처할 수도 있다. 그러나 임대 수요가 적은 지역의 빌라는 매각이 어렵다는 점도 분명히 기억해야 한다.

임대 수요가 많으면 당연히 현금화하기 쉽다는 사실을 누가 모르겠는가. 그런데 필자가 만나 본 빌라 투자 실패자들의 공통점은 임대 수요보다 초기 투자비에 집착했다는 것이다. 너무 싼 빌라만 찾다 보니 다른 투자 요인을 다 잊어버리는 것이다. 결국 임대 수요가 좋지 않거나 팔려고 해도 잘 안 팔려서 고생했다고 푸념한다.

오피스텔 한 채 가격이면 빌라는 두 채 이상을 살 수 있다. 한 채는 조금 무리해서라도 대형 상권에 마련하고, 또 한 채는 주변에 두는 것도 방법이다. 대형 상권을 선택하는 이유는 풍부한 임대 수요를 노리는 것이고, 주변에 장만하는 까닭은 안정된 수익률을 포기할 수 없기 때문이다.

달걀을 한 바구니에 담지 말라는 주식 시장의 불문율처럼 빌라도 분산 투자를 하는 게 좋다. 한쪽에서 수익이 나지 않아도 다른 쪽에서 수익이 나면 크게 손해 보는 투자는 아닐 것 같다. 그런데 빌라는 주식과 달리 공간에 현존하는 현물이다. 여러 지역에 빌라 여러 채를 두면 그만큼 관리하는 데 힘이 부친다. 지금보다 조금 편하게 살자고 마련한 빌라가 애물단지가 되기 쉽다.

빌라 여러 채를 매입한다면 한 지역, 즉 가까운 거리에 모아 두는 편이 이롭다. 관리 면에서도 그렇지만 인근 빌라 임대료의 영향을 조금이라도 덜 받는다. 특별한 이유가 있어 어느 날 갑자기 임대료가 내려가면 주변 시세에 따라 함께 내릴 수밖에 없다. 하지만 주변 빌라도 내 소유라면 얘기가 달라진다. 장기간 침체가 아니라 일시적인 현상일 경우, 임대료 하락을 어느 정도 견뎌 낼 수 있다.

빌라를 포함한 다세대주택은 신축 공사 기간이 짧다는 점도 빌라 투자 전에 고려할 사항이다. 전체 면적 660제곱미터 규모의 일반적인 다세대주택은 5~8개월이면 짓는다. 시쳇말로 하룻밤 자고 나면 건물이 올라가는 셈이다.

갑자기 상권이 형성되는 지역에서는 단기간에 신규 물량을 공급할 수 있고, 그래서 빌라 쏠림 현상이 나타날 우려가 크다. 수급 불균형은 시세 차익을 보기 어려운 구조와 맞물려 있다. 2006년부터 2009년까지 '빌라 열풍'을 이끈 뉴타운, 재개발에 대한 기대 심리도 찾아보기 힘들다는 말이 나온 배경이다.

한마디로 빌라가 몰렸거나 향후 몰릴 지역에 있는 빌라에 투자하려면 많은 고민을 해 봐야 한다. 가능하다면 그런 지역은 피하는 편이 좋다. 빌라가 많은 곳은 임대 수요가 모여들기는 하지만 그 자체가 임대 수익에 역효과를 내기도 한다. 희귀성이 떨어지면 가격은 내려갈 수밖에 없는 터라 임대 수익률이 낮아지는 단점이 있다.

빌라가 적당히 모여 있는 지역이어야 임대 수익에서 손해를 보지 않는다는 말이다. 그런 지역 중에서도 교통이 편리한 곳을 먼저 살펴보는 게 좋다. 오피스텔도 그렇지만 빌라는 특히 교통이 편리한 게 핵심이다. 오피스텔과 달리 빌라는 주차 공간도 넉넉하지 않고 주변에 대형 마트나 편의 시설이 잘 갖춰지지 않은 경우가 많다. 이런 점을 보완하려면 교통이 편리해야 한다.

빌라를 매입할 지역을 정한 다음에는 그 지역에서도 어떤 위치에 있는 빌라를 살 것인가를 고민해야 한다. 전문가들의 의견을 모아 보면 아파트 밀집 지역보다 일반 주택이 많은 동네의 빌라를 고르는 편이 좋다. 특히 다세대주택보다 단독주택이 많아야 빌라의 인기가 더욱 올라간다.

빌라는 준공 10년 이내의 건물을 고르는 편이 바람직하다. 너무 오래된 빌라는 구입 가격이야 저렴하겠지만 수도, 하수도, 가스관 등이 노후화되어 고치는 값이 더 들 수 있다. 세입자의 수리 요청 전화를 받느라 신경 쓸 일이 많아져 일상에 지장을 받기도 한다. 월세 몇 십만 원 받자고 시작한 일인데 이것저것 신경 쓰다 보면 예전보다 못한 삶이 되는 경우도 있기 때문이다.

또 하나, 반지하와 지하 빌라는 피해야 한다. 지하는 통풍도 안 되고 온도와 습도가 조절되지도 않는다. 비가 내리거나 눈이 오면 물이 새기도 한다. 월세를 받으려다 수리비가 더 들고, 무엇보다 세입자나 주변 부동산중개소에 좋지 않은 이미지가 박힐 수 있다.


## 월세를 높이는 노하우

가끔 빌라 투자자들이 모인 자리에서 투자 방법과 월세 규모를 비교할 때가 있다. 그러다 보면 비슷한 크기인데도 다른 빌라보다 월세를 적게 받고 있다는 사실을 발견하기도 한다. 물론 서울과 지방, 서울도 강남과 강북, 같은 강남에서도 역세권과 그렇지 않은 곳에 따라 빌라의 가격이 천차만별이고 당연히 월세 규모도 제각각이다. 그러나 같은 동네에 있는 같은 규모의 빌라인데도 임대료에 차이가 나는 이유는 무엇일까. 임대료 10~20만 원 차이에 큰 의미를 두지 않는다면 이 정보는 의미가 없다. 다만 단순히 월세 차이만 있는 것이 아니라는 데 주목할 필요가 있다. 집주인의 성향에 따라 임대 가격에 차이가 나기도 한다.

강진우 씨의 사례를 보면 이해하기 쉽다. 강씨는 서울 강서구에 빌라를 가지고 있다. 그 지역 33~40제곱미터(10~12평)짜리 빌라의 평균 임대료는 보증금 500만 원에 월세 50만 원 선이다. 그런데 강씨는 월세 60만 원을 받는다. 겨우 10만 원 차이라고 하겠지만 1년이면 120만 원의 차익이 생긴다. 은행 대출 이자를 갚는 데 소중하게 쓰일 금액이다.

이런 빌라를 한 채가 아니라 여러 채 소유했다면 그 차익은 더욱 커진다. 강씨는 어떻게 주변 빌라보다 높은 임대료를 받을 수 있었을까.

강씨는 크게 두 가지에 신경 썼다.

우선 햇볕이 잘 들고 통풍도 좋은 빌라를 골랐다. 요즘은 집을 단순히 먹고 자는 수단으로 여기지 않는다. 하루 종일 바쁘게 일하고 돌아와 편히 쉬며 여유를 즐기는 공간이다. 창문으로 들어오는 햇볕은 삶의 질을 높여 주는 요인이다. 햇볕이 잘 드는 빌라는 그 자체만으로 가치가 높아지는 셈이다.

다음은 내부 시설에 신경을 썼다. 7년 전 1억 원에 빌라를 구입했는데 3,000만 원을 더 들여 내부 공사를 한 것이다. 한쪽 벽에 파벽돌을 붙여 아늑하면서도 현대적인 감각을 살리는 한편, 바닥에 원목을 깔아 따뜻한 분위기를 연출하고 고급스러운 마감재를 사용하여 마치 오피스텔 같은 분위기가 나도록 했다. 일반 형광등과 백열등도 세련된 제품으로 교체하면서 벽에 스탠드 조명까지 설치했다. 찌든 때가 끼고 깨진 욕실 타일도 수리하는 데서 그치지 않고 전면 교체했다. 욕조와 세면대도 타일 색과 맞춰 깔끔한 멋을 냈다. 창문도 방음 이중창으로 바꿔 소음과 겨울철 한기를 차단했다. 낡은 스위치도 새것으로 교체하고, 보기 싫게 노출된 각종 전선이나 가스관을 벽 안쪽으로 넣어서 말끔하게 정리했다. 여름철에 맞바람이 치도록 창문 위치도 조금 바꿨다. 미관뿐 아니라 실용성까지 고려해 전면 개조한 것이다.

내부 공사를 한다고 빌라 자체의 가격이 크게 뛰지는 않지만 강씨는 자신 또는 자식들이 살 집이라고 생각하여 수리했다. 세입자가 주인의 배려를 느낄 수 있는 대목이다.

실제로 첫 세입자는 집을 둘러보자마자 계약했다. 다른 집을 둘러보기 전에 처음으로 방문한 빌라였지만 주인이 원하는 임대료를 지급하겠다고 했다. 세입자를 위해 이 정도 신경 쓰는 집주인이라면 임대료도 상식선에서 정할 거라고 믿었던 것이다.

세입자의 지인들도 감탄하며 마음에 들어 했다. 지인이 사진을 찍어 올린 SNS를 본 사람들이 웃돈을 줄 테니 당장 계약하자고 몰려들기도 했다.

강씨는 큰돈을 들여 가며 내부 시설에 신경 쓴 이유를 말해 주었다. "지금은 40평대 아파트를 가지고 있지만 나도 월세집, 전셋집에 살아 봤다. 비가 오면 빗물이 벽을 따라 내려 곰팡이가 벽지에 퍼져도 집주인은 모른 척하며 시간만 끌었다. 정작 그 방에 사는 사람은 나 자신이므로 내 돈을 들여 벽을 수리하고 벽지를 발라야 했다. 세입자에게는 이런 불합리한 일이 참 많다. 그렇다고 집주인과 얼굴을 붉혀 봤자 좋을 게 없다. 좋은 게 좋은 거라는 식으로 그렇게 살면서 나중에 집주인이 되면 그렇게 하지 말자고 다짐했다. 세입자 입장을 고려했을 뿐인데, 임대 수요가 몰리고 임대료까지 세입자가 더 부담하려는 이상한 일도 생겼다. 바로 옆에 싼 빌라가 많은데도 굳이 내 빌라로 오겠다며 몇 년 후의 이사를 다짐하는 사람도 있었다."

빌라는 싸게 사는 만큼 시세 차익을 기대하지 않고 팔겠다는 생각으로 매입해야 한다. 특히 경매로 낙찰받으면 시세보다 최대 50퍼센트 정도 싸게 구입한 셈이니 팔 때도 큰 부담이 없다.


## 시세 차익도
## 기대할 수 있다


그렇지만 은근히 시세 차익을 기대하게 된다. 시세 차익을 기대할 만한 빌라가 있긴 하다. 다만 이미 활성화된 입지보다는 앞으로 개발될 지역에 있는 빌라라는 조건이 붙는다. 지금은 허허벌판이지만 향후 개발되어 상권이 활발해질 지역이거나, 현재 상권이 있더라도 재개발 계획이 잡힌 지역에 있는 빌라를 말한다. 문제는 어떤 곳이 개발될지 알 수 없다는 점이다. 부동산 투자에 이골 난 경우가 아니라면 개발 여부를 알기 힘들다.

다만 시각을 조금 달리하면 임대 수익은 물론 몇 년 후 시세 차익도 기대할 만하다. 빌라가 시세 차익을 기대하기 어렵다지만 꼭 그런 것만은 아니다. 구정길 씨는 몇 해 전 서울 송파구 거여동과 마천동에 빌라를 샀다. 빌라 한 채에 5,000만 원씩 모두 네 채를 매입했다. 당시만 해도 서울 외곽이어서 투자 대상으로 쳐 주지도 않는 곳이었다. 지금은 차로 이동하면 강남 중심지까지 금방이어서 빌라 한 채의 거래가가 2억 원에 이른다.

구씨는 어떻게 미래를 내다봤을까? "특별한 혜안이 있었던 것은 아니다. 다만 20년 전의 서울 지도와 현재의 지도를 놓고 비교했다. 20년 전만 해도 서울은 일부 강남 지역만 개발됐을 뿐 거여동이나 마천동은 이렇다 할 주거지도 없었다. 그러나 지금은 어떤가. 강남 인구가 포화 상태가 되면서 점차 동쪽으로 이동하기 시작했다. 성남과 하남 경계선뿐만 아니라 동쪽으로 경기도 경계까지 주거 지역이 확장될 것으로 믿었다. 또한 그 지역의 지난 30년간 땅값, 집값, 거래 건수 등을 검색하고 메모했다. 역사를 알면 미래를 예측할 수 있다고 하지 않는가. 앞으로 그 지역의 집값이 오를 것이라는 결론이 나서 투자를 감행했는데 운 좋게 그 전망이 맞았다."

혜안이 아니라고 하지만 구씨는 나름대로 기본 자료를 종합하고 분석해서 혜안을 개발했다. 자신에게 그런 분석 능력이 없다면 다음에 소개할 내용이 조금이나마 도움이 될 듯하다. 부동산 전문가들이 꼽은 유망한 수익형 부동산 입지다.

빌라를 포함한 다세대주택은 실수요자가 많이 포진한 곳 중에서도 전세가율이 높은 지역일수록 유리하다. 대표적인 지역이 역세권이다. 서울에서는 강남구 논현동 청담동, 서초구 양재동 방배동, 영등포구 신대방동 당산동 일대가 유망하다고 꼽은 지역이다.

앞으로 떠오를 지역은 서울 용산 일대다. 용산 재개발, 국제업무단지 조성 등의 호재가 있다. 서울시장이 바뀌면서 계획이 답보 상태이기는 하지만 그대로 방치할 수는 없는 노릇이다. 몇 해 전부터 용산 지역 일대 철거 작업을 진행해 왔다. 정부가 사망자를 내면서까지 용산 재개발을 밀어 붙였는데 이를 백지 상태로 돌린다면 더 큰 문제가 발생할 수 있다. 서부이촌동 뒤편에 기존 국제업무지구 용지 56만 제곱미터가 잡혀 있다.

용산에 주둔하던 미군부대도 지방으로 이동한다. 2016년까지 용산, 의정부, 동두천의 미군이 평택으로 옮겨 갈 예정이다. 268만 제곱미터 면적이다.

동부이촌동과 해방촌 용지 56만 제곱미터도 용산권이다. 크게 세 개 지구의 면적만 300만 제곱미터로 여의도 면적의 1.3배에 이른다.

미군부대가 이전하면 그 용지는 공원으로 조성된다. 미국 뉴욕 맨해튼의 센트럴파크처럼 큰 숲이 펼쳐지고 남쪽으로는 한강이 흐르면서 조망권이 한강변보다 화려해진다. 이 주변에 들어설 아파트 입주민에게는 멋진 정원이 되는 것이다.

아파트촌에서 빌라는 희귀성이 있다. 가격 면에서 경쟁력 있는 빌라를 찾는 수요가 있다. 따라서 용산에 투자하려면 아파트, 오피스텔뿐만 아니라 빌라도 함께 고민해서 결정할 필요가 있다.

단, 재개발 지구에 있는 빌라여도 가격이 천정부지로 오를 거라는 기대감은 버려야 한다. 재개발은 재건축보다 추진 속도가 느리고 시간이 지날수록 주택 가치가 떨어질 수 있기 때문이다. 재개발 지역 투자는 장기간 투자에 여력이 있는 사람에게 권한다.

# 1억 원 미만으로
# 빌라를 마련하는 방법

서울 구로구 개봉동에 사는 김경미 씨는 3층 다세대주택의 2층 전셋집이 보금자리다. 미혼 40대인 그는 20~30대까지만 해도 버는 대로 마음껏 썼다. 명품 핸드백과 구두를 사는 명품족은 아니지만 먹고 싶은 것, 즐기고 싶은 것을 그때마다 만끽하며 살았다. 대기업에 다니는 터라 연말이면 보너스도 두둑했다. 제주도에 사는 노모에게 용돈을 보냈지만, 딸린 가족이 없으니 큰돈이 필요하지도 않았다. 그런데 그 집으로 이사 온 지 6년을 넘기는 해에 집주인이 전셋돈을 2,000만 원이나 올렸다. 당장 목돈이 필요한데 수중에 가진 돈으로는 어림도 없었다. 사우회비를 대출받아 해결했지만 아찔한 경험이었다. 여자 혼자 이사하기도 쉽지 않고, 이사한다손 치더라도 집 구하러 다닐 엄두가 나지 않았다. 사실 전셋돈을 올려도 주변 시세보다는 싸기 때문에 보금자리를 옮길 이유를 못 느꼈다.

그러나 갑작스레 목돈이 필요할 때 난감해진 기억은 잊어지지 않았다. 그때부터 3년 동안 월급을 모았다. 한 달에 100~150만 원씩 적금을 들어서 모은 돈이 4,500만 원가량 됐다. 그 당시 언론에서는 연일 100세 시대를 외쳐 댔다. 오래 사는 만큼 노후 대책이 필요하다는 내용이었다. 정신이 번쩍 들어 노후 대책을 궁리했지만 뾰족한 수가 보이지 않았다. 4,500만 원으로 할 수 있는 것이라고는 혹시 오를지 모르는 전셋돈을 충당하는 정도였다. 재테크에 무관심한 탓에 노후 대비를 어디서부터 어떻게 시작할지 막막했던 그는 서점에서 재테크 관련 책을 사서 전부 읽었다. 그리고 선택한 방법이 부동산 투자였다.

특히 수익형 부동산이 현실적인 대안이라고 믿었다. 부동산 투자 물건 가운데 가장 저렴한 빌라를 선택했다. 서울 지역 몇 군데를 알아보니 작은 크기라도 매매가가 1억 원이 넘었다. 은행 대출을 받는다고 해도 최소한 5,000만 원이 있어야 했다. 몇 년 더 적금을 부어 5,000만 원을 만들겠단 생각도 했지만, 물가나 부동산 가격이 계속 올라서 5,000만 원으로는 어림도 없을 거라는 불안감도 엄습했다.

그러던 차에 부동산 전문 채널에서 경매로 부동산을 사는 방법이 있다는 정보를 얻었다. 경매로 아파트를 샀다는 회사 동료가 생각나서 점심을 사 주며 구체적인 방법을 물었다. 금융 기관 등에 저당 잡힌 부동산이 경매로 나오는데 유찰될 때마다 가격이 내려가서 일반 매매가보다 저렴하게 구입할 수 있다는 것이었다. 이후 학원에서 부동산 경매에 대해 공부하고 법원에 드나들며 경매 절차를 눈에 익혔다.

2013년 그는 서울 강서구 화곡동에 있는 1억 5,000만 원짜리 빌라 (20제곱미터)가 두 차례 유찰되어 1억 500만 원까지 떨어진 것을 발견하고 응찰해서 낙찰받았다. 부족한 비용과 경비는 은행 융자를 받았다. 몇 개월 후 보증금 2,000만 원에 월세 60만 원을 받고 세를 놓았다.

그는 현재 은행 이자를 갚고도 넉넉하게 생활한다. 특히 자신의 이름으로 된 집이 있어서 뿌듯하고 든든하다. 이 빌라가 노후에 필요한 자금을 해결해 주지는 못하더라도 다른 연금을 합하면 큰 걱정을 던 셈이다. 경매는 어려운 일인 것 같지만 조금만 절차를 알면 누구나 할 수 있고, 주변에 학원이나 전문가가 많으니 도움을 받으면 된다는 게 그의 경험이다.


## 시세보다
## 저렴하게 구입하라

아파트와 상가도 마찬가지지만 빌라를 경매로 장만할 수 있다. 경매의 가장 큰 장점은 시세보다 싼 가격에 부동산을 구입한다는 것이다. 부동산을 시세보다 20~50퍼센트 정도 저렴하게 마련한다는 점은 매력적이다. 최근 몇 년 동안 전세가가 폭등하자 부동산 경매 시장이 인산인해를 이뤘다. 전셋돈이 매매 가격과 별 차이 안 나거나 오히려 전세가가 높아지는 역전 현상이 생기면서 차라리 몇 푼 더 보태 내 집을 마련하려는 사람들이 늘었기 때문이다.

2013년 중반 경매 시장에 나온 수도권 다세대주택은 모두 2,293가구다. 2,568가구를 기록한 2006년 12월 이후 최대 물량이며 전달인 6월(2,098가구)보다 9.3퍼센트 증가한 수치다. 입찰자 수도 늘었다. 그해 7월 다세대주택 경매 입찰자 수는 2,406명으로 전달(2,137명)보다 270명, 12.6퍼센트 늘었다. 낙찰가율 80퍼센트 이상의 고가 낙찰도 종종 나오는 아파트 경매와 달리 다세대주택의 낙찰가율은 70퍼센트 선으로 다소 낮다.

부동산 경매 시장에서는 전통적으로 소형 아파트를 선호한다. 빌라보다 감정가가 비싸지만 환금성이 뛰어나고 시세 차익도 누릴 수 있기 때문이다. 그러나 최근에는 빌라 같은 다세대주택을 찾는 사람이 늘었다. 부동산 경매 정보 사이트 부동산태인에 따르면 2013년 9~10월 경매 시장에 나온 수도권 소재 부동산 경매 물건 가운데 다세대주택 물건의 낙찰가율이 높았다. 다세대주택의 낙찰가율은 9월 67.84퍼센트에서 10월 71.15퍼센트로 3.31퍼센트포인트 올랐다. 반면, 아파트 낙찰가율은 73.70퍼센트에서 75.18퍼센트로 1.48퍼센트포인트 상승에 그쳤다.

다세대주택의 낙찰가율이 오른 것은 부동산 경기가 침체하자 아파트는 시세 차익을 얻기 힘들다고 판단한 실수요자들이 비교적 저렴한 다세대주택으로 이동했기 때문이라고 분석된다. 과거에는 아파트를 낙찰받고 3년 정도 지나면 집값이 올라 시세 차익을 누릴 수 있었지만 지금은 이런 패러다임이 깨지면서 빌라 같은 다세대주택을 선호하는 것이다.

최근 서울남부지법에서 서울 강서구 화곡동 빌라(전용 면적 44.78제곱미터)의 2차 경매가 진행됐는데, 감정가 1억 8,500만 원에 최저가는 1억 4,800만 원이었다. 서울 금천구 독산동의 3층짜리 빌라(61제곱미터)는 3회차 경매에서 감정가 1억 9,000만 원, 최저가 1억 2,160만 원이었다. 서울 도봉구 방학동 빌라(54.2제곱미터)의 3회차 경매에서는 감정가 1억 7,000만 원에 최저가는 1억 880만 원으로 나왔다. 서울 노원구 하계동의 빌라(84.98제곱미터)는 4차 경매에서 감정가 2억 6,000만 원에 최저 1억 3,312만 원으로 본래 가격의 50퍼센트 선까지 낮아졌다.

빌라를 포함해 서울 지역 소형(33~66제곱미터) 다세대주택의 낙찰가는 대부분 1억 원을 훌쩍 넘는다. 같은 수도권이라도 시세는 지역에 따라 천차만별이다. 강남 지역의 빌라는 평당 3,000만 원을 넘기도 하는 데 반해 강북에서는 1,000~2,000만 원에 거래되는 빌라도 있다. 강남 2~3억 원, 강북 1억 5,000만~2억 원 선으로 서울 도심 빌라의 평균 감정가는 1억 2,000만 원 정도다. 아파트 평균 매매가 2억 3,000만 원보다 저렴하다. 경매를 통하면 1억 원 미만으로도 빌라를 마련할 수 있다. 서울 강북구 미아동의 빌라(45.56제곱미터)는 4회차 경매에서 감정가 1억 5,000만 원에 최저가는 7,680만 원으로 책정됐다.

경기도 등 서울 외곽 지역으로 눈을 돌려 보는 것도 방법이다. 경기도와 인천 등에서는 낙찰가 1억 원 미만에 다세대주택을 구입할 수 있다. 감정가가 1억 원 중반인 빌라는 2회 유찰한 경우 1억 원 미만에 살 수 있다.

지난해 11월 서울 서초구 서초동 중앙지방법원 제4별관 앞은 경매 응찰자뿐만 아니라 전단이나 경매 정보지, 법률사무소 명함을 나눠 주는 경매업계 사람들로 인산인해를 이뤘다. 입찰 법정을 찾은 사람들은 40~50대가 다수지만 20~30대 젊은 층도 눈에 띄었다. 자식 결혼을 앞두고 집을 마련해 주려는 사람, 자신의 점포를 구하려는 사람 등 다양한 사람들이 모여들었다. 개찰이 시작되자 법정 안에 마련된 200여 석이 모자랄 지경이었다. 일부는 서서 경매를 지켜봤다.

이들은 두 부류로 나뉜다. 한 부류는 실구매자다. 자신이 살 집을 마련하거나 투자를 목적으로 한 사람들이다. 다른 부류는 경매를 공부하

수도권(서울, 경기, 인천) 주택 경매 통계

(단위: 건, 억 원, 퍼센트)

| 기간 | 용도 구분 | 총 물건 | 감정가합 | 낙찰가합 | 낙찰가율 | 입찰 경쟁률 |
|---|---|---|---|---|---|---|
| 2012년 | 아파트 | 3만 3,542 | 4조 986 | 3조 388 | 74.14 | 5.1 |
| | 연립 · 다세대 | 2만 1,710 | 9,542 | 6,797 | 71.23 | 3.84 |
| | 단독 · 다가구 | 6,076 | 7,689 | 5,508 | 71.63 | 2.99 |
| | 합계 | 6만 1,328 | 5조 8,217 | 4조 2,692 | 73.33 | 4.5 |
| 2013년 | 아파트 | 3만 5,663 | 4조 6,751 | 3조 6,769 | 78.65 | 6.52 |
| | 연립 · 다세대 | 2만 6,060 | 1조 1,419 | 8,211 | 71.91 | 4.13 |
| | 단독 · 다가구 | 7,639 | 8,977 | 6,134 | 68.34 | 2.94 |
| | 합계 | 6만 9,362 | 6조 7,146 | 5조 1,114 | 76.12 | 5.4 |

자료: 부동산태인

는 사람들이다. 앞으로 경매를 통해 주택을 구매할 의사가 있는 경우인데, 주로 경매 학원에서 경매 절차와 주의점을 배운 후 법정을 참관하며 입찰계획서 작성 등을 익히는 것이다.

## 놓쳐서는
## 안 되는 것들

경매가 저렴한 가격에 부동산을 마련하는 수단이지만 그만큼 주의할 점도 있다. 일반 매매보다 절차가 복잡하고 신경 써야 하는 부분이 많기 때문에 꼼꼼하게 알아봐야 한다. 경매 입찰 시 주의할 점은 감정가가 유달리 저렴한 물건은 의심해야 한다는 것이다. 감정가가 저렴하면 권리상 하자가 있는 경우가 많다. 2~3회 이상 유찰이 잦은 매물도 잘 살펴야 한다. 유찰이 잦으면 주거 환경이 떨어지거나 물건상 하자가 있는 경우가 대부분이다. 마지막으로 살필 점은 정확한 세입자 분석이다. 소형 주택은 임대차 관계가 복잡하기 때문이다. 직접 발품을 팔아 수소문하거나 법원의 점유관계조사서를 점검하면 된다.

낙찰을 받은 뒤 실제 취득까지는 일정 기간을 기다려야 하는 경매의 속성도 익혀야 한다. 당장 월세 수익을 내야 한다면 경매는 일반 매매보다 매력적이지 않다.

낙찰가율도 신경 써야 한다. 다세대주택 가격이 오르면 조금이라도 저렴하게 빌라를 사려는 사람들이 경매 시장으로 몰려든다. 경쟁이 심해지면서 시중가보다 크게 저렴하지 않아도 낙찰되는 경우가 많아진다. 자칫 일반 급매물보다 높은 가격에 낙찰받는 일이 생긴다.

반대로 다세대주택 가격이 내려가면 경매 시장을 찾는 사람도 줄고 낙찰가율도 저조해진다. 이럴 때 경매를 노리면 급매보다 싼 가격에 원하는 빌라를 구입할 수 있다.

2013년 6월 취득세 감면 조치에도 불구하고 낙찰가율과 입찰자 수가 크게 빠지지 않는 아파트 경매 시장과 달리 다세대주택이나 연립주택은 수요가 공급에 못 미치는 상황이다. 수도권 아파트 경매의 감정가 대비 낙찰가율은 2013년 1월 74.1퍼센트로 출발한 후 6월 79.4퍼센트로 최고점을 찍었다. 7월에는 78.15퍼센트로 소폭 하락했다. 반면, 수도권 소재 다세대주택 낙찰가율은 2013년 5월 74.33퍼센트를 기록한 뒤 7월에는 71.8퍼센트로 3퍼센트포인트 이상 하락했다. 수요자들의 고가 낙찰이 줄어 낙찰가율이 2개월 연속 하락한 것으로 풀이된다. 2013년 7월 다세대주택 경매는 물건 수와 입찰자 수 모두 비슷한 수치로 증가했지만 낙찰가율은 되레 떨어졌다.

무조건 싼 것만 찾다가는 낭패를 보기 쉽다. 경매 개시일과 현장 확인은 필수다. 경매 개시일의 가격과 최근 시세를 비교해 매매 가격의 흐름을 확인해야 한다. 또한 현장을 방문해 대중교통은 물론 주변의 전월세 수요도 살펴야 한다. 다세대주택에 월세로 들어오는 세입자는 대부분 대중교통을 이용한다. 그러므로 지하철역과 가까운 곳일수록 임대에 유리하다. 물론 두 지하철 노선이 교차하는 환승역이라면 말할 나위가 없다. 해당 빌라의 상태와 함께 주변 임대 주택의 공실률도 점검해야 한다.

경매를 만만하게 볼 수 없는 또 다른 이유는 경매라는 법적 강제 집행으로 나온 매물이라는 점이다. 주인이 매각할 의사가 있는 매물이 아니라는 것이다. 은행 융자를 갚지 못하는 등 다양한 이유로 집이 경매까지 넘어가거나, 억울한 누명을 쓰고 집을 내놓을 수밖에 없는 등 사연은 다양하다. 경매 중개자들의 말을 들어 보면, 경매로 집을 싸게 구입했다고 해서 법 절차에 의해 수월하게 일이 처리되는 것은 아니다. 집주인이 억울함을 호소하거나 법 집행을 무시한 채 그 집에서 물러나지 않는 경우도 있다. 경매로 구한 집을 임대해서 수익을 올려야 하는데 본래 집주인이 받아들이지 않는 것이다. 그 집에 눌러앉아 집을 비워 주지 않으면 새로운 집주인과의 마찰이 불가피하다. 물론 법적으로는 새 주인이 권리를 행사하지만 전 주인과의 신경전으로 에너지를 낭비하는 일은 피곤하다.

# 반값 타운하우스도
# 노려 보자

투자할 돈은 충분한데, 빌라는 차익이 약해서 눈에 들어오지 않고 소형 아파트와 경쟁이 심해지는 오피스텔도 성에 차지 않는다면 어떤 물건이 좋을까? 바로 타운하우스다. 타운하우스는 방범과 커뮤니티 시설을 공유하는 1~2층짜리 단독주택 단지나 3~4층 이내 저층 연립 주택이 모인 고급 저밀도 주거 단지를 통칭하는 개념이다.

아파트 가격이 내려가지만 줄어든 아파트 수요만큼의 잉여 자본은 어딘가로 흘러든다. 특히 경기 회복을 알리는 여러 가지 신호 중 부동산에서는 고가 부동산 거래가 활발해지는 현상이 관측되기도 한다. 미국에서는 경기 전망 지수도 높아지고 주택 거래량도 서서히 살아나면서 경기 회복 징후가 나타나는데 그중 타운하우스를 비롯한 고가 주택의 신규 거래 증가도 한몫하고 있다.

최근 타운하우스가 주목받고 있다. 서울 근교의 전원형 고급 빌라를 의미하는 타운하우스는 전원주택이 진화한 모습이기도 하다. 은퇴자 비율이 높아지는 고령화 시대의 사회 변화에 맞춰 실수요 계층이 늘어나면서 1990년대 후반부터 2007년까지 호황을 누렸다.

타운하우스는 공동주택과 단독주택의 이점을 합쳐 놓은 만큼 주거 편의성이 높고 화려하면서 값비싼 자재를 쓰기 때문에 삶의 질 측면에서도 아파트 등 일반적인 주거 유형보다 뛰어나다. 2003년 파주 교하에 들어선 타운하우스(헤르만하우스)가 분양에 성공하면서 집중 조명을 받기 시작했고, 분양 면적 200~300제곱미터의 대형 규모에 분양 가격만 해도 20~30억 원이 훌쩍 넘는 고급형이 주를 이뤘다. 파주 일대와 판교, 용인 등지에 우후죽순처럼 들어서면서 대표적인 틈새 투자 상품으로 떠올랐다.

그러나 2008년 리먼브러더스 부도 사태 이후 국내 주택 시장이 급속히 얼어붙으면서 타운하우스 열기도 식었다. 제곱미터당 2,000~3,000만 원대로 강남권 아파트 수준의 분양가가 형성되어 수요가 한정된 데다 시장 위축이 장기화될 경우 환금성이 떨어질 수 있다는 점이 수요가 감소한 요인으로 작용했다. 그 과정에서 미분양이 쌓이기 시작했다.

최근 정부의 부동산 대책 발표 이후 시행사와 건설사들은 그동안 미분양으로 남아 있던 물량에 대해 적극적인 마케팅에 나서고 있다. 30~40퍼센트에 달하는 가격 할인이 대표적인 전략이다. 통상 고급 주택의 개발 이윤은 50~60퍼센트 안팎으로 개발업체 입장에서 사실상 이윤을 포기하고 잔여 물량 처리에 돌입한 셈이다. 고급 주택 건설 업체 관계자들은 "사실상 지금 구입하는 사람들은 개발 이익이 포함되지 않은 원가 수준에서 매입하는 것이다."라고 입을 모은다.

## 투자의 목적이 다르다

일정한 임대료 수입이 발생하는 수익형 부동산과 달리 주택은 거주 만족도와 가격 대비 시세 차익이 투자의 핵심으로 꼽힌다. 따라서 대폭 할인가에 고급 타운하우스를 매입하면 부동산 시장이 상승세로 돌아설 때 차익을 기대할 수 있어 자산가들의 발길이 늘어나는 추세다. 특히 해당 지역의 개발 여건, 교통망 개선 등 사회 입지의 호재가 있다면 투자를 검토해 볼 만하다.

파주의 한 타운하우스는 2013년 5월까지 파격적인 분양가 할인과 이자 지원 등을 제시하자 3주일 만에 B동 전체가 계약을 완료했다. 남은 집도 유명 연예인, 정관계 인사 등이 관심을 보이고 있어 곧 분양이 끝날 것 같다는 전망이 나온다. 이 전원형 고급 빌라는 제2자유로가 뚫려 서울 마포구 상암동까지 20분 만에 닿고 2015년에 경의선 야당역(가칭)이 개통된다는 소식이 발표되자 그동안 관망하던 투자자들이 서서히 사들이기 시작했다.

20~30억 원짜리 고가 타운하우스는 각종 분양 할인에도 불구하고

물량 소진이 쉽지 않다. 하지만 100제곱미터대 아파트 가격인 6~7억 원에 260제곱미터 크기의 고급 주택을 살 수 있다면 가격 대비 만족도가 높다.

파주 외에도 용인 동백, 수지, 판교, 김포 등지에는 합리적인 가격에 분양하는 타운하우스가 많다. 특히 보급형 고급 주택으로 불리는 소형 타운하우스는 4~6억 원대에 접근할 수 있다.

최근에는 거래가 위축되면서 팔리지 않는 아파트를 전세 주고 타운하우스에 입주하는 경우도 늘어나는 추세다.

타운하우스의 장점은 층간 소음 등 공동주택의 단점이 없으면서도 공동으로 보안 문제를 해결한 것이다. 실내외 자재나 시설도 고급품이며 아파트 못지않은 편의성까지 갖췄다. 이런 면에서 보면 타운하우스를 매입하여 임대할 경우 고수익이 보장된다. 그러나 아파트보다 가격이 높고 관리 비용도 비쌀 우려가 있다. 시내 중심지에서 떨어진 곳이 많아 직장이나 학교까지 멀다는 단점도 있다. 무엇보다 고가의 주택인 만큼 불황기에 환금성이 떨어질 수밖에 없다.

타운하우스는 주거 만족도와 투자 가치를 동시에 노릴 만한 투자 상품이지만 유의해야 할 점도 있다.

우선 해당 주택의 화려한 외관에만 치중할 것이 아니라 실제 쓰인 자재나 가구, 가전, 시설재 등을 꼼꼼히 들여다봐야 한다. 특히 100세대 이상을 공급하는 소형 타운하우스가 늘어나면서 분양률 높이기에만 혈안이 된 일부 현장에서는 소음, 방수, 단열 등에서 문제가 발생하기도 한다. 소형화는 분양가를 상대적으로 낮추는 데 도움이 되지만 도시형 생활주택이나 땅콩주택의 사례에서 보듯 공급 주체의 원가 줄이기가 관행처럼 퍼져 있다.

다음으로 고려할 사항은 근저당 입주 방식, 잔금 유예 등 눈속임을 위한 마케팅 전략이다. 매입을 희망하는 사람에게 가장 좋은 혜택은 분양 가격 자체를 깎아 주는 것이다. 대출 시 은행 이자를 지원해 준다면 실익이 된다. 하지만 분양 광고에서 흔히 보는 "2억 원만 있으면 살 수 있다."는 문구의 이면에는 3년간 잔금 유예라든지 분양가 일부만 내고 입주한 뒤 몇 년 후 나머지를 지불하는 대신 공급자가 근저당을 설정하는 등의 이면 조건이 있기 때문에 이에 현혹되어서는 안 된다.

시행사나 시공사의 자금력도 반드시 확인해 봐야 한다. 장기 미분양으로 건물이 경매에 넘어가거나 일괄 매각되는 경우가 간혹 있기 때문에 준공 시점이 많이 남은 곳보다는 기준공되어 즉시 소유권을 취득하고 입주하는 곳을 택하는 것이 바람직하다.

아직 공사 중인 건물이라면 자금 관리사인 신탁 회사 계좌로 분양 대금을 내는 것이 기본이다. 또한 타운하우스는 지하층을 평형에 넣을 경우 분양 평수만큼의 규모를 기대하기 어렵다. 따라서 지하 공간이 분양 평수에 포함됐는지 확인해야 한다. 대지 지분도 확인해야 한다. 타운하우스에서 대지 지분은 향후 재산권 행사와 투자 가치에 큰 작용을 한다. 일반 아파트의 대지 지분은 분양 평수의 50퍼센트 수준이지만 택지 지구나 단독주택형 타운하우스는 두 배 이상의 대지 지분을 소유할 수 있다.

부동산 투자에서 가장 중요한 것은 가격이 아니라 가치다. 가치란 가격에 오차를 합한 의미를 담고 있다. 가격 자체가 가지는 오류와 착시를 수정한 값이 부동산 가치다. 타운하우스 투자에서도 부동산 가치를 기준으로 접근하는 것이 바람직하다. 이 값은 해당 부동산의 미래 가치를 예측한 뒤 적정한 할인율로 환원해야 구할 수 있다. 따라서 부동산 흐름, 정부 정책, 생애 주기, 인구 소득 변화 등 다양한 요인을 검토하고 이를 통해 앞으로의 변화를 짚어 낸 뒤 현재 자신이 투자하고자 하는 부동산을 얼마에 매입하는 것이 적당한지 판단해야 한다.

# 아이디어를 짜면
# 펜션도 훌륭한 수익형 부동산

펜션도 훌륭한 수익형 부동산이 될 수 있다. 군이 도심에 살 필요가 없고 외곽에서 여유로운 삶을 영위하고 싶다면 펜션만 한 수익형 부동산도 없다. 대기업에서 부장까지 있었던 김영길 씨는 1년 전 인천 선재도에 펜션을 장만했다. 서울 강남 지역에 살았지만 은퇴 후엔 전원생활을 누리고 싶다는 꿈을 이룬 셈이다. 30년간의 직장 생활을 정리하자 아파트, 퇴직금, 적금 등을 합쳐 15억 원이 되었다. 그 돈으로 제2의 인생을 설계하다 보니 무엇을 어디서부터 어떻게 시작해야 할지 막막했다. 아내와 함께 한 달 동안 전국을 여행하면서 머리도 식히고 새로운 인생을 설계하기로 했다.

어차피 서울을 벗어나기로 했으니 시골에서 무엇을 하며 살 것인가에 관심이 쏠렸다. 지방을 돌며 사람 사는 방법을 관찰했다. 서울에 살다가 고향으로 내려가서 식당을 하는 사람도 있고, 과수원을 하며 나름대로 자리를 잡은 도시 출신 농부도 있었다. 식당 일이나 농사는 한 번도 해 보지 않은 터라 그에게는 미지의 세계였다. 그만큼 두려웠다. 김씨가 할 수 있는 것은 건축 일이 전부였다. 건축 설계가 주 업무여서 건물은 잘 보지만 실제로 그 건물 안에서 자신이 할 수 있는 일을 찾기란 쉽지 않았다.

하루는 한적한 시골 마을에서 아내와 한참 동안 이야기를 나누다 보니 땅거미가 내려앉고 말았다. 숙소를 정하지 않은 터라 난감했다. 인근 도시까지 가려면 차로 두어 시간 걸리는 거리였다. 민박이라도 얻을 생각에 카페 주인에게 도움을 청했더니 펜션을 소개해 주었다. 마침 비수기에 평일이어서 방을 잡기가 어렵지 않았다. 펜션 주인의 추천대로 고기 바비큐까지 먹었다. 식사 후에 펜션 주인이 와인을 권하자 부부는 기꺼이 응했다. 이런저런 얘기를 나누다가 펜션 주인도 서울에서 내려왔다는 말을 들었다. 잘 알려진 마을도 아니고 시골 골짜기를 한참 들어간 곳에 있는 펜션이라서 찾아올 사람이 거의 없을 것 같았지만 주인의 얘기는 달랐다.

인터넷과 SNS가 발달하면서 입소문을 타고 그 외진 곳까지 사람들이 달려온다는 것이었다. 주말에는 예약하지 않으면 방을 잡기가 어려울 정도였다. 새벽까지 얘기를 나누는 동안 김씨의 마음에는 펜션에 대한 기대감이 생겼다.

여행에서 돌아오자마자 그 기대감을 실천으로 옮겼다. 일단 서울에서 두 시간을 넘지 않는 거리에 터를 마련하기로 했다. 북쪽으로 문산에서 남쪽으로 천안을 지난 곳까지 구석구석 찾아다니며 장소를 물색했다. 동시에 다양한 조건을 붙여 구체화했다. 주변에 다른 펜션이 많지 않을 것, 바다나 강 같은 물이 있을 것, 산책로가 있을 것 등을 생각했다. 그러다가 찾은 곳이 지금 둥지를 튼 선재도. 그는 다른 펜션과 달리 후미진 마을을 찾았다. 기존 펜션을 인수할 것이 아니라 자신이 직접 설계해서 펜션을 만들고 싶었다. 그러자면 땅값이 싼 곳이어야 했다. 은행 대출을 받아 20억 원에 모든 것을 해결하기로 했다.

비포장 골목길을 들어서서 막다른 곳에 있는 땅을 샀다. 그리고 직접 설계한 펜션을 지었다. 모두 여섯 칸의 펜션이 구성됐다. 펜션 꼭대기 층은 자신이 살 집으로 꾸몄다. 아침 식사와 차를 파는 작은 카페도 꾸미고, 방마다 색다른 분위기를 연출했다. 창문을 독특하게 디자인하고 실내에서 바비큐를 할 수 있는 시설을 갖췄다. 무엇보다 복층으로 만들어 답답하지 않도록 했다.

6개월의 공사 끝에 펜션을 오픈했다. 처음 1개월은 사람이 모여들지 않아 실망도 했다. 그러나 인터넷 홈페이지를 통한 홍보와 소비자의 입소문은 생각보다 빨랐다. 두 번째 달부터 예약하지 않으면 방을 구하지 못하는 정도가 됐다. 그는 1년 동안 1억 원이 조금 안 되는 매출을 올렸다고 한다. 세금 등 공과금과 기본 운영비, 인건비, 대출 이자를 제하고도 수익이 남았다.

물론 펜션을 운영한다고 누구나 돈을 버는 것은 아니다. 펜션이 난립하면서 경쟁이 심해졌고, 온라인 광고로만 수백만 원씩 쓰는 펜션 주인도 많다. 말도 안 되는 요구를 하는 투숙객이 있는가 하면 오물로 실내를 더럽히고 떠나는 일도 적지 않다. 한마디로 손님이 남긴 구토물과 배설물을 손으로 치울 각오가 없다면 펜션 운영은 쉽지 않다.

그런데도 김씨는 필자에게 펜션 운영을 권했다. 그만의 노하우가 있다는 것이었다. 몇 가지 귀띔한 내용은 다음과 같다. 일단 고급 펜션이 많은 지역을 피해야 한다. 서울에서 너무 멀리 떨어진 곳도 실패하기 쉽다. 주말 여행객이 많은 만큼 서울에서 가까우면서도 계곡이나 바다가 있는 곳이어야 한다. 겨울보다 여름 휴가철이 붐비는데 펜션에서 가까운 곳에 물이 있어야 가족 단위 여행객이 몰린다는 것이다. 은행 대출은 자기 자본금을 넘지 않을수록 수익을 보장받는다. 수중에 지닌 돈이 5억 원인데 10억 원을 대출받아 시작한다면 은행 이자 부담이 커서 매출이 늘어도 실제로 손에 쥐는 돈은 별로 많지 않다는 것이다. 자신이 가진 돈이 5억 원이라면 은행 대출금도 5억 원까지 한도를 정하라는 말이다.

또한 펜션 운영에 자신이 없다면 일단 다른 사람에게 사업을 맡겨서 시작하는 방법도 있다. 물론 임대 수익률이 높지 않다는 단점이 있다. 그러나 운영을 잘하는 사람이 펜션을 키워 놓으면 나중에 자신이 직접 운영할 수 있어서 편리하다는 것이다. 당연히 임대 기간을 정확하게 명시하고 계약을 맺어야 한다.

# 빌라 투자,
# 이렇게 하면 실패한다

무리하게 시세 차익을 노리면 빌라 투자는 실패한다. 빌라 붐이 일었던 과거에는 빌라 투자가 대세였지만 아파트, 오피스텔 등 다른 주택 형태가 많이 생기면서 빌라의 인기는 사그라졌다. 따라서 시세 차익을 노리기란 쉽지 않다.

그렇지만 빌라 임차 수요는 여전히 수익형 부동산의 입지를 유지하고 있다. 이미 주택가가 형성된 지역은 시세 차익이 발생하지는 않지만 신도시 개발 등이 예정된 곳은 시세 차익도 기대해 볼 만하다. 빌라 투자로 월세 수익과 시세 차익을 모두 건지려면 그만큼 정보도 빠르고 발품도 많이 팔아야 한다. 재개발을 앞둔 지역의 빌라도 시세 차익을 기대할 수 있다.

문제는 그런 호재를 일반인이 예측할 수 없다는 현실적인 부분이다. 물론 다양한 방법을 통해 힌트를 얻을 수는 있다. 해당 지역의 지자체장이 바뀔 때 내세우는 공약, 행정 제도, 공개 입찰 등을 눈여겨보면 된다. 그 지역 주민의 목소리를 직접 들어 보는 것도 빌라 투자에 실패하지 않는 방법이다. 지역에 밝은 주민은 호재나 불황 가능성을 잘 안다. 한 가지 덧붙이자면 그 지역의 인구 변동을 살피라는 것이다. 몇 년째 인구가 줄어드는 지역은 호재가 생길 가능성이 낮다. 인구가 늘어날 때 주택 수요가 증가하는 것은 자연스러운 이치다.

요즘은 아파트보다 수익형 부동산 투자가 대세다 보니 무조건 빌라에 몰입하는 경향이 보인다. 심지어 아파트 가격에 빌라를 구입하는 사례도 있었다. 아파트와 빌라는 수익이 다르므로 빌라는 큰돈을 투자할수록 손해다. 전문가들은 빌라 투자액을 정하는 비결로 주변 아파트 시세를 살펴보라고 주문한다. 빌라 주변의 아파트 시세를 살펴보고 그 시세의 60퍼센트 선을 넘지 않는 한도에서 투자해야 안정적이라고 한다. 예를 들어 83제곱미터(25평)짜리 아파트 시세가 3억 원이라면 1억 8,000만 원을 넘는 빌라 투자는 승산이 적다는 말이다. 그만큼 비싼 빌라라면 월세가 높을 수밖에 없는데, 그런 경우 세입자는 빌라를 포기하고 아파트로 눈길을 돌리기 때문이다.

빌라는 투자 규모가 작은 물건이다. 1억 원 남짓한 돈으로 시작할 수 있다. 그렇다고 1억 원을 모아서 투자하는 사람은 없다. 자기 투자금과 은행 융자를 합쳐서 1억 원을 만드는 경우가 대부분이다. 그런데 은행 융자 비율을 고민하는 사람은 드물다. 실제로 빌라 투자 경험이 많은 사람들의 말을 종합하면, 요즘 같은 불경기에는 부동산 시세가 하락할 경우까지 계산해서 융자 비율을 되도록 낮춰야 한다. 구체적으로 말하면 은행 융자 비율은 총 투자액의 30퍼센트 선이 안전하다고 한다. 빌라 투자로 인생 역전에 성공한 채익종 머니트리 대표는 "부동산 경기가 호황일 때는 오히려 자기 투자금보다 은행 대출금 비율을 높여 투자해도 나중에 융자금과 이자를 갚을 여력이 되지만, 지금 같은 불경기에는 자기 투자금과 은행 대출 비율을 잘 조정해야 한다."고 조언한다.

제4장

# 수익형 부동산의 꽃,
# 상가

'월세 꼬박꼬박 나오는 상가 건물 한 채만 있다면….'

은퇴를 앞둔 직장인이라면 누구나 바라는 꿈이 월세 받는 상가 주인이다. 당장 상가 딸린 건물을 사들일 만한 여력이 없는 40~50대 직장인에게는 목 좋은 곳에 상가 부지를 분양받는 게 일차 목표일 것이다. 서울, 아니 수도권이 아니어도 좋다. 세종시든 신도시든 허가받은 땅만 있다면 말이다. 건물을 올리는 비용은 은행에서 빌리고, 지금 사는 집을 처분해서 마련하면 되니까. 금융 비용은 건물을 다 짓고 난 뒤에 상가 보증금으로 처리하면 되지 않을까.

상가를 통해 월세 수입을 올리기 위해서는 차근차근 알아두어야 할 것이 많다. 상가 건물이 아니더라도 충분히 가능하다. 수익형 부동산 가운데 가장 수익률이 높은 상가 투자를 통해 안정적인 수입을 올리는 방법을 확인해 보자.

# 내 집 마련의 꿈과
# 높은 수익률을 한번에

오피스텔 투자가 수익형 부동산의 입문 과정이라면 상가 투자는 전문가 과정이다. 초기 투자 비용이 많이 드는 만큼 위험 부담도 크기 때문이다. 상가는 장사가 목적이므로 업종에 따라 소방, 위생 등에 신경 쓰며 관리할 부분이 많다. 그렇지만 상가 투자만 한 노후 대책도 찾기 어렵다. 다른 수익형 부동산보다 월 수익이 훨씬 높고 상가 건물을 통째로 매입할 경우 내 집 마련과 노후 대책을 한번에 해결하는 장점도 있다. 어떻게 보면 수익형 부동산의 가장 꼭대기에 있는 물건이 상가다.

2013년 상가 분양 시장은 주거 부동산인 아파트가 약세를 보이면서 대체 투자에 대한 관심이 높아지고, 은퇴 세대가 증가하면서 새로운 투자처를 찾는 사람이 늘어 활기를 띠었다. 그러나 내수 부진과 경기 불확실성 등 투자 환경은 주거 부동산과 동반 침체하고 말았다.

상가 투자 정보 업체 상가뉴스레이다의 분석에 의하면 새 정부의 복지 공약에 따른 증세 부담과 더불어 한국은행이 2014년 경제 성장률을 기존 3.8퍼센트에서 4퍼센트로 상향 조정한 지 불과 3개월 만에 0.2퍼센트가 떨어져 종전 수준으로 복귀하는 등 2014년에도 경기 회복이나 소비 심리 회복 같은 긍정적 효과가 나타나기는 어려워 보인다.

따라서 호황 속에서 묻지 마 식으로 진행된 투자가 아니라 꼼꼼하게 따져 보고 진행하는 실속 투자가 2014년 상가 시장의 화두가 될 전망이다. 공급자 위주의 일방적 시장 가격이 투자자 위주의 시장 가격으로 전환되듯이 투자자가 수긍할 가격에 공급하는 '착한 가격' 트렌드가 주택 시장에 이어 상가 시장까지 확산될 것으로 보인다.

실제로 서울 송파 지역에서는 상가 평균 공급 가격인 2,100만 원보다 400만 원 저렴하게 공급됐다. 39가구 모집에 2,408명이 청약해 61.7 대 1의 경쟁률을 기록하며 공급 1, 2순위를 기록한 위례지구나 판교알파리움, 마곡지구 등에 청약 열풍이 불었다. 상가뉴스레이다가 2013년 1월부터 7월까지 공급된 신규 LH상가 낙찰 공급률을 조사한 결과, 지상 1층 점포 229개, 지상 2층 점포 49개 가운데 총 275개가 낙찰되는 98.92퍼센트의 높은 낙찰률을 보였다.

전반적인 상가 분양 침체에도 불구하고 LH단지 내 상가가 폭발적인 성황을 이룬 데는 근린 상권이나 복합 상권처럼 상권 형성에 대한 예측이 복잡하지 않고 단순하다는 점이 크게 작용했다. 무엇보다도 다른 상품에 비해 현저하게 적은 액수로 상가에 투자할 수 있었다. 2013

년 공급된 LH단지 내 상가의 경우, 주요 낙찰 가격이 실투자금 2~3억 원 사이였고, 투명한 공급 가격 입찰에 따른 가격 결정권을 투자자 스스로 형성하면서 실속 투자자들의 호응을 얻었다.

상가 분양의 분위기가 바뀌면서 임대 패턴에도 변화가 생겼다. 과거에는 상권이 좋은 곳에 있는 상가를 선점한 후 임대하는 방식이었지만, 요즘은 임대부터 하고 투자하려는 경향이 강해졌다. 일단 투자한 후 전망을 보는 것이 아니라 임대 안전성을 미리 살펴서 투자하는 것이다. 2014년에도 선임대 후분양 트렌드는 굳어질 전망이다.

상가 투자에 대한 은행 융자 이율도 과거보다 낮아지는 추세다. 2010년만 해도 금융 이자가 6퍼센트대여서 상가 투자 수익률이 최소 7퍼센트대가 돼야 수지타산이 맞았다. 그러나 2013년에는 금리가 6퍼센트대로 낮아졌고 지역에 따라서는 3~4퍼센트까지도 형성됐다. 월세가 줄어든 만큼 은행 융자 금리도 낮아져서 실제로는 수익률이 더 높아지는 이상 현상을 보이고 있다. 2014년에는 저금리 기조를 충분히 활용한 투자 심리가 이어질 것으로 보인다.

**상가 수익률 계산 방법**

$$\frac{(월세 \times 12) - 연\ 은행\ 이자}{매매가 - (대출금 - 보증금)} \times 100 = 상가\ 수익률(퍼센트)$$

부동산 간접 투자도 늘고 있다. 금융투자협회의 자료를 보면 2013년 10월 기준 부동산 펀드의 순 자산이 9월보다 200억 원이 늘어난 22조 4,000억 원을 기록하며 사상 최대치를 갈아치웠다. 부동산 펀드의 순 자산은 그해 1월 19조 7,790억 원을 기록한 이후 2월 19조 9,080억 원을 거쳐 3월 20조 3,830억 원으로 사상 첫 20조 원을 돌파하고, 6월 들어 21조 6,290억 원으로 21조 원을 넘어선 뒤 8월 22조 3,800억 원을 기록하며 22조 원대로 껑충 뛰었다. 증가 폭은 다수 줄어들고 있지만 지속해서 사상 최대치를 경신하는 것은 저금리 기조가 장기화하는 데다 부동산 펀드의 수익률이 양호한 편이기 때문이다.

대형 할인점 같은 상업용 부동산 외에 중국계, 일본계 투자자와 합세하면서 호텔, 물류 창고 같은 상업용 부동산 유형으로도 투자 범위가 확대되는 추세다. 부동산 펀드 전문가들의 말을 종합하면, 자금을 활용할 마땅한 대안을 찾지 못한 투자자들이 위험 관리를 개인적으로 신경 써야 하는 불편에서 벗어나고, 규모 있는 상품에 투자해 안정성을 확보하려는 경향은 2014년에도 계속될 것으로 보인다.

**TIP**

## 2014년에 달라지는 상가 제도

2014년부터 달라지는 상가 관련 제도가 있다. 당장 2월 14일부터 시행되는 개정 사업법을 보면, 그동안 공정거래위원회 모범 거래 기준에 기초한 제과·제빵, 피자, 치킨 등 다섯 개 업종의 동일 브랜드 거리 제한 조치가 효력을 잃는다.

자영업자를 위한 정책 중 큰 변화는 중소기업청 위주로 제공되던 상권 분석 서비스를 국토부 데이터와 결합한다는 점이다. 임대 시세 조사 자료 16만 건, 건축물 대장 자료 700만 건을 추가 제공하며 신용보증재단중앙회의 계약 면적, 전용 면적, 보증금, 월 임대료 등의 자료도 보강한다. 상권 분석 정보의 고도화 서비스가 자영업자의 창업이나 업종 변경에 도움을 줄 것으로 보인다.

그동안 방대한 데이터를 가지고도 행정 관청의 협력 부재로 현실감이 떨어지는 상권 분석 서비스를 제공할 뿐이었는데 이번 개정으로 그런 부분이 어느 정도 해소될 전망이다. 국세청의 매출 정보나 이동통신사 데이터와 연동되는 유동 인구 집계 서비스 등이 개인 정보와 충돌하지 않는 범위에서 연계되면 정보 가치가 높아질 것이다.

'선택적 흡연법'이나 '집합건물법' 개정 같은 새로운 법안도 추진 중이다. PC방과 음식점 영업에 직격탄이 된 '금연법' 실시가 영세 상인의 부담 가중과 매출 감소 등 부작용을 낳으면서 그 대안으로 '선택적 흡연법' 개정을 추진하고 있다. 또한 관리비 횡령이나 절차를 무시한 관리단 구성, 회계 보고 등의 부실과 임의 집행 등으로 민원이 자주 양산되던 집합 건물 관리와 관련된 법도 개정 움직임이 있다.

아파트 같은 공동 주택은 주택법에 따라 행정 기관이 관리 대상 현장을 조사할 수 있고 조사를 회피하면 제재도 가능하다. 하지만 오피스텔과 상가 같은 구분 소유 건물은 '집합건물법' 적용 대상이라 행정 관청 감독의 사각지 대에 놓여 있어서 문제를 파악하고도 조치를 취하지 못해 이해 관계자가 민 사상으로 해결하는 수밖에 없었다. 그러나 서울시의 '집합건물법' 개정 추진 에 따라 관리의 투명성이 강화되면 임대료 외에 가장 큰 부담이었던 관리비 분쟁 등이 줄어들 전망이다.

이 밖에도 2014년부터는 원칙적으로 중개업자만 중개 대상물의 광고를 할 수 있는 데다 광고 내용도 구체화해 허위 매물 등과 관련한 피해가 줄어들 전망이다. 또한 도로명 주소 전면 실시에 따라 시행 초기 배달 관련 업종의 혼란이 불가피하고, 상가 매매와 임차 거래 시 계약서 작성에 따른 주의가 필 요해지는 한 해가 될 것이다.

# 상가에 투자할 때
# 고려할 점

상가는 주택과 달리 장사를 해서 수익을 내는 점포다. 세입자는 장사가 잘돼야 돈을 벌어 월세를 낼 수 있다. 그러므로 상가는 상권의 영향을 많이 받는다. 상가를 매입하려면 기본으로 상권을 고려해야 한다. 과거에는 돈이 몰리는 상권이 몇 군데 정해져 있었고, 그 상권의 영향력은 좀처럼 변하지 않았다. 그런데 요즘은 사정이 다르다. 큰 상권은 여전하지만 소형 상권은 유행에 민감하게 반응한다. 먹는 장사가 잘된다고 해서 식당과 빵집이 즐비하던 곳이 1년 만에 휴대전화 대리점과 슈퍼마켓의 주 무대로 변한다.

물론 서울의 명동, 강남 일대 등 상권이 하루아침에 무너지지 않을 지역도 있다. 이런 상권에 자리한 상가에 투자하면 장사가 안 될 리 없고 세입자가 월세를 내지 못하는 일도 좀처럼 없다. 업종에 따라 장사가 잘되기도 하고 안 되기도 하겠지만 상권이 죽지 않는 한 상가 임대 수요는 꾸준하다. 초기 투자 비용이 상당해도 임대 수익은 어느 정도 담보할 수 있다.

하지만 일반인이 도전할 만한 상권은 아니다. 대형 상권은 노후를 위해 상가를 구매하려는 경우보다는 이른바 '선수'들이 큰돈을 움직이는 곳이다. 일반인이 찾는 것은 대단지 아파트나 학교, 업무 지역을 낀 작은 상권이다. 이런 상권에서도 임대 수요나 수익률이 안정된 지역을 고를 수 있다.

소형 상권의 단점은 변화 예측이 불가능하고 그 변화 속도가 빠르다는 것이다. 수십 년 전부터 형성된 상권이 아닌 이상 상권이 생겼다가 쉽게 사그라지는 지역이 많다. 특히 요즘처럼 유행에 민감한 시대에는 상권이 신기루처럼 일어섰다가 가라앉기도 한다. 상권을 살필 때 유행에 민감한 곳인지 여부를 파악해야 하는 이유다. 2002년 한일월드컵이 열리던 당시 서울 마포구 상암동뿐만 아니라 전국의 월드컵 경기장 주변 상권에는 간판에 '월드컵'을 붙인 점포가 우후죽순처럼 들어섰다. 인근 상권의 점포는 부르는 게 값일 만큼 매매가가 천정부지로 올랐다.

이부영 씨도 2000년 서울 상암동 월드컵 경기장에서 1킬로미터도 안 떨어진 곳에 상가를 매입했다. 33제곱미터(10평) 남짓한 허름한 1층짜리 점포를 2억여 원에 샀는데, 2002년 초 월드컵 열기가 뜨거워지자 보증금 1,000만 원에 월세 200만 원을 받았다. 그는 욕심을 내서 그 옆의 58제곱미터(7평)짜리 상가까지 사들여 확장했다. 월드컵이 시작되자 월세는 300만 원으로 껑충 뛰었다. 그러나 월드컵 경기가 끝나자 세입자가 빠지더니 월세 50만 원에도 임차인을 구하지 못하는 지경에 이르렀다. 이씨는 2003년 여름까지 공실 상태여서 투자비도 건지지 못할 정도였다. 마침 주변에 호텔이 들어선다는 계획이 발표되자 헐값이나마 상가를 팔아치울 수 있었다. 시세 차익은커녕 큰 손실을 보지 않은 게 다행이었다.

반드시 큰 행사가 아니더라도 소형 상권을 변화시키는 요인은 수없이 많다. 도로 확장, 버스 노선 신설 또는 변경, 대형 건물 신축 등의 변수로 상권은 하루아침에도 모습을 바꾸곤 한다. 따라서 상권을 분석할 때 주변 점포의 매상과 월세만 알아볼 것이 아니라 조금 떨어져서 큰 계획을 두루 살펴볼 일이다. 빌딩 부자들이 빌딩을 살 때는 매매가보다 시기를 따진다. 대통령 선거, 지자체 선거, 세계적인 경제 추이 등을 살펴서 투자 시기를 정한다. 큰 정책에 따라 그 건물이 들어선 도시, 지역, 상권이 변할 수 있다는 점을 부자들은 경험을 통해 터득한 것이다.

이쯤 되면 상가 하나 사는 데 세계 경제까지 살펴야 할 필요가 있을까 고개를 갸우뚱할 것이다. 빌딩 한 채를 사서 손해 봐도 자산에 큰 부담이 없는 부자라면 대충 투자해도 무방하겠지만, 평생 모은 종잣돈이나 쥐꼬리만 한 퇴직금을 탈탈 털어 상가에 투자한다면 그 돈은 인생 자체다. 그래서 더 꼼꼼하게 상권을 살펴야 실패로 인한 후회와 손해를 최소화할 수 있다.

다시 본래 이야기로 돌아와서, 유행이나 계절 등에 민감한 상권은 피해야 한다. 해수욕장 주변, 유명 관광지 주변, 온천 주변 등에 형성된 상권은 일반 투자자가 감당하기 힘들다. 여름철에는 발 디딜 곳도 없이 북적이다가 겨울이 되면 상권 자체가 죽는 곳이 있다. 일반인이 안전하게 투자할 만한 상권은 1년 내내 큰 변화가 없는 지역이다. 대학가 상권은 안정적이라고 하지만 꼭 그렇지도 않다. 서울의 신촌과 이대역 주변, 대학로 주변 상권은 1년 365일 사람들로 북적인다. 그러나 대학 하나를 중심으로 형성된 상권은 그렇지 않다. 학기 중에는 활기를 띠다가도 방학만 하면 쥐 죽은 듯 조용해진다.

## 매입하거나
## 분양받거나

상가에 투자하는 방법은 크게 두 가지다. 기존 상가를 매입하거나 신규 상가를 분양받는 것이다. 상가는 주택과 달리 적정 가격을 알기 힘들다. 같은 역세권에 있는 1층 상가라도 모퉁이, 대로변, 이면도로에 따라 가격이 천차만별이다. 2층 이상 상가라면 엘리베이터 설치 여부에 따라서도 가격이 달라진다.

장사가 잘되는 역세권은 상가 매물이 쉽게 나오지 않는다. 투자금 대비 월세 수익이 높은 상가를 팔려는 사람은 없기 때문이다. 급전이 필요해 상가를 처분할 수도 있겠지만 요즘같이 은행 대출 금리가 월세보다 낮은 상황이라면 대출로 해결할 수 있다. 그렇다고 관리가 힘들어서 상가를 내놓는 사람이 얼마나 될까. 결국 기존 상가의 매물은 수익성이 낮거나 다른 문제가 있다고 보면 된다.

물론 기존 상가 투자에 단점만 있는 것은 아니다. 무엇보다 이미 검증을 마쳤다는 것이 기존 상가의 최대 장점이다. 상가의 임대 수요와 수익률이 명확하다. 상가의 임차인을 만나 얘기를 나누면 내용을 속속들이 살펴볼 수 있다. 그것만으로 부족하다면 인근 상가와 부동산중개소에서 추가 정보를 얻을 수도 있다. 염두에 둔 건물을 중심으로 반경 1킬로미터 안에 어떤 업종이 얼마나 있는지 확인하면 더 정확한 분석이 가능하다. 기존 상가는 조금만 살펴보면 그 가치를 파악하는 게 어렵지 않다.

하지만 부동산 투자 전문가들은 투자 초보자라면 기존 상가보다 신규 상가를 분양받으라고 권한다. 프리미엄이 형성되지 않았기 때문에 상대적으로 싼값에 상가를 구입할 수 있으며, 부가세를 환급받기 때문이다. 또한 역세권 상가라면 몇 년 후 매각할 때 시세 차익도 기대할 만하다.

그런데 분양 회사의 말만 믿고 상가를 분양받을 수는 없다. 분양사가 제공하는 정보와 직접 발품을 팔아 얻은 정보를 모두 취합해서 따져 봐야 한다. 상가를 분양받을 때 고려할 점을 살펴보자. 앞으로 상권이 어떻게 형성될지는 아무도 모른다. 물론 분양 회사는 낙관적인 면을 부각하지만 그것이 전부는 아니다. 미래에 상권이 형성된다손 치더라도 오랜 세월에 걸쳐 천천히 진행된다면 상당 기간 공실 위험을 감수할 수밖에 없다.

월 임대료 산정도 어떻게 해야 할지 난감하다. 처음 분양하는 상가는 주변에 비교할 만한 상가가 없기 때문이다. 이런 경우라면 월 임대 금액을 역으로 계산해서 적정 투자 금액을 알 수 있다. 보증금 1억 원에 월세 500만 원이 나온다면 연 수익은 6,000만 원이다. 6퍼센트로 계산해 보면 투자 금액이 11억 원을 넘지 않아야 한다. 물론 미래 가치가 크다면 투자액을 더 올릴 수 있을 것이다.

## 합리적인 투자가 가능한 선임대 후분양 제도

이런 변수를 고민하는 투자자가 많다 보니 상가 분양 회사는 '선임대 후분양' 제도를 들고 나오기도 한다. 선임대 후분양 상가는 사업 시행자가 먼저 세입자를 유치한 후에 분양에 나서는 것이다. 이미 입점하여 영업 중인 상가의 경우, 상가 활성화 정도와 임대 수준을 미리 파악할 수 있고, 분양가도 임차인이 현재 내는 임대료를 고려하여 책정하기 때문에 합리적으로 투자할 수 있다는 것이 장점이다. 개인이 아닌 법인이 임차인으로 들어와 있어 월세 미납 등의 위험이 적다는 점도 매력이다.

2013년 11월에 문을 연 상봉동의 한 상가가 대표적인 사례다. 지하 7층 지상 48층 규모의 초고층 주상 복합 건물인 상봉프레미어스엠코의 상업 시설로 지하 2층 지상 11층에 조성되었다. 전체 면적 12만

6,027제곱미터, 길이 316미터에 이르는 대규모 쇼핑 공간이다. 현재 패션 쇼핑몰인 엔터식스를 비롯하여 홈플러스 등이 입점했다. 한 달여 만에 대부분의 매장이 임대차 계약을 완료한 상태다.

한 매장의 경우 전용 23제곱미터 기준으로 분양가 실투자금이 7,700만 원인데, 보증금 720만 원에 월세 63만 원을 받는 임차 계약이 10년간 체결되어 있다.

포스코건설이 인천 연수구 송도동에 지은 센트럴파크 1단지 내 상가도 선임대 후분양을 통해 인기를 끌었다. 주변 커널워크나 주상 복합 아파트에 빈 상가가 많았는데도 BMW, 볼보, ANF휘트니트센터 등 고급 수요층을 유인할 만큼 매력적이었다. 2013년 말 현재 입점률이 90퍼센트가 넘었다.

이렇듯 유명 브랜드가 장기 임대차 계약을 맺었고, 영업이 어느 정도 되는지 투자자가 직접 눈으로 확인할 수 있으며, 분양 즉시 수익이 나기 때문에 선임대 후분양 상가가 투자자들의 관심을 끌고 있다.

투자자들이 선호하는 선임대 상가라고 해서 무턱대고 투자하는 것은 금물이다. 계약된 업종이 양호하더라도 유의할 점은 있는 법이다. 먼저 임차인과 짜고 월세를 부풀린 것은 아닌지 확인해야 한다. 분양자도 모르게 시행사가 6개월이나 1년 정도 임차인에게 임대료를 보전해 주었다가 보전 기간이 끝나면 종적을 감춰 버리는 일도 있기 때문이다. 선임대 상가에 투자할 경우, 입점하는 업종과 계약 내용을 꼼꼼하게 확인해 임차 기간이 얼마인지, 임차 조건이 어떻게 되는지 확인해야 한다.

해당 업체가 임차인일 경우 계약 기간이 끝나고 철수했을 때의 대책도 생각해 둬야 한다. 임차인을 구하기 쉽고 임대료 수준을 유지할 수 있을지 투자 전에 판단하고 분양받는 것이 좋다. 임차 보증금이나 임차를 보증해 주는 업체의 건전성을 확인하고, 현재 영업 상황을 꼼꼼하게 살펴야 한다. 5년 이상 장기 임대차 계약이 된 상가를 계약하는 것도 좋은 방법이 될 수 있다.

## 누가 입점해 있는지 확인하라

공공 기관의 임차가 확정된 곳이라면 어느 정도 신뢰할 만하다. 경기도 성남시 판교테크노밸리에 위치한 한 건물에는 게임 산업을 이끄는 글로벌게임허브센터와 모바일게임센터가 B동 세 개 층(7, 8, 10층)에 들어와 있다. 문화체육관광부 산하 한국콘텐츠진흥원, 경기도 경기콘텐츠진흥원과 성남시 성남산업진흥재단에서 공동으로 지원하는 기관이어서 상가 투자자들이 많은 관심을 보이기도 했다.

투자자가 몰리면 경쟁 입찰 등을 통해 분양하기도 한다. 이 경우, 경쟁 입찰 분위기에 휩쓸려 높은 가격에 매입하지 않도록 자제해야 한다. 역세권은 유동 인구가 많고 우량 업종이 포진하므로 상가 투자지로 인기가 높다. 세종시처럼 장래가 유망한 신도시도 새로운 소비층을 기대할 수 있는 상권이다. 상가 건물에 대형 프랜차이즈 업종, 병원,

부동산 전문 업종이 들어 있으면 투자 가치가 높다. 투자하면 바로 높은 월세를 받을 거라는 기대감에 무리한 투자를 감행하는 일이 적지 않다. 경쟁 입찰이 붙으면 투자 열기가 더욱 뜨거워져 자신이 가용할 수 있는 범위를 넘는 금액을 투자하는 것이다.

그렇게 분양받은 상가가 예상대로 또는 그 이상으로 효과를 발휘하면 다행이다. 하지만 예상과 다를 경우, 투자금 대비 수익이 낮아 은행 대출 이자를 갚고 나면 정작 손에 쥐는 돈이 거의 없는 상황에 부딪칠 수도 있다.

상가 투자 전에 반드시 전문가의 조언과 상담을 받으라고 하는 것은 이와 같은 수많은 변수를 개인이 파악할 수 없기 때문이기도 하지만, 더 큰 이유는 지나치게 높게 책정된 분양가에 있다. 요즘 수도권 신도시에 분양하는 상가(1층)는 3.3제곱미터당 6,000만 원이다. 광교 신도시의 상가는 3.3제곱미터당 4,000만 원에 형성되어 있다. 66제곱미터(20평)가 12억 원가량인데 전용 면적이 33제곱미터(10평)도 채 되지 않는 점을 고려하면 결코 낮은 금액이 아니다. 수익률이 4퍼센트라면 한 달에 400만 원 정도 벌이지만 10억 원이 넘는 돈을 투자한 것에 비해 수익률이 낮은 편이다.

# 무엇보다
# 관리가 중요하다

상가는 다른 수익형 부동산보다 관리가 큰 비중을 차지한다. 상가를 사고파는 동안 상가 주인이 신경 쓰는 비율을 보자면 매입 20퍼센트, 매각 10퍼센트에 관리가 70퍼센트라고 한다. 과거에는 토지나 건물 원가를 따졌지만 지금은 임대 수익이 그 건물의 가치를 좌우하기 때문이다. 아무리 번듯한 상가 건물이라도 임대 수요가 적거나 월 수익이 나오지 않으면 가치가 없다는 얘기다.

그래서 PM(property management)이라는 말이 나왔다. 상가 주인의 관리가 그만큼 중요하다는 말이다. 여기에는 세 가지 항목이 있다. 상가, 오피스텔, 원룸 건물 같은 수익형 부동산에 대한 임대 마케팅, 임차인 관리, 임대료 수금, 연체료 관리 등 임대 관리가 첫 번째다. 냉난방, 청소, 주차, 전기, 건축 등 시설물 관리가 두 번째고, 세 번째는 세무와 법무 관리다.

여러 수익형 부동산 가운데 상가는 PM이 가장 필요한 물건이다. 임대 관리에는 새로운 임차인을 모집하고 신규 임대차 계약 체결, 재계약 업무, 임대료와 관리비 수금과 미수금 해결, 연체자 관리, 임대 수익을 올리는 방법 강구(간판 임대, 주차료 징수 등) 등이 포함된다. 시설 관리는 설비, 주차, 미화, 보안 관리, 각종 법정 검사 수검, 외주 업체 선정과 관리·감독, 임차인 요구 사항 처리, 개보수 공사 계획 수립과 시행 등이다. 세무 관리는 제세 공과금 납부, 세금계산서 발행, 세무 신고서(부가세, 종합소득세 등) 지원, 수입·지출 현황 작성 등이고, 법무 관리는 연체 시 명도 소송 관련 업무 지원, 제소전화해조서 작성, 기타 법무 지원 활동이다.

한 자산관리업체 대표는 상가 PM을 자동차에 비유했다. 돈을 모아 차를 새로 사면 모든 것이 낯설다. 전조등부터 와이퍼 작동 방법이 생소하고 라디오를 켜고 끄는 것도 새롭다. 새로운 기능이 많아 설명서를 보지 않으면 익히기도 어렵다. 책 한 권 분량의 설명서를 꼼꼼히 읽으면서 작동해 보고도 한동안은 자동차 기능 작동이 서툴기만 하다. 상가 관리도 비슷하다. 손과 눈에 익기 전까지 상가 관리는 복잡하고 어렵게만 느껴진다. 혼자 힘으로 익힐 수 있지만 시간이 오래 걸리고 자칫 세금이나 과징금을 받은 후에야 비로소 관리의 허술함을 깨닫는다. 차라리 처음부터 전문가의 도움을 받는 편이 안전하다. 상가 관리가 몸에 배면 아무것도 아니지만 그전까지는 자동차 설명서처럼 까다롭게만 느껴지기 때문이다.

상가 투자가 쉽지만은 않다는 이유 중에는 세금 문제도 있다. 상가를 황금알을 낳는 거위쯤으로 여기는 사람이 많다. 평수가 큰 상가를 임대할수록 임대 수익이 많고, 상가 여러 채를 임대하면 그만큼 월수입도 커진다. 상가 몇 채만 있으면 월수입만으로도 먹고사는 데 지장이 없을 뿐만 아니라 노후 걱정도 해결된다.

그러나 99제곱미터(30평)가 넘거나, 그 이하 상가라도 여러 채를 보유하는 것은 세금 폭탄과 연결될 수 있다는 걸 유의해야 한다. 월세 소득 250만 원 이하는 간이과세로 처리되어 세금 부담이 적다. 그러나 월세 소득이 500만 원을 넘어가면 세금과 준조세(의료보험) 등으로 잡히면서 월세의 30퍼센트가 세금으로 빠져나간다. 월 임대료에 10퍼센트의 부가가치세도 붙는다. 물론 이는 상가 세입자가 부담하더라도 이래저래 세금 부담이 만만치 않다.

상가에 대한 세금을 조금이라도 줄이는 방법은 있다. 상가에도 계단, 화장실, 지하실 등이 있을 텐데 이를 주택 용도로 주택 면적에 넣어서 실제 상가 면적을 줄이면 된다. 주택 면적이 넓으면 주택법의 적용을 받아 세금이 저렴해진다. 같은 현대자동차라도 자가용과 영업용의 세금이 다른 것과 비슷한 셈이다. 이런 절세 방법도 전문가와 상의해 찾아보면서 상가 투자의 기본을 배운다는 자세로 시작하자.

# 좋은 상권을 고르는
# 월세 부자들만의 노하우

다른 수익형 부동산도 마찬가지겠지만 특히 상가는 입지, 즉 상권이 그 가치를 가른다. 그러므로 상권을 고를 때는 몇 가지 살펴봐야 하는데 일반 투자자가 혼자 힘으로 확인하기에는 벅찬 것들도 있다. 상가는 초기 투자비가 많이 드는 수익형 부동산이기도 해서 전문가의 도움을 받아 가며 투자를 준비하는 것이 바람직하다.

투자할 상가를 고르는 요건 가운데 역세권보다 더 중요한 것은 배후 인구, 그러니까 그 인근에 상주하는 사람이 얼마나 되는가이다. 굳이 역세권이 아니더라도 상주 인구가 많은 아파트 단지나 업무 단지를 끼고 있으면 상가 임대에 큰 무리가 없다. 즉 상가는 몇 되지 않지만 주변에 소비 인구가 많은 곳이 상가 입지로는 최고다. 상가란 소비자를 상대로 장사하는 것이 목적이라 주변에 사람이 많아야 유리하기 때문이다.

인구는 유동 인구와 상주 인구로 나누는데, 유동 인구보다 상주 인구가 많은가가 상가 입지에서 우선 고려할 대목이다. 뜨내기손님보다 단골을 만들 수 있어 상가가 장기적으로 꾸준히 매출을 올린다. 단골이 많아 매출이 꾸준한 상가는 입소문을 타게 마련이어서 임대 수요도 끌어들인다. 대형 프랜차이즈 업체에 이런 소문이 들어가면 그 상가의 가치는 천정부지로 오른다.

배후 인구가 많은 데다 역세권에 있는 상가라면 더 말할 나위가 없다. 역세권이라는 입지는 유동 인구가 많을뿐더러 교통도 편리한 상권이다. 역세권이라도 사람이 몇 명 내리고 타는 정도는 그 대상이 아니다. 하루에 50만 명이 오가는 강남역 정도는 아니더라도 사람이 어느 정도 몰리는 역세권이어야 의미가 있다.

역세권 중에서도 구체적으로 어느 지역의 상가를 선택하느냐가 중요하다. 그래서 유동 인구보다 상주 인구가 지하철역을 오가는 길목이 어딘지를 살펴봐야 한다. 예를 들어 지하철역의 입구가 사거리를 중심으로 네 군데 있다고 하자. 네 곳이 모두 역세권 입지지만 실제로 사람이 많이 다니는 입구는 대부분 한두 곳이다. 아파트, 오피스텔 등에 거주하는 사람들이 지하철을 타러 드나드는 출입구를 찾아야 한다. 업무 단지라면 직장인들이 출입하는 입구에 있는 상가가 투자 가치가 높다. 그런 길목에 있는 상가는 항상 눈에 띄어서 당장 물건을 사러 가지 않더라도 소비자의 머리에 박혀 있다. 급할 때 그 상점을 찾아 제품을 구매하고 단골이 되기도 한다.

# 좋은 상권을
# 고르는 노하우

특정 지역의 인구는 해당 지자체 홈페이지나 통계청 사이트에서 간략하게나마 살펴볼 수 있다. 간접적으로 입지가 좋은지 나쁜지 파악할 만한 수단도 있다. 유명 외식업체, 프랜차이즈 매장, 병원(의원급 제외), 금융 기관, 공공 기관 등이 분포된 것을 살펴보면 최소한 상가를 내도 좋을지 여부를 가늠할 수 있다. 이들 업체는 그 지역의 상권을 자세히 조사한 후에 매장을 내기 때문이다. 금융 기관도 한번 입점하면 좀처럼 움직이지 않을 곳에 둥지를 튼다. 공공 기관 역시 그 지역 행정을 따로 처리해야 하기 때문에 사무실을 내는 것이다. 병원도 같은 이유로 들어서지만 개인 의원급은 사정이 조금 다르다. 의원은 어차피 개인이 상가를 임대하는 것이어서 상권 분석을 제대로 하기가 어렵다. 또한 의원은 작은 동네에도 있으므로 특정 지역에 의원이 많이 생긴다고 해서 그 상권이 꼭 활성화된다는 보장은 없다.

신도시가 형성되는 지역도 중요한 상권이다. 주변에 경쟁 상대가 없어서 임대 수요만 있으면 어렵지 않게 임대 사업을 시작할 수 있다. 무엇보다 초기 투자비가 저렴하고, 몇 년 후 그 상가를 팔고 나올 때 웃돈을 받을 수 있다는 점도 신도시 상권의 장점이다. 대형 신도시가 아니더라도 규모 있는 아파트 단지가 들어서는 곳은 좋은 상권이다. 대표 사례가 7~8년 전부터 활기를 띤 경기도 파주시의 교하신도시다. 파주시는 지역이 워낙 넓어서 대형 아파트 단지가 듬성듬성 형성되었다. 그중 하나가 교하신도시인데 10여 개 아파트 단지가 한 군락을 이루며 학교, 병원, 소방서, 관공서 등이 들어서 있다.

교하신도시는 첫 입주를 시작할 때만 해도 상가가 제대로 형성되지 않았다. 실제로 신도시 가운데 상업 용지 비율이 0.8퍼센트로 가장 낮다. 상업 용지 비율이 낮을수록 상가 수가 적어 그 희소 가치가 높아진다.

한 근린상가는 지하 4층 지상 9층에 전체 면적 1만 909제곱미터(3,300평) 규모로 2007년부터 입점을 시작했다. 전문 학원 단지를 콘셉트로 내세워 여러 유명 학원을 유치했다. 학원과 함께 의원, 식당, 판매 시설 등이 들어섰다. 당시 분양가는 1층 기준으로 평당 2,000만 원 선이었다. 수익률은 연 7~9퍼센트를 기대했다. 99제곱미터(30평)짜리 상가에 6억 원을 투자했을 때 수익률 6퍼센트를 예상한다면 월세는 300만 원 선에서 형성돼야 한다. 2012년 말 현재 보증금 1,000~3,000만 원에 월세는 400만 원가량이며 수익률은 8퍼센트대다. 공실이 거의 없는 상태다.

교하신도시 운정지구는 아파트 입주와 개발이 한창이다. 지금은 경의선이 서울역까지 닿는데 2014년에는 용산역까지 경의선 2단계가 완전히 개통된다. 이에 맞춰 2014년 운정신도시 내에 경의선 야당역을 착공해 2015년 개통할 예정이다. 교하신도시 인구는 2013년 현재 20만 명을 헤아린다. 운정지구가 몇 년 내에 마무리되면 인구는 25만 명에 이를 전망이다. 결코 작은 상권이 아니다.

일각에서는 성남시 분당구와 같은 상권이 형성될 것이라는 전망까지 내놨다. 일산신도시에 이어 파주 교하신도시가 유망할 것이라는 시각이다. 서울로 출퇴근하는 직장인의 배후 입지인 데다 LG디스플레이와 파주출판단지, 헤이리마을 등이 가까이 있는 등 대형 베드타운이 형성될 조건을 갖추었기 때문이다.

　서울에서 앞으로 뜰 상가 지역을 꼽을 때 김포공항 인근의 마곡지구도 빠지지 않는다. LG, 대우조선해양, 이랜드, 롯데, 코오롱 등 대기업 위주의 미래지식산업단지가 조성된다는 소식에 2013년 말 현재 한 오피스텔의 초기 계약률이 90퍼센트를 넘었다고 한다. 유동 인구가 40만 명에 이를 전망이어서 임대 수요만 4만 명 이상으로 본다. 이에 따라 상가 분양가가 치솟고 있다. 지하 4층~지상 10층에 12개 점포가 들어설 한 상가는 1층 기준으로 3.3제곱미터당 3,000만 원 이상에서 분양 중이다. 2014년 12월 준공 예정이며 사무실, 학원, 병원, 카페, 음식점 등이 들어설 계획이다.

# 나에게 맞는
# 상가는 따로 있다

상권을 따져 봐서 투자할 가치가 있다고 판단했다면 다음 순서는 본격적으로 상가를 물색하는 일이다. 상가 투자는 크게 구분 상가와 일반 상가 건물로 나뉜다. 구분 상가란 층이나 호와 같이 일정한 규모별로 등기하는 상가를 말한다. 층별로 등기할 경우 복도를 비롯한 층별 공유 면적을 포함하므로 전용률이 15퍼센트 정도 올라가 가용 면적이 그만큼 늘어난다.

일반 상가 건물 투자는 3~4층짜리 소형 상가 건물을 통째로 구매하는 것이다. 구분 상가 하나에 투자하는 것보다 당연히 투자비가 많이 든다. 구분 상가는 1억 원대면 투자를 시작할 수 있지만, 3~4층 상가 건물은 대개 10억 원 정도는 예상해 둬야 한다. 임대 수익만 보고 투자한다면 구분 상가가 이롭고, 향후 매각으로 발생하는 차익까지 노린다면 상가 건물이 유리하다. 상가 투자 초보자라면 적은 돈으로 구분 상가를 구입해 임대 노하우를 쌓은 뒤 상가 건물을 노리는 것도 생각해 볼 일이다.

조금 자세하게 구분 상가 고르는 요령을 살펴보자. 구분 상가는 세입자에게 점포를 내주는 것이므로 장사가 잘되는 곳이어야 한다. 장사가 잘되는 곳이란 크게는 상권이 잘 변하지 않는 입지가 좋다. 이미 설명한 대로 특정 기간에 유행을 타고 들썩이는 상권은 바람직하지 않다. 크게 활성화되지는 않았더라도 소비자가 꾸준히 있는 상권이 좋다. 아파트 단지를 낀 상권이 대표적인 예다. 상주 인구가 일정해서 소비자가 꾸준하고 소비 형태도 비슷하기 때문에 필요한 업종이 그 상권을 구성한다. 이를테면 슈퍼마켓, 통신사 가맹점, 제과점, 병원, 은행, 학원, 식당, 안경점, 커피숍, 꽃집 등이다. 사람들이 자주 다니는 동선에 위치한 상가 건물 중에서도 이런 업종이 골고루 모인 건물이 유리하다.

그런 상가 건물을 발견했다면 구체적으로 상가를 살펴봐야 하는데 될 수 있으면 1층 상가에 집중할 필요가 있다. 식당이나 학원, 병원, 은행은 2층 이상이라도 문제가 없다. 소비자가 알아서 찾아가는 곳이기 때문이다. 그러나 다른 매장은 1층이 아니면 소비자를 끄는 게 쉽지 않다. 빵은 굳이 2~3층까지 올라가지 않고도 슈퍼마켓 등에서 대체품을 살 수 있다. 꼭 그 상가에서 반드시 그날 필요한 것이 아니라면 소비자는 애써 위층까지 올라가지 않는다.

상가 세입자가 어떤 장사를 할지 모른다는 점도 1층 상가가 유리한 이유다. 세월이 가면서 세입자가 바뀔 텐데 그때마다 업종을 구분하며 세입자를 받을 수는 없는 노릇이다. 무슨 업종이든 소화할 수 있는 점포는 1층 상가다.

유상미 씨는 서울 금천구 디지털단지의 지상 20층짜리 복합 비즈니스 센터 상가를 가지고 있다. 2006년 분양할 때 1층 전면에 있는 전용면적 63제곱미터(19평)짜리 상가를 8억 5,000만 원에 구입했다. 자기 돈 5억 원에 은행 융자 3억 5,000만 원을 보탰다. 2층 상가는 은행 대출을 받지 않아도 구입할 수 있었지만 그는 1층 상가, 그것도 후면이 아니라 입구 정면 쪽을 고집했다. 2층 상가의 수익률보다 2~3퍼센트 높은 수익률이 나온다고 판단했기 때문이다. 63제곱미터 상가에 들어올 만한 업종이 제한적이라 세입자 유치에 어려움을 겪을 것 같았던 것이다.

현재 보증금 5,000만 원에 월세 450만 원을 받고 있다. 연 2.7퍼센트의 은행 이자를 갚고도 여유가 있다. 그는 상가 수익률에 만족하는 눈치였다. "수익률? 대충 따져 보면 월세가 연간 5,400만 원인데 은행 이자로 1,000만 원 조금 안 되게 나가니 수익률이 8퍼센트대다. 2층 상가를 샀다면 6퍼센트라 힘들었을 것 같다. 상가가 넓은 편은 아니지만 건물 정면에 있어서 눈에 잘 띄고, 그만큼 세입자 유치도 쉽다. 7년 정도면 대출금을 만회할 것 같다. 물론 내가 사는 집은 전세 아파트다. 전세로 살면 어떤가? 꼭 내 집이 필요할까?"

# 내 집 마련과
# 월세 수입을 동시에

그래도 내 집을 꼭 마련하려는 사람이 여전히 많다. 전셋돈을 언제 얼마나 올려 달라고 할지, 또 언제 갑자기 집을 빼라고 할지 불안하고, 아이들이 있어서 집을 험하게 쓴다고 싫어하는 집주인의 눈총을 받기도 싫다는 것이다. 이런 사람들은 상가에 자신이 거주하기를 원한다. 주거도 해결하면서 임대 수익을 올리겠다는 계산이다. 내 집 마련과 노후 대책이라는 두 마리 토끼를 잡는 셈이다.

40대가 된 직장인 이상중 씨는 몇 해 전 서울 구로구 고척동의 84.89제곱미터(25평) 아파트를 판 돈 4억 원에 2억 원을 대출받아 경기도 고양시에 있는 상가주택을 샀다. 지하 1층 지상 3층짜리 상가주택으로 대지는 231~264제곱미터(70~80평)다. 꼭대기 층에는 자신이 살고 나머지 층에 세입자를 들였다. 상가 세 개를 임대해서 월 200만 원의 수입이 생겼다. "상권이 좋은 입지가 아니어서 비교적 싸게 구입했다. 내가 회사에서 받는 월급에 월세를 합하면 600만 원의 수익이 생긴다. 대출 이자를 갚고도 조금씩 저축한다. 살림집을 상가에 마련했기 때문에 이사 다닐 걱정도 없다. 아파트 살 때보다 훨씬 편하고 안정적이다. 월급쟁이로만 살 때는 상가 건물이 먼 꿈이었는데 10년 계획을 세워 꿈을 이뤘다."

초기에 많은 돈을 투자해서라도 상가 건물을 매매하는 또 다른 이유는 시세 차익에 있다. 상가 건물은 다양한 업체에서 많은 임대료를 거둘 수 있고 장사가 잘되면 월세를 올릴 수도 있다. 그렇게 몇 년이 흐르면 프리미엄이 붙어서 상가 건물의 가치가 올라간다. 특히 주변에 개발 호재가 생기면 그 가치는 더욱 높아진다. 만일 개인 사정으로 그 건물을 팔아야 할 상황이 생기면 투자금보다 많은 돈을 챙길 수 있다. 꼭 그렇지 않더라도 상가 임대 문의가 줄을 이어 월세가 하늘 높은 줄 모르고 치솟는다.

김정훈 씨는 2007년 서울 광진구 중곡동에 있는 지하 1층 지상 3층 짜리 상가 건물을 19억 원에 매입했다. 대지 면적 359제곱미터(108평)에 평당 1,759만 원이 든 셈이다. 이 상가 건물은 일반 주거 지역에 있지만 지하철 5호선과 7호선이 만나는 군자역에서 5분 거리의 역세권이다. 강남과 강북 모두 접근성이 좋고 14대의 주차 공간이 나오는데 330제곱미터(100평)가 넘는 대지 면적에서 이 정도 주차 공간을 빼기란 쉽지 않다.

2009년 한 층 더 증축하고 리모델링을 해서 지하 1층 지상 4층 건물[전체 면적 735제곱미터(222평)]이 됐다. 꼭대기 층에는 고시원이 자리하는 등 다섯 개 업체가 세입자로 있다. 업체마다 보증금과 월세가 다르지만 모두 합쳐 보증금 1억 3,000만 원에 월 임대료는 1,150만 원에 이른다.

서울 중곡동 일대는 지하철 7호선이 지나는 역세권이지만 기반 시설이 부족한 낙후된 지역 이미지가 있었다. 그러나 2012년 서울시에서 가결된 '중곡역 지구 단위 계획 결정안 및 국립서울병원 용지 특별 계획 구역 세부 개발 계획 결정안'에 따라 종합행정의료타운으로 변모하고 있다. 종합행정의료타운은 2017년 준공 예정으로 지하 3층 지상 21층 규모 한 동과 31층 규모 한 동이 들어선다. 전체 면적 10만 8,100제곱미터의 종합행정의료타운은 병원협회, 의사협회 등 의료 단체와 10여 개 의료 행정 기관, 의료 바이오 벤처 시설, 업무 시설, 민간 R&D 연구소, 판매·체육 시설, 지역 주민 복지 시설이 들어선다. 김씨의 상가 건물은 새로 증축한 데다 이와 같은 호재를 만나 현재 평당 2,300만 원으로 뛰어 25억 원짜리가 됐다.

그가 처음부터 이런 호재를 예상했을까? "물론 나는 미래를 보는 안목이 없다. 다만 그 지역이 서울의 다른 지역보다 저평가됐다는 점을 여러 전문가한테 들었다. 그래서 상권이 괜찮은 곳에 있는 상가 건물을 매입하기로 했다. 자금은 모아 둔 돈 5억 원에 사촌의 돈을 보태고 그래도 모자란 돈은 은행 융자를 받아서 해결했다. 상가 건물을 사고 2년 동안 월세를 모아 한 층을 더 증축한 것이 주효했다. 처음에는 월세 수익을 불려 보려는 욕심이었는데, 마침 서울시의 호재가 겹쳐 상가 건물의 가치가 기대보다 높아졌다."

## 자금이 적게 드는
## 지방으로 눈을 돌려라

돈이 많으면 무엇인들 못 할까? 종잣돈이 적으니 상가는커녕 집 한 채도 마련하기 벅찬 게 현실이다. 특히 서울에서 내 상가를 갖기란 말처럼 녹록하지 않다. 그렇다면 지방으로 눈을 돌려 보는 방법도 나쁘지 않다.

서울에서 택시를 운전하는 최길도 씨(58세)의 사례를 살펴보자. 그는 일찍부터 계획을 세워 가며 실천한 것은 아니지만 지방에 있는 상가에 투자하여 은퇴 후 삶을 보장받았다. 젊은 시절에는 고향인 경북 안동에서 작은 사업을 하며 돈을 모았다. 고등어를 가공업체에 납품하는 일이었다. 지금은 외국산이 많지만 30년 전만 해도 포항, 영덕 등에서 국산 고등어를 떼다가 팔면 제법 돈이 됐다고 한다. 한 달에 1,000만 원을 번 적도 있었다.

그는 1억 원 남짓 되는 돈을 들고 20년 전 서울로 생활 터전을 옮겼다. 아이들 교육 문제 등으로 이사했지만 피붙이 하나 없는 서울에서 그가 할 수 있는 일은 별로 없었다. 처음에는 작은 가게를 차려 볼까도 생각했지만, 1억 원으로는 방 한 칸 건사하기도 힘든 터라 점포를 얻는 건 언감생심이었다. 그래도 장사를 해야 가족이 먹고살겠기에 그날도 점포를 찾아 이 동네 저 동네 떠돌다가 눈에 띄는 전단을 발견했다. 잠시 쉬며 담배 한 개비 피워 무는데 택시 기사를 모집한다는 전단이 전봇대에 붙어 있었던 것이다. 그 순간 별다른 기술도 없으니 몸으로 때우는 일을 하자는 생각이 들었다.

1,000만 원도 안 되는 작은 전세방을 얻고 나머지 돈은 은행에 넣어 둔 채 택시를 몰면서 돈을 모았다. 네 식구가 먹고살기에 빠듯한 월급이었지만 30만 원을 뚝 떼서 매월 적금을 들었다. 한편으론 지인들에게 푼돈을 빌려 주고 은행보다 조금 높은 이자를 받았다. 100만 원 정

도 빌려 주고 매일 원금과 이자를 받으며 종잣돈을 불려 나간 것이다. 10여 년이 흐르자 2억 5,000여 만 원이 모였다. 하지만 서울에서 그 돈으로 할 수 있는 일은 별로 없었다.

그런데 몇 해 전 추석 명절을 쇠러 고향에 갔다가 지인들에게 안동대 인근이 개발될 거라는 정보를 얻었다. 안동대 주변은 낙동강 상류가 지나고 다른 쪽에는 야산과 아파트 단지가 형성되어 있을 뿐이었다. 유흥 지역이 아닌 데다 안동 시내와 거리가 있어서 유동 인구도 많지 않았다.

그는 당시의 심정을 들려주었다. "서울에서 죽을 때까지 살 생각은 애초부터 없었다. 어차피 나이 들면 고향으로 돌아갈 계획이었다. 그러니 안동에 내 건물 하나라도 있으면 서울에서 빈털터리로 돌아가도 비빌 언덕은 있겠다 싶었다."

그는 4층짜리 상가 건물 1층에 있는 165제곱미터(50평)짜리 점포를 1억 원이 채 안 되는 금액에 사들였다. 그러나 들어오겠다는 세입자가 없었다. 결국 고향 친척에게 빌려 주고 월세 200만 원을 받는 정도에 만족해야 했다. 안동은 당시만 해도 교통이 좋지 못해 상가가 비싸지 않았다. 특히 안동대 주변은 외진 곳이었다. 그런데 거짓말처럼 주변에 하나 둘 상가가 들어서기 시작했다. 친척이 운영하는 식당이 학생들로 북적이며 입소문을 타더니 인근에 식당이 들어서는 등 시너지효과도 났다.

그는 남은 돈에 은행 융자를 받아 그 상가 건물을 통째로 사들였다. 꼭대기 층은 친척이 살림집으로 사용하고, 2층과 3층에 식당과 PC방을 들였다. 세 개 층에서 받는 월세가 500만 원이었다.

그는 택시 운전대를 돌리며 말했다. "자식들도 클 만큼 컸고 내 나이도 예순이 다 됐으니 조만간 고향으로 내려갈 생각이다. 우연한 기회에 시작한 상가 투자가 나를 도왔는지 노년은 큰 걱정 없을 것 같다. 책에 내 사연을 소개한다니 한마디 덧붙이자면, 아는 상권에 있는 상가에 투자하는 것이 좋다는 말을 남기고 싶다. 내가 태어나서 자란 고향이니 한바퀴만 둘러봐도 어디가 어떻게 변하고, 사람들이 어떤 생각을 가지고 사는지 알 수 있다. 이런 것이 투자에 힘을 보태 준다."

# 상가 투자를 위한
# 다섯 가지 절대 원칙

앞에서 상가 투자에 도움이 될 만한 내용을 소개했다. 이를 종합하면 다섯 가지 원칙으로 압축할 수 있다. 적어도 상가 투자에 앞서 다섯 가지 원칙을 기억해 두면 여러모로 도움이 된다. 모두 상권 분석에 해당하는 원칙이지만 구체적으로는 거시적인 상권 분석, 미시적인 상권 분석, 교통망 점검, 평지 상가, 상권 규모에 맞는 상가로 분류된다. 앞의 세 가지가 상권을 바라보면서 상가 투자가 적합한지 따지는 원칙이라면 그 뒤의 두 가지는 상가를 고를 때 필요한 원칙이다. 구분 상가든 상가 건물이든 매물을 고를 때 참고할 부분이 있다. 소소한 것들이지만 상가 투자자들이 경험으로 얻은 비결이라는 점에서 가치가 있다.

# 첫째,
## 앞으로 더 성장할 상권인가

이미 발달할 대로 발달한 상권은 투자하기에 적합하지 않다. 월세가 높아서 구미에 당기지만 그런 입지에서 값싼 상가가 매물로 나올 리는 없다. 설사 그런 매물이 있어도 권리금이다 뭐다 해서 매매가가 아찔할 정도로 높다. 소액으로 투자할 수 있는 상권이 아닌 것이다. 또한 그만큼 수익을 내는 업종이 들어와야 수익률을 담보할 수 있다. 주변 업종과 전혀 무관한 업종이 들어오면 눈에 띄기는 하지만 정작 장사가 잘될지는 미지수다. 그런 위험을 감수하기에는 투자액이 만만치 않다.

따라서 초보 투자자는 앞으로 성장 가능성이 높은 상권을 찾아 투자하는 방법이 바람직하다. 상가 투자를 고려한다면 발전 중이거나 유동 인구가 점점 늘어나는 지역을 선택해야 한다.

상주 인구와 유동 인구는 구청 등에 현황 자료가 있고 통계청 인터넷 홈페이지 등에서도 파악할 수 있다. 특히 통계청은 인구 수, 가구 수는 물론 도소매 업종 등을 지역별로 구분할 뿐 아니라 연도별로 분류해 두어서 그 증감 여부를 쉽게 살펴볼 수 있다. 그 지역의 가구 수, 업종 분포, 교통망도 한눈에 파악할 수 있다.

상가도 주택과 마찬가지로 주변이 개발된다면 그 가치가 상승할 수밖에 없다. 지금 당장은 허허벌판이지만 주변에 개발 계획이 있다면 수요층이 증가해 상가의 장래가 밝다. 이런 지역은 초기에 저렴하게 매매하여 앞으로 시세 차익까지 기대할 수 있다. 수익률과 시세 차익이라는 두 마리 토끼를 잡을 수 있는 셈이다. 하지만 개발 계획은 정부의 방침에 따라 변하는 만큼 진행되는 과정을 수시로 살펴야 한다.


## 둘째,
## 언제 누가 지나가는가

거시적으로 상권을 분석했다면 다음은 더 좁게 시각을 맞춰야 한다. 특정 상가 주변에 시간대별로 얼마나 많은 사람이 지나다니는지 확인하는 것이다. 거시적인 상권 분석은 인터넷이나 언론 기사를 찾아보면 어느 정도 윤곽이 드러난다. 그러나 한 상가 주변에 대한 자료는 찾기 어려우므로 직접 발품을 팔아 정보를 수집할 수밖에 없다. 수억 원에서 수십억 원을 투자할 상가를 고르는 마당에 이런 발품도 팔지 않는 것은 실패를 자초하는 일이다.

오전과 오후 그리고 저녁에 얼마나 많은 사람이 특정 상가 앞을 지나는지, 그중 얼마나 많은 사람이 그 상가에 들르는지도 살펴야 한다. 가능하다면 연령별로 점검하는 게 좋다. 40~50대가 다니는 길목을 20~30대 취향의 업종이 차지하고 있다면 효율성이 떨어지는 것은 불 보듯 뻔하다. 발품을 파는 게 불가능하다면 잘 아는 지역을 고려하는 편이 바람직하다. 자신이 다니던 길목, 잘 아는 상가, 익숙한 변화 등이 상가를 고르는 기준이 될 수 있다.

다음은 주변 부동산중개소에 들러 그동안 수집한 정보를 재확인하는 작업을 한다. 부동산중개소는 주변 상권을 꿰고 있다. 물론 좋은 점만 강조할 가능성이 높다. 부동산중개소를 찾기 전에 상가 몇 곳을 구체적으로 지적해서 알아봐야 각 상가의 장단점을 비교한 설명을 들을 수 있다.

상권을 둘러볼 때 노점상이 늘어선 곳은 어느 정도 상권이 형성된 곳이라고 볼 수 있다. 노점상은 상권에 따라 움직이는 이동식 매점이라고 생각하면 이해하기 쉽다. 돈이 되는 곳에는 여지없이 노점상과 포장마차 등이 등장한다. 서울 상권의 중심지인 명동이나 강남역 일대에 노점상과 포장마차가 사라지지 않는 것을 보면 그 지역이 어떤 곳인지 미루어 짐작할 수 있다.

주변 상가에 공실이 없는지도 알아봐야 한다. 상가의 적은 공실이다. 특히 요즘같이 불황일 때 공실은 애물단지일 뿐이다. 주변 상가를 돌아보면서 임대 플래카드를 보면 공실을 따지기 쉽다. 임대 플래카드를 건 곳이 많을수록 상권에 문제가 있다고 봐도 무방하다.

상가 투자에 성공한 경험을 맛본 투자자들은 은행이 들어섰거나 입주할 예정인 상가 건물을 선호한다. 은행은 보통 5년 이상 장기 임대하므로 상가가 안정감을 보인다. 또한 은행은 사람이 많이 드나들기 때문에 같은 건물의 상가도 노출 빈도가 높다. 따라서 상가가 활기를 띠고 임대 수요도 끊임이 없다.

## 셋째,
## 교통망은 어떠한가

거시적·미시적 상권 분석이 그 상권의 상주 인구를 파악하기 위한 절차였다면 교통망 점검은 유동 인구를 살피는 바로미터와 같다. 배후 인구가 있는 지역이면서도 유동 인구까지 많으면 상가 입지로서는 합격점이다.

유동 인구는 교통망과 비례한다. 즉 지하철역과 버스 정류장 인근은 유동 인구가 많다. 물론 지하철역 주변이라고 무조건 좋은 입지는 아니다. 지하철에는 기본으로 네 개 이상의 출구가 있는데 사람의 왕래가 적은 곳은 피해야 한다. 학교, 대단지 아파트, 대형 빌딩 등을 낀 지하철역이나 버스 정류장 주변에 유동 인구가 많다. 물론 여기서 주변은 걸어서 5분 이내를 말한다. 그 이상 넘어가면 핵심 상권에서 벗어나므로 상가의 가치가 떨어진다.

## 넷째,
## 평지에 있는 상가인가

경사진 상권이나 기울어진 상가는 좋지 않다. 물론 모든 경우에 적용되는 것은 아니지만 상가는 평지에 있어야 사람들의 동선이 부드럽다. 경사진 곳은 여성의 접근이 어렵다. 예를 들어 같은 빵집이라도 하이힐을 신은 여성이 기울어진 경사면에 있는 빵집에 가려면 여간 불편한 게 아니다. 노인이나 어린이도 부담 없이 찾기 힘들고, 길이 어는 겨울철에는 더욱 힘든 곳이 경사길이다.

비가 올 때도 경사진 곳은 빗물이 거세게 흘러 차나 사람이나 다니기 불편한 만큼 상가 입지로는 좋지 않다.


## 다섯째,
## 상권 규모에 맞는 상가인가

상주 인구와 유동 인구도 별로 없는데 큰 상가를 매입하는 것은 위험하다. 시세보다 싸다는 이유나 월세를 많이 받을 욕심에 너무 넓은 상가를 사면 세입자를 들이기도 어렵고 관리도 쉽지 않다. 반대로 상권이 번성할 곳이라면 큰 상가를 살펴봐도 좋겠다.

이를 가늠하는 것은 유명 프랜차이즈 업체가 입점하느냐 여부에 달려 있다. 작은 편의점 말고 대형 제과점, 슈퍼마켓 등이 입점하는 상권은 그만한 이유가 있다. 프랜차이즈 업체는 본사가 상권을 분석한 후에 입점을 결정하는 만큼 어느 정도 수익을 기대하는 지역일 가능성이 크다. 따라서 이러한 프랜차이즈 업체 입점을 주의 깊게 살피면 발품을 팔지 않고도 상권 규모를 손쉽게 파악할 수 있다.

이와 함께 인근 지역의 규모도 살펴봐야 한다. 예를 들어 주변에 아파트 단지가 있으면 그 아파트가 대형 아파트 단지인지 중소형 아파트 단지인지 알아봐야 한다. 사람들이 일반적으로 생각할 때 대형 아파트 단지를 낀 상가는 장사가 잘될 것 같지만 꼭 그런 건 아니라는 점도 유념할 필요가 있다.

대형 아파트 단지를 낀 상권은 대형 할인점이나 백화점 등이 들어설 가능성이 크다. 인근 상가로 유입될 인구를 흡수하는 블랙홀로 작용하기 쉽다는 말이다. 직접적으로 고객을 뺏길 확률이 크다. 실제로 대형 아파트에 사는 부부는 생활이 조금 여유로워서 큰 매장을 선호한다. 게다가 남편은 출퇴근하지만 아내는 전업주부인 경우가 많다. 시간 여유가 있기 때문에 거리가 멀다고 해도 문제가 되지 않는다. 그러나 중소형 아파트 단지는 맞벌이 부부가 많을 수밖에 없다. 시간상 멀리 있는 대형 할인점에 가서 물건을 사기보다는 집 주변에서 해결하려는 성향이 있다.

**TIP**

## 세입자를 고르는 요령도 있다!

보통은 세입 예정자가 상가를 고른다. 그런데 상가 주인이 세입자를 선택하는 경우도 있다. 세입자가 줄을 설 정도로 상권이 뜨겁거나, 꼭 그렇지는 않아도 상가 건물에 들어서는 업종을 조율할 필요가 있을 때다. 예를 들어 같은 층에 식당 두 개가 들어서면 시너지 효과보다는 소비자가 분산되는 역효과가 크다. 또한 월세를 연체하지 않는 세입자가 관리하기 편하다. 실제로 상가에 투자해 본 경험이 있으면 다양한 이유로 세입자를 가린다. 경험상 그들이 선호하는 으뜸 세입자는 공공 기관이다. 공신력이 있어서 상가 건물 전체의 신뢰가 올라가고 월세를 미루는 일도 없다. 세입자의 신원이 투명한 편이어서 상가 관리에도 큰 도움이 된다.

금융 기관도 유치하고 싶은 세입자다. 은행은 따로 설명하지 않아도 될 정도로 그 지역의 랜드마크 역할을 한다. 은행 지점까지는 아니더라도 ATM 기기를 놓아 두는 공간으로 상가를 임대할 수 있다.

그 외에 법률사무소나 의원도 좋은 세입자에 속한다. 이들은 특히 입소문이 필요한 서비스 업종인 만큼 소비자에게 친절할 수밖에 없다. 고정 소비층이 자주 드나들수록 다른 상가에도 긍정적인 영향을 미친다.

편의점과 소매점 등 일반 유통 업종을 들일 때도 고려할 점이 있는데, 세입자가 직접 장사를 해야 유리하다는 것이다. 손님이 알아서 찾아온다고 생각해 아르바이트생만 쓰고 주인은 하루 또는 일주일에 한 번 들르는 점포는 소비자가 안다. 종업원은 어디까지나 피고용인이므로 주인처럼 살갑게 손님을 대하지 않는다. 말과 행동에서 차이가 난다. 주인이 있는 매장은 언제나 활기가 넘친다. 손님도 그런 주인과 대화를 나누면서 자연스럽게 단골이 된다.

피해야 하는 세입자도 있다. 다소 냉철하게 보일지 모르지만 생계형 영세업자는 피하라는 게 상가 투자자들의 조언이다. 경기를 심하게 타는 업종일수록 장사가 안 되면 월세 부담 때문에 미납하는 사례가 많다는 것이다. 또한 세입자가 자주 바뀔 위험이 크고, 그만큼 상가 전체의 이미지가 안 좋아진다. 철새처럼 떠나면 그만이라는 생각에 상가 건물을 험하게 사용하는 '나쁜' 세입자도 있다고 한다.

보통은 상가 건물을 통째로 매입해서 주인이 꼭대기 층에 거주하기도 한다. 내 집 마련과 상가 투자 수익 모두를 챙길 수 있어 노후 대책으로 이만한 투자 물건도 없다. 상가 관리도 편리하고 미납 월세 독촉도 수월한 편이다. 그런데 주인이 상가 건물에 거주하는 것이 무조건 만족할 만한 결과로 이어지는 건 아니라고 조언하기도 한다. 세입자와 자주 눈을 마주치다 보면 이런저런 요구가 많아질 수 있다는 것이다. 겨울이면 수돗물이 얼었으니 조치해 달라는 사소한 것부터 여름이면 건물 자체에 열기가 심하니 대책을 마련해 달라는 근본적인 요구도 있다. 월세를 많이 내는 세입자일수록 요구 사항이 잦기 쉽다. 건물주가 같은 건물에 없다면 대충 넘어갈 사소한 요구도 '주인을 만난 김'에 한다는 것이다. 상가 건물에 들어가 살 것인가는 이런 점도 따져 보고 결정할 일이다.

# 상가 투자,
# **이렇게 하면 실패한다**

초보 투자자는 상가에 투자할 때 전문 상가를 선호하는 경향이 있는데, 정작 중요한 점은 업종 구성이다. 비슷한 업종이 몰려서 전문성을 띠는 상가와 그렇지 않은 상가는 결국 큰 차이를 보인다. 전자제품 하면 용산전자상가를 떠올리듯 옷하면 무슨 상가, 꽃이라면 어디에 있는 상가 건물을 떠올릴 정도라면 그 전문 상가는 성공한 셈이다. 반면, 서로 상관없는 업종이 섞인 상가는 전문 상가라는 간판을 달기조차 머쓱해진다. 국내 산업의 흐름을 읽지 못하고 상가를 구성하려다가 실패하는 상가도 있다. 성장 가능성이 매우 희박한 사양 산업인데도 과거의 영화만 믿고 무조건 잘될 거라는 생각으로 상가 투자에 나섰다가 본전도 못 찾는 것이다.

경상북도 경산에 사는 박정민 씨는 1990년대 후반 서울에 구분 상가를 샀다. 30년 넘게 다닌 직장에서 받은 퇴직금과 평상시 모아 둔 2억 원을 서울 동대문에 분양하는 원단 전문 상가에 투자했다. 노후 자금을 위해 상가 두 채를 마련한 것이다. 당시 분양사의 말로는 월세를 200만 원 이상 받을 거라고 했다. 동대문은 예전부터 원단 시장이 유명했고 원단은 국내 의류 산업이 망하지 않는 한 계속 유지되는 업종이라는 말에 귀가 쏠렸다. 일반 소매점보다는 원단 같은 도매점이 유행을 덜 탈 것 같은 생각도 들었다.

하지만 그 상가 건물은 미분양 사태가 벌어지면서 마무리 공사를 진행하지 못하는 상태가 됐다. 결국 상가 건물 전체가 경매에 넘어가고, 투자한 2억 원도 연기처럼 사라질 위기에 처했다. 겨우 몇 천만 원 건지는 대신 소유권을 포기할 수밖에 없었다. 계속 버티다 경매로 넘어가면 월세는커녕 투자액을 한푼도 보장받지 못한다는 말에 겁이 났다.

실제로 3.3~6.6제곱미터(1~2평)짜리 구분 상가가 집단으로 모여 있는 상가 건물이 많다. 문제는 수십 개에서 수백 개에 이르는 구분 상가의 소유주가 모두 달라 층별로 업종 구성이 어렵다는 점이다. 원단 전문 상가라도 미분양 사태가 일어나면 엉뚱한 업종이 끼어들 수밖에 없는데 이러한 과정에서 전문 상가라는 의미가 희석되고 만다. 결국 상가 건물의 이미지도 나빠지고 다른 상권에 비해 전문성도 떨어진다.

한 건물에 여러 업종이 난립하면 장사가 잘되는 업종도 있지만 그렇지 않은 업종도 생기게 마련이다. 장사가 되지 않아서 관리비를 체납하는 상가가 여럿 생기다 보면 공실로 남는 점포가 생기기 쉽다. 상가에 일부 점포가 비어 있으면 보기에도 좋지 않지만 관리비 부족으로 상가가 쇠퇴하기 시작한다. 이런 상가일수록 소비자의 발길도 줄어들면서 악순환에 빠진다.

임채우 KB국민은행 부동산전문위원은 "서울 동대문 주변 일부 상가는 상가 투자의 대표적인 실패 사례로 꼽힌다. 구분 상가가 상당히 많은데 업종이 난립하면서 특색을 살리기 어려워졌다. 소비자도 여러 업종이 섞인 상가는 찾지 않는다. 이런 상가는 공실률이 높아지면서 결국 상가 건물 자체의 가치가 떨어지고 세입자 유치도 어려워진다."고 지적한다.

상가를 얻어 자신이 직접 운영하려는 경우도 있다. 상가를 분양받아 임대를 주는 대신 직접 장사하면 월세를 내지 않아도 되니까 매출이 곧 수익으로 남을 거라는 계산이다. 박성홍 씨는 몇 해 전 서울 마포구에 17제곱미터(5평)짜리 상가를

1억 원에 구입했다. 그 상가에는 편의점이 들어와 있었는데 연세대와 홍익대가 가까워 월 수익이 높았다. 워낙 유동 인구가 많은 곳인 데다 24시간 영업이니 수입이 나쁘지 않은 입지였다. 월세를 150만 원은 받을 수 있었다.

그런데 그가 욕심을 내어 직접 편의점을 운영하면 월 수익이 300만 원에 이를 거라고 생각했다. 실제로 그 편의점의 월 매출을 알고서 상가를 산 것이다. 50대인 그는 회사까지 그만두고 편의점 사업을 시작했다. 예상대로 상가 임대료가 나가지 않으니 본사에 로열티를 주고도 한 달에 300만 원을 손에 쥐었다.

하지만 생각지도 못한 곳에서 문제가 발생했다. 바로 편의점의 24시간 영업이었다. 물론 그가 온종일 일하는 것은 아니지만 항상 신경 써야 하고, 연중무휴여서 제대로 쉴 시간도 없었다. 아르바이트생을 구하거나 관리하기도 생각보다 쉽지 않았다. 아르바이트생이 없는 학기 중에는 몇 달 내내 하루도 쉬지 못하고 일하기도 했다. 심지어 집에도 들어가지 못하고 편의점에서 먹고 자야 하는 날도 있었다. 결국 허리에 통증이 생기기 시작하여 결국 입원 치료를 받아야 했다.

그러는 사이 인근에 편의점과 개인 슈퍼마켓이 생기면서 매출이 서서히 줄어들기 시작했다. 아르바이트생을 어렵게 구했지만 하루 만에 연락도 없이 그만두는 등 점포 관리에 허점이 생기고 말았다. 점포를 운영한 지 2년 만에 월수입은 300만 원에서 100만 원을 겨우 유지할 정도로 떨어졌다. 임대를 주는 것만 못한 결과가 나타났고 설상가상으로 그 상가에 대해 좋지 않은 소문까지 퍼졌다. 그는 퇴원하자마자 상가를 임대할 계획이었지만 세입자가 바로 나타나지도 않았다. 매출이 떨어지고 점포 경영자가 입원까지 하는 자리에 들어올 세입자는 없었다. 몇 개월 만에 세입자를 구했지만 그는 자신이 원하는 월세보다 낮은 110만 원에 만족해야 했다.

박씨는 그때만 생각하면 후회가 밀려온다. "돈 몇 푼 더 벌려고 경험도 없으면서 장사에 뛰어든 것이 실수였다. 점포 가치는 가치대로 떨어지고 열심히 일한

나는 병까지 얻었다. 임대 사업도 처음인데 장사까지 하려고 들었으니 너무 안일했다. 지금도 몸이 좋지 않아 병원에 다니며 물리 치료를 받는다. 이제는 장사를 해 보지 않은 사람이 점포를 운영한다면 극구 말리고 싶다. 임대면 임대, 장사면 장사 하나만 하기도 벅차다는 것을 실감했다."

# 제5장

# 가치를 높이는
# 부동산 관리법

2014년 3월 정부에서 발표한 경제혁신 3개년 계획에서 첫 번째 대책의 일환으로 '주택 임대차 시장 선진화 방안'을 내놓았다. 전세대란이 오랫동안 지속되면서 서민들의 주거 불안정이 가장 큰 문제로 대두되자 정부가 새로운 방안을 내놓은 것이다. 전세 대신 집을 사거나 월세로 전환하는 방법을 내놓았는데, 무엇보다 월세를 사는 서민들을 위해 월세에 대한 공제 방식을 소득공제에서 세액공제로 전환하고 공제 대상도 크게 확대하기로 했다. 월세 10퍼센트를 세금에서 빼 주는 파격적인 혜택으로 월세에 대한 부담을 줄이는 방식이다. 이러한 정책의 변화에 따라 월세에 대한 수요와 기대치는 점점 늘 것으로 전문가들은 분석한다. 월세 수익률을 높이기 위해선 이러한 정책의 변화를 잘 살펴봐야 하며, 무엇보다 관리를 소홀히 해서는 안 된다. 수익률을 높여 주는 관리법과 정책 활용에 대해 꼼꼼하게 챙기자.

# 관리가 수익형 부동산의
# 수익을 판가름 짓는다

직장인 박진구 씨는 3년 전 서울 한성대 주변에 81제곱미터(24평)짜리 아파트를 샀다. 2~3인 가구에 적합한 2억 3,000만 원짜리 소형 아파트였다. 전세가는 매매가의 80~90퍼센트 선이었다. 그는 1년 전 전세 계약 만료와 함께 새로운 세입자를 구하면서 전세를 월세로 바꿨다. 한 방에 두 명씩 방 두 칸을 모두 네 명의 대학생에게 월세를 줬다. 보증금은 500만 원으로 낮게 정하는 대신 한 학생당 50만 원씩 모두 200만 원을 월세로 받았다.

전세 일부를 월세로 돌리는 방법도 생각했지만 월세 수익이 얼마 되지 않았다. 전세가 1억 5,000만 원이었는데, 이 가운데 절반인 7,500만 원을 월세로 전환하면 월세가 50만 원 선이었다. 물론 보증금 7,500만 원을 은행에 넣어 두면 이자가 붙겠지만 예금 이자는 3퍼센트가 넘지 않으니 이자 수익이 미미했다.

그래서 학생들의 자취집 형태로 임대한 것이다. 어차피 보증금을 다른 곳에 투자할 것도 아니어서 보증금은 학생들에게 부담되지 않을 정도로 낮췄다. 월세도 50만 원이면 주변에서 그렇게 비싸지 않았다. 학생들에게는 일반 자취집보다 편리한 환경을 제공하고 집주인은 월세를 주변보다 세 배 이상 받을 수 있었다.

박씨는 나름대로 수익을 결정한 것이다. 직장 경력 20년 차인 그는 자신이 살던 아파트를 최대한 이용했다. 시세 차익을 포기하는 대신 실리를 택한 것이다. 월세는 꼬박꼬박 적금을 붓는 한편, 연금식 펀드에 넣었다. 노후 자금을 챙기면서 또 다른 투자를 위한 종잣돈을 마련 중인 셈이다.

이는 수익형 부동산에 대해 꾸준히 공부해서 성공한 사례다. 전셋돈이 오르자 너도나도 전세금을 올렸지만 박씨는 보증금을 낮추면서 월세를 많이 받는 방법을 찾았다. 이처럼 같은 수익형 부동산이라도 소유자가 어떻게 활용하는가에 따라 월 수익은 큰 차이를 보인다.


## 관리가 되는 업종은
## 따로 있다

이미 여러 차례에 걸쳐 세입자를 가려 받아야 한다고 강조했다. 이와 함께 업종도 살핀다면 수익률을 높일 수 있다. 특히 상가는 어떤 업종을 들이느냐가 중요하다. 관리인과 청소원이 따로 있는 대형 상가에 들어서면 큰 무리가 없는 업종, 그러니까 술집이나 대형 음식점 등이 작은 상가에 들어오면 여러모로 신경 써야 할 일이 많아진다. 예를 들어 화장실은 사용자나 행정 관청의 지적거리가 된다. 담배꽁초도 하룻밤 사이에 건물 곳곳에 가득 찬다. 밤늦게까지 영업하는 업종일수록 건물이 빠르게 노화된다. 물론 그만큼 월세를 많이 받기 때문에 업종은 상관없다고 말하는 건물주도 있다. 그러나 상가 건물을 깔끔하게 관리하면서 월세도 손해 보지 않는 방법이 있다.

상가를 소유하면 주택과 노후 대책을 한번에 해결하는 장점이 있다. 아파트 등 따로 주거지를 마련할 이유가 없다면 그 건물에 거주하면서 나머지 층에 세입자를 들이는 것이다. 단, 초기 투자액이 많이 든다는 부담이 있다. 수중에 지닌 돈은 오피스텔이나 빌라에 투자할 정도라 상가 건물을 통째로 매입하기에 무리가 있다면 상가 건물을 임대해 장사를 해 보는 방법도 고려할 만하다. 상가 건물에 대한 안목도 넓히고 빠른 시일 내에 돈을 굴릴 수 있기 때문이다. 물론 장사가 안 되면 모든 계획이 수포로 돌아간다는 위험성은 여전히 존재한다.

임지원 씨는 20년 전 같은 고민을 했다. 중견 기업에서 부장으로 일하던 그는 오래전부터 노후 대책에 관심이 많았다. 월급으로는 매월 생활비도 빠듯한데 한살 한살 나이만 먹는 것이 불안했다. 서울 양재동의 아파트 한 채가 전 재산이나 다름없었다.

지금의 한티역 부근(대치동)에 있는 4층짜리 상가 건물의 꼭대기 층을 2억 원에 임차했다. 고시원을 운영하거나 장사를 해 본 경험은 없었다. 지금도 회사에 다니는 직장인이다. 투잡으로 할 만한 업종을 찾은 것이 고시원이었다.

공동으로 사용하는 냉장고, 세탁기, 간이 싱크대 등을 붙박이로 마련하고, 132제곱미터(40평) 남짓한 상가를 고시원에 맞게 나누는 공사를 시작했다. 20여 개의 방에 책상과 침대, 모니터, 미니 에어컨 등도 갖췄다.

창문이 없는 방은 월 40만 원, 창문이 있거나 조금 넓은 방은 월 50만 원을 선불로 받았다. 돈이 많지 않은 사람, 대학생, 고시생, 실업자, 중국 교포 등이 보증금 없이 세입자로 들어오지만 월세가 선불이므로 연체는 발생하지 않는다. 전체 수입에서 월세를 내고도 300만 원이 남는다.

고시원은 주인이 항상 자리를 지킬 필요 없이 관리인을 따로 두면 된다. 물론 퇴근 후에 들러 상황을 점검하는 정도는 해야 한다. 관리는 잘되는지, 별다른 문제는 없는지, 새로 들어오거나 나간 사람에 따라 수입은 얼마나 잡혔는지 등을 살펴야 한다.

고시원이든 다른 업종이든 상가 건물을 임차해서 사용하려면 계약 전에 용도 변경을 확인해야 한다. 구분 상가는 다른 상가 소유주의 동의가 필요한 업종이 있을 수도 있다. 소방 기준이나 주차장 여건에 따라 용도 변경이 안 되는 경우도 있으니 상가 주인 말만 믿고 계약했다가는 낭패를 보기 쉽다.

# 세입자에게 신뢰를 주는 것이
# 관리의 시작이다

집주인이 세입자에게 신뢰를 주는 것이 수익형 부동산을 관리하는 일만큼 중요한 시대다. 케이크 전문점을 운영하는 이상준 씨는 2005년 경기도 수원 장안구에 73제곱미터(22평)짜리 오피스텔을 분양받았다. 방과 거실이 따로 분리된 형태로 1인 가구에 인기가 많은 오피스텔이었다. 보증금 1,000만 원에 월세 70만 원을 받고 있다. 그의 오피스텔 세입자는 8년째 바뀌지 않았다. 다른 오피스텔 소유주는 임대 수요 때문에 걱정하고 임대 수익률을 따지느라 고민하지만 그는 걱정할 필요가 없다. 그 세입자는 대기업에 다니는 싱글 족인데 오피스텔 주인의 마음 씀씀이가 좋아서 장기 세입자가 됐다.

이씨가 그 세입자와 안면이 있는 것도 아니다. 다만 임대할 때부터 세입자의 생일에 케이크를 보내 주었다. 케이크 선물과 함께 불편한 점을 물었고, 휴대전화 번호가 바뀔 때는 따로 연락해서 바뀐 번호를 알려 주었다. 3년 전 월세를 5만 원 올릴 때도 미리 연락하고 세입자를 찾아가 월세를 올릴 수밖에 없는 처지를 설명했다. 세입자는 흔쾌히 월세를 올려 주기로 했다.

작은 관리지만 세입자에게는 큰 감동으로 다가간 것이다. 이씨는 처음 들어온 세입자가 오래 사는 덕분에 임대 수요나 월세 연체 등의 고민에서 벗어났다. 이씨는 젊은 시절 셋집에 살 때 받은 집주인의 배려를 기억했다고 한다.

임차인, 즉 세 들어 사는 사람이 가장 신경 쓰는 점은 보증금을 떼이지 않을까 하는 것이다. 집주인이 사기를 치지 않더라도 부도, 압류 등으로 집이 경매에 넘어가면 보증금을 돌려받지 못하는 경우가 있기 때문이다. 그래서 세입자는 계약을 맺고 전입 신고를 한 뒤 확정일자를 받는다. 이런 경우는 보증금에 대한 우선변제권이 다음 날부터 생긴다. 그런데 확정일자를 받은 날 당일 집주인이 저당권을 설정하면 임차인은 보증금을 떼일 수도 있다. 따라서 계약서 특약란에 임차인이 확정일자를 받은 지 이틀 이후에 집주인이 저당권 등 담보권을 설정할 수 있다는 내용을 기재하는 게 좋다. 집주인으로서 임차인을 배려하는 것이다. 이런 경우 세입자는 집주인을 신뢰한다. 물론 이를 악용하면 안 되지만 집주인과 세입자가 신뢰하면 임대인과 임차인 사이에 생길 만한 소소한 문제는 서로 감수하려는 게 인지상정이다.

등기 확인도 필요하다. 물건에 대한 권리 순위를 확인할 수 있다. 임대인은 임차인에게 근저당이 얼마나 잡혔는지, 가압류 상태는 어떤

지 투명하게 밝히는 편이 좋다. 임차인은 근저당권의 합이 그 물건의 가치보다 클 경우 계약을 피할 수 있다. 여기서 물건의 가치는 시가의 60~80퍼센트로 잡아야 한다. 경매로 물건이 넘어가면 보통은 시세보다 싼 가격에 낙찰되기 때문이다. 집주인은 이런 점을 미리 고려해서 담보 융자를 받을 필요가 있다.

더 나아가 미납 국세를 확인시켜 줄 수도 있다. 한마디로 세금을 체납하지 않았다는 증명을 해 주는 것인데, 등기 사항 증명서로는 확인할 수 없다. 실제로 세금 체납 때문에 집이 공매로 넘어가면서 보증금 일부는 손해를 보는 세입자 사례가 있다. 이런 의혹도 없애기 위해 납세완납증명서를 세입자에게 확인해 주면 좋다.

이미 앞에서 월세 통장을 따로 만드는 방법을 제안했다. 물론 집주인 자신의 명의로 된 통장이다. 이 통장으로 월세를 받겠다고 임차인에게 말하면 임차인은 집주인과 통장 명의자의 이름이 동일하므로 안심한다. 임차인의 입장에서 볼 때 집주인과 통장 명의가 다르면 신뢰성이 떨어진다.

# 부동산중개인과
# 경제 기사를 내 편으로 만들자

서울에서 직장 생활을 하는 임성채 씨의 얘기다. 여행을 좋아하는 그는 가는 곳마다 꼭 부동산중개소에 들르는 습관이 있다. 딱히 그 지역 부동산 투자를 염두에 두지 않았더라도 부동산중개소의 간판은 유독 눈에 띈다. 한번은 한옥마을을 둘러볼 심산으로 전주에 갔는데 노송동에서 점심을 먹고 커피를 마시기 위해 주변을 두리번거리다가 부동산중개소를 발견하고 무작정 들어갔다. 그러고는 그 지역 아파트와 빌라 시세를 살폈다. 옷차림새로 봐서는 영락없는 여행객인데 갑자기 부동산 시세를 물어보니 부동산중개인은 당황스러워했다. 외지인이라 크게 관심을 두는 모습도 아니었다.

2주일 후 임씨는 그 부동산중개소를 다시 찾았다. 부동산중개인은 첫눈에 알아보지 못하다가 임씨가 2주일 전 얘기를 꺼내자 그제야 아는 체를 했다. 임씨가 말쑥하게 차려입은 모습으로 투자하고 싶은 빌라의 조건을 조목조목 얘기하자 부동산중개인의 태도가 달라졌다. 소개한 빌라 두세 채를 둘러봤지만 마음에 들지 않았다.

다시 한 달이 지난 후 임씨는 그 부동산중개소를 다시 찾았다. 이번에는 음료수를 사 들고 처음부터 친한 척을 했다. 그때부터는 부동산중개인의 태도가 적극적으로 변했다. 어떻게든 계약을 성사시키고 싶은 분위기였다. 임씨는 그 후에도 몇 차례 현장을 둘러보고 결국 일반주택을 계약했다. 계약서를 쓰고 중개수수료를 한 푼도 깎지 않고 그 자리에서 지급했다. 그러자 부동산중개인은 업무용으로 사용하는 휴대전화가 아니라 개인용 휴대전화 번호까지 적어 주며 도움이 필요할 때 연락하라고 했다.

임씨는 부동산중개인을 잘 알아 두면 좋은 투자 물건이 생겼을 때 따로 소개받거나 개발 호재 등의 정보를 얻을 수 있다고 귀띔한다. "여러 차례 찾아가 얼굴을 익히고 말 한마디라도 살갑게 해서 손해 볼 일은 없다. 또 어차피 복비를 줘야 하는데 이를 조금 깎겠다고 하거나 입금 날짜를 차일피일 미루면 서로 감정만 상한다. 줄 것을 제대로 주면 다음에 도움받을 일이 생긴다. 지금도 그 부동산중개인은 좋은 물건이 나왔다고 전화나 문자로 연락해 온다."

부동산중개인은 부동산과 관련된 정보라면 무엇이든 수집하는 본능이 있다. 그 정보에 따라 중개할 물건을 확보하려는 경쟁이 심하기 때문이다. 또 정보가 많아야 돈 좀 있는 투자자들이 꼬이는 것도 사실이다. 부동산중개인을 자기 편으로 만들어 두면 훌륭한 정보원을 얻는 셈이다. 은행이나 증권가의 시장분석가가 크게 돌아가는 부동산 판도를 읽는 전문가라면, 지역의 부동산중개인은 현장의 움직임에 밝은 전문가다. 숲과 나무를 보는 눈을 많이 갖출수록 정보의 정확도는 높아지고 이는 투자자에게 큰 도움이 된다. 행정이나 법률 문제도 수시로 문의할 수 있다.

금융권과 중개업계 정보가 항상 정확한 것은 아니다. 객관성과 신뢰성을 확인하는 검증 과정이 필요한데, 손쉬운 방법은 경제 기사를 활용하는 것이다. 인터넷, 신문, 잡지, 방송, 금융권 사보 등에는 경제 기사나 정보가 넘친다. 이런 정보는 조각 퍼즐과 같다. 여러 기사를 읽다 보면 큰 그림이 그려진다. 큰돈의 흐름이 보이는 것이다. 투자는 돈을 버는 게 목적이므로 돈이 모이는 곳에 투자해야 한다. 돈의 흐름을 읽으면 투자는 그만큼 손쉬워진다.

그렇다면 경제 기사를 어떻게 읽어야 좋을까. 일단 여러 매체를 죽 보면 공통으로 나오는 기사가 있다. 기사 제목이 비슷하거나 내용이 같은 기사는 일단 기록해 둘 필요가 있다. 정부와 공공 기관에서 발표한 내용이라면 더욱 그렇다. 정부와 공공 기관은 기자들을 불러 모아 정책을 발표한다. 그러므로 기사 내용이 비슷해질 수밖에 없고 여러 언론사에 밝힌 내용이므로 신뢰성이 높다.

반대로 유독 한 언론사가 특정 기업 또는 그 기업의 대표이사를 인터뷰한 기사를 내보내면서 부동산 시장에 대한 내용을 보도하는 경우도 있다. 이런 기사는 신뢰성이 약간 떨어진다. 그 기업이 광고 따위를 조건으로 언론사에 인터뷰를 요청하는 경우가 있기 때문이다. 그렇다고 얼토당토않은 내용을 언론사가 보도하는 것은 아니다. 다만 그 회사나 인물에 이로운 방향으로 기사를 꾸밀 가능성은 있다.

경제 기사에는 통계가 많이 들어간다. 그러나 통계 기사는 거꾸로 뒤집어 볼 필요가 있다. 예를 들어 아파트 경기가 나빠졌다는 기사와 통계가 있다면 자칫 부동산 전체 분위기가 나쁜 것으로 인식될 수 있다. 실제로는 꼭 그런 것이 아니기도 하다. 그 통계의 출처를 확인하고 통계 자료 전체를 보면, 아파트 경기는 나쁜 대신 빌라나 상가 경기는 좋아졌다거나 아파트 경기가 나쁜 지역은 유독 서울에 한정적이라는 등의 '숨은 정보'를 확인할 수 있다.

신문이나 잡지의 사설과 편집장 글은 반드시 읽을 가치가 있다. 이런 글은 보통 편집국장이나 주필, 주간이 쓴다. 기자 생활을 오래 한 사람들이어서 판세를 읽는 눈이 깊고 글발도 뛰어나다. 특히 경제와 관련된 글이라면 더욱 집중해서 읽어 둘 필요가 있다.

# 수익률을 높이는 리모델링 방법과
# 업체 선정 기준

수익형 부동산을 통해 월세를 올리는 방법으로 리모델링이 있다. 같은 오피스텔, 상가, 빌라라도 실내 분위기나 인테리어가 색다르면 월세를 올려 받을 수 있을 뿐만 아니라 세입자와의 관계를 원만하게 유지하는 데도 도움이 된다. 어차피 부동산은 집주인이 전반적으로 관리해야 한다. 자신이 세입자라고 생각하여 오피스텔, 상가, 빌라를 살펴보고 수리할 곳은 고쳐야 한다. 자신이 살 곳이 아니라는 생각은 세입자에 대한 무관심으로 비치고, 이는 부동산중개인에게도 영향을 미친다. 부동산중개인이 내 오피스텔, 상가, 빌라를 예비 세입자에게 어떻게 소개할지 생각해 볼 일이다. 다른 곳과 다른 점, 차별화된 점, 특색을 강조하면 월세가 다소 비싸도 세입자의 구미를 당길 수 있다.

실제로 리모델링을 하여 월세를 올려 받거나 세입자를 수월하게 구한 사례를 앞에서 소개했다. 이번에는 수익형 부동산별로 어떤 부분에 리모델링이 필요한지 구체적으로 살펴보자. 리모델링이라고 해서 대규모 증축이나 개축을 말하는 것은 아니다. 작은 부분을 손보고 고친다고 생각하면 적은 돈으로 큰 효과를 볼 수 있다. 어차피 자신의 부동산이므로 튼튼하고 쾌적하게 유지하는 것도 나쁘지 않다.

우선 오피스텔은 관리사무소가 일정 부분 관리하므로 하자 보수는 잘 이루어지는 편이다. 그러나 소형 오피스텔이나 준공한 지 오래된 오피스텔은 리모델링이 필요한 부분이 나타난다. 바닥, 수도, 조명 시설이 대표적이다. 시멘트처럼 딱딱한 바닥이라면 목재를 깔아 아늑하고 조용한 분위기로 바꿀 수 있다. 사무용으로 유지한다면 책상과 바퀴 달린 의자에 강한 바닥재로 바꾸면 내구성이 좋아진다. 온돌처럼 열선을 깔아 놓은 바닥이라면 난방이 잘되지 않는 부분을 살펴서 보수해야 한다.

수도 시설은 싱크대와 화장실을 중점적으로 봐야 한다. 싱크대는 물을 사용하는 부분이어서 녹이 슬거나 물때가 끼기 쉽다. 사실 사용하는 데 큰 지장이 없지만 세입자가 볼 때는 관리가 잘 안 되는 오피스텔로 인식할 수 있다. 수도꼭지, 세면대, 변기 등을 바꾸는 것만으로도 분위기가 달라진다. 조명은 집의 액세서리 기능이 크다. 같은 형광등이라도 갓의 모양은 천차만별이다. 붙박이 침대가 있는 오피스텔도 있다. 새로운 세입자를 들일 때 매트리스를 교체하면 세입자가 집주인을 보는 눈이 달라진다.

상가는 세입자가 인테리어를 하는 편이어서 임대인이 신경 쓸 부분이 별로 없다. 그렇지만 상가 주인이 성의를 보이면 세입자와 좋은 관계로 출발할 수 있다. 예를 들어 벽에 페인트칠을 새로 하거나 출입문을 교체하는 것도 좋은 방법이다. 명절 등 특별한 날에 안부 인사를 건네면서 불편한 점을 묻는 것만으로도 특별한 인상을 남긴다.

빌라는 오래될수록 손볼 곳이 많다. 새로운 세입자를 맞이하기 전에 내부를 꼼꼼하게 살펴야 한다. 못을 박은 흔적, 금이 간 유리창, 파인 나무 문, 어두운 화장실 조명, 잡음이 나는 현관문 등은 대규모 리모델링이 아니더라도 손쉽게 수리할 수 있다. 만일 옆방의 소리가 그대로 들릴 만큼 방음에 문제가 있다면 벽에 방음 시설을 갖추고, 천장에서 비가 새면 임시방편으로 막을 것이 아니라 천장 전체에 방수 처리를 하는 등 리모델링을 해야 한다.

빌라는 오피스텔과 달라서 세입자가 장기 거주하는 편이다. 세입자는 생활하면서 불편한 점을 집주인보다 잘 안다. 세입자에게 수시로 불편한 점을 물어 그때마다 고치면 큰 공사 없이 쾌적한 상태를 유지할 수 있다.

집주인이 할 수 없는 리모델링은 전문 업체에 의뢰할 수밖에 없다. 혹자는 유명한 업체를 선택하면 후회하지 않는다고 한다. 필자는 반드시 유명한 업체가 아니라도 된다고 말하고 싶다. 유명 업체는 시공 후 애프터서비스 측면에서 우세할지 모르지만 리모델링 자체는 가격이 비싼 경우가 많다. 아파트처럼 방, 부엌, 거실, 베란다 등 다양한 구역으로 나뉜 주택 구조가 아닌 오피스텔, 상가, 빌라처럼 구조가 단순한 수익형 부동산의 리모델링이라면 그 지역의 업체를 이용하는 편이 가

격 면에서 이롭다. 또한 그 지역의 주택 구조와 재질 등을 잘 파악하는
만큼 리모델링에 필요한 자재를 잘 갖춰 놓아서 리모델링 기간도 단
축할 수 있다.

만일 그 지역에 여러 채의 수익형 부동산을 가지고 있다면 여러 건
의 리모델링을 의뢰함으로써 가격을 할인받을 수도 있다.

그런데 오피스텔처럼 특정 브랜드의 건축물이라면 리모델링 업체
가 지정된 경우도 있다. 관리사무소를 통해 그런 업체를 소개받으면
손쉽게 리모델링을 할 수 있다. 상가 리모델링도 그 상가가 있는 건물
을 종합 관리하는 회사를 통해 리모델링 업체를 구하면 된다.

# 전문가 전망을
# 놓치지 말아라

국내 부동산 시장에 대한 전문가들의 전망을 종합해 보자. 향후 주택 시장은 지역별, 평형별, 유형별로 차별화가 지속될 것으로 보인다. 수도권과 지방, 소형 · 중형 · 대형, 단독주택 · 아파트 · 연립주택 등에 따라 매매가는 물론 월세 등의 증감에 차이가 나타날 전망이다.

인구 구조의 변화로 1~2인 가구가 증가한다. 핵가족화, 공간의 공유, 소형 주택 강세 등이 그 배경이다.

주택은 소유 개념에서 거주 공간 개념으로 인식이 바뀐다. 이에 따라 내 집 마련에 대한 의지는 과거보다 약세를 탈 것으로 보인다.

결국 부동산에 대한 시세 차익보다 임대 수익에 대한 기대가 크게 작용할 전망이다. 이는 전세보다 월세로의 현금 흐름을 의미한다.

도심지 출퇴근이 쉬운 주거 지역에 대한 인기도 높아질 것이다. 도심에서 차로 30분 정도 떨어진 지역에 대한 수요가 많기 때문이다. 과거 신도시 개발이 붐을 이룰 때 신도시가 차로 한 시간 거리임을 내세웠지만 자동차 수가 늘어나는 등 차량 정체로 사실상 한 시간 이상 걸리는 경험이 누적됐다. 게다가 고유가 시대인 만큼 도심으로 진입하기 어려운 신도시를 무조건 선택하기보다는 도심에서 다소 떨어진 외곽에 있는 주택을 찾는 사람이 늘어나는 추세다.

외곽 지역이라도 공원, 강, 산 등이 있어야 눈길을 끈다. 테라스가 있는 주택이 인기를 끄는 이유도 조망권이 확보되기 때문이다.

조금 구체적으로 부동산 시장을 들여다보기 위해 KB국민은행 부동산팀의 전망을 알아봤다. 이 팀에 따르면 지방뿐만 아니라 수도권 부동산 매매 시장은 2013년 가을부터 마이너스에서 플러스로 돌아섰다. 아파트, 단독, 연립 등 모든 주택에 해당한다. 2008년 이후 서울 등 수도권은 매매가가 2013년 6월까지 하락하다 완만한 상승세로 돌아섰다. 회복이 쉽지 않을 것 같은 인천도 상승 무드를 탔다.

그다음은 어떻게 될까? 더 이상 가격 하락은 없을 것이라는 전망이 우세하다. 통계청과 한국은행 자료를 보면 가격 하락에 대한 우려가 없다는 사람이 70퍼센트에 달한다.

다만 수도권과 지방의 차별화가 보이기 시작한 것이 특징이다. 박합수 KB국민은행 부동산팀장은 "부동산 시장이 상승세를 탔지만 수도권과 지방이 차이를 보이기 시작했다. 수도권은 지지부진한데 5대 광역시와 기타 지방은 많이 증가했다. 창원 지역은 1년 전에 2억 원이던 매물이 3억 5,000만 원으로 폭등했다."고 설명한다.

# 수도권과 지방의
# 부동산 시장 변화

부동산 시장을 세분해서 일기도를 그려 보면 다음과 같다. 수익형 부동산은 앞으로 중소형이 대세로 자리 잡을 것이다. 아파트만 해도 대형은 지난해 10월과 11월 사이에 전국적으로 0.01퍼센트 증가에 그쳤다. 중형, 중소형, 소형 아파트는 각각 0.25, 0.35, 0.30퍼센트로 전월 대비 증가했다.

수도권은 전반적인 안정세가 유지될 것으로 예상된다. 서울은 강보합세, 인천과 경기는 보합세 수준으로 전망된다. 2013년 말 종료된 부동산 정책의 영향으로 2014년 초에는 거래 위축이 불가피하다. 봄 이사철과 더불어 저금리 기조가 유지되고 경제 회복이 가시화될 경우 점진적인 매수세는 회복할 것으로 보인다.

지방은 상승세를 보이던 대구와 경북 지역의 상승세가 분화되며 전반적인 강보합세가 예상된다. 지역별 차별화 현상으로 인해 전남, 전북, 부산 등의 약세가 예상되는 가운데 전체적으로는 안정세 유지가 힘을 얻고 있다. 지방 선거 등으로 개발 기대감은 있으나 종전보다 영향력이 감소하는 추세다. 개발 호재 지역과 혁신 도시 위주의 상승세가 나타날 것으로 보인다.

수도권 전세 시장은 전반적으로 상승 추세가 예상되나 그 폭은 둔화될 것으로 전망된다. 전월세 상한제, 임대주택등록제 등 인위적인 정책으로 인해 가격 상승 등의 불안감은 잠재되어 있다. 수도권은 아파트 입주 물량 공급 증가가 전년 대비 8퍼센트 수준에 불과한 데다 전세 물량 부족 등 수급 불균형 해소의 한계 때문에 상승세가 지속될 것이다.

지방의 전세 시장은 2013년 하반기 들어 수도권 전세금 상승률의 절반 수준에 불과한 상황이다. 수도권보다 안정세를 보이는 가운데 지방 광역시는 2013년 대비 입주 물량이 19.6퍼센트 증가하고, 기타 지방은 87.2퍼센트 늘어남에 따라 수급 불안정이 해소되어 점차 안정될 것으로 예상된다. 특히 대전, 전남, 전북, 경남, 세종시 등은 입주량이 많아서 상승률이 둔화될 것이다.

상가 시장은 전반적인 강보합세 수준이 예상된다. 저금리 상황에 주택, 토지의 투자 매력이 감소하면서 상대적으로 수익형 부동산에 관심이 집중된다. 이미 오른 가격에 대한 부담과 낮은 수익률을 생각하면 상승의 한계는 있다.

토지 시장은 도로, 철도 등 사회간접시설과 산업 단지 개발 호재 지역에서 강세를 보인다. 경기도 하남 등 수도권과 세종시를 비롯한 지방 호재 지역을 중심으로 소폭 상승할 전망이다. 환금성과 투자성의 한계 때문에 전반적인 상승 개선은 제한적이다.

## TIP

# 지가 변동이 예상되는 지역

미래에 어느 지역의 부동산 가치가 뛸지 예측하기는 쉽지 않다. 그럼에도 불구하고 많은 전문가가 공통으로 손을 꼽는 지역은 앞으로 눈여겨볼 지역임에 틀림없다.

우선 서울 용산구는 국제업무지구 개발 사업이 무산되자 가격 수준이 하락하면서 저가 매물 위주로 미미하게 거래되는 지가 변동률 하위 지역이다. 그러나 용산공원이 들어서면 가치는 재평가될 것이다. 용산 미군부대가 이전하면 268만 제곱미터(85만 평) 부지에 내사관이 들어오고 241만 3,161제곱미터(73만 평, 축구장 330개 면적) 규모의 공원이 조성된다. 부대 이전 비용 3조 7,000억 원에 공원 조성 비용 1조 3,000억 원 등 5조 원이 투입될 것으로 보인다. 그 넓은 정원을 둔 주택 가치는 크게 성장할 것이 자명하다. 10년 이내에 용산은 뉴욕 센트럴파크와 비슷한 모습을 보일 것이다.

지가 변동률이 높은 지역은 서울 송파구가 꼽힌다. 제2롯데월드, 동남권 유통산업단지, 문정도시개발사업 등 각종 개발 사업과 8·28 부동산 대책에 따른 가격 회복 기대감의 영향이 미칠 전망이다.

서울 강남구는 세곡지구 보상, KTX 수서역사 개발, 가로수길 상권 활성화 영향, 8·28 부동산 대책에 따른 가격 회복 기대감이 많은 지역이다.

경기도 하남도 감일지구 보상, 미사 보금자리주택 개발, 감북지구 해제 예상 지역 호가 상승, 유니온스퀘어 개발 등 대규모 개발 사업의 영향으로 지가 변동률이 높은 지역이다. 잠실야구장에 돔 구장이 들어서면 그 가치는 더 상승할 것이다. 신세계 복합 쇼핑몰인 유니온스퀘어는 11만 2,394제곱미터(3만 4,000평, 축구장 15개 부지) 부지에 전체 면적은 36만 3,627제곱미터(11만 평)로 국내 최대 규모다.

세종특별자치시도 빼놓을 수 없다. 세종시는 정부 기관 이주와 도시 기반 시설 확대 조성에 따른 기대 심리, 토지 거래량 증가의 영향을 받을 것으로 보인다.

인천시 서구는 KTX 검암역 정차 발표와 함께 공항고속도로, 청라역사 신축 등 교통 체계 개선과 청라지구 아파트 입주로 인구 증가가 예상된다.

# 정부의
# 부동산 정책 종합

**2013년 4월 1일 주택 시장 정상화 종합 대책 발표**

1) 주택 시장 정상화 방안

- 양도세 한시 감면

- 과도한 세 부담 완화

- 청약가점제 적용 축소 등 청약 제도 개선(면적 85제곱미터 초과 폐지)

- 공공 임대 주택(85제곱미터 이하, 10년 의무 임대, 최초 임대료를 인상률 연 5퍼센
  트로 제한)

- 조합원에게 기존 주택의 전용 면적 범위 내에서 2주택 공급 허용

- 수직 증축 리모델링 허용(15년 경과 아파트 전국 400만 호)

- 생애 최초 구입자 취득세 면제(2013년 말)

2) 하우스푸어 및 렌트푸어 지원 방안

- 한국자산관리공사(KAMCO)를 통한 부실 채권 매입

- 주택금융공사의 주택담보대출채권 매입(정상 차주)

- 주택을 리츠에 매각하고 해당 주택을 5년간 임차(주변 임대료 수준)

- 주택담보대출이 있는 50세 이상은 주택연금으로 부채 상환 활용

- 목돈 안 드는 전세(집주인 담보 대출 방식, 임차 보증금 반환청구권 양도 방식)

- 주택기금 저리 대출 확대

3) 서민 주거 복지 강화 방안(보편적 주거 복지 실현)

- 공동 주택 연 13만 호 공급(공공 분양 2만 호, 건설 임대 7만 호, 매입 임대 4만 호)

- 행복주택 5년간(2013~2017년) 20만 호 공급

- 저소득층 월세 부담 완화(주택 바우처 도입, 생애 주기별 주거 지원 강화)

- 공동 임대 주택 관리의 공공성 강화

## 2013년 7월 24일 4 · 1 대책 점검 및 후속 조치 방안 발표

1) 수도권 공공 주택 개발 사업 조정

- 사업 초기 단계인 고양 일산동구 풍동 2지구 지정 해제, 광명 시흥지구 면적 축소(2.9만 호)

- 공공 분양 주택의 청약 물량, 시기 조정(2013~2016년간 5.1만 호 축소)

- 연기 조정된 물량을 특별 관리하여 향후 공급 과잉 방지

2) 민간 주택 공급 조절 및 분양 주택의 임대 주택 전환 촉진

- 민간 건설업체의 밀어내기식 분양 물량 최소화 및 후분양과 임대 활용 유도

- 대한주택보증의 분양 보증 심사 시 분양 가능성 평가 강화

- 분양 예정 물량 및 미분양 물량을 준공 후 분양 등으로 전환 시 저리 대출 지원

- 미분양 주택을 리츠가 매입한 후 임대 주택으로 운용한 후 매각, 청산 추진

- 민간 매입 임대사업자의 주택 매입 촉진을 위한 보증 대상 및 대출 한도 확대

3) 임대 주택 공급 확대 등 임대 시장 안정화

- 공공 임대 주택 공급은 지속 확대(3.6만 호 매입·전세 임대 하반기 공급)

- 준 공공 임대 주택 활성화를 위한 주택 개발·매입 자금의 융자 지원 추가

- 목돈 안 드는 전세 제도

- 생애 최초 주택 구입 자금의 자금 지원 한도 확대

- 주택 구입 차입금 이자 상환액 소득 공제 대상 확대


## 2013년 8월 28일 취득세 영구 인하 발표

1) 4·1 대책 후속 조치의 조속한 마무리

- 다주택자 등 양도세 중과 폐지, 분양가 상한제 신축 운영, 수직 증축 리모델링 허용

2) 주택 취득 시 세 부담 경감

- 취득세율 인하(6억 원 이하 1퍼센트, 6~9억 원 2퍼센트, 9억 원 초과 3퍼센트), 다주택자 차등 세율 폐지

3) 장기 주택 모기지 공급 확대

- 주택금융공사 모기지 공급 확대(2013년 21조 원 → 2014년 24조 원)

- 장기 주택 모기지에 대한 소득공제 확대(기준 시가 4억 원 이하로 상향, 대체 주택 취득 시 연도 말까지)

- 근로자·서민 구입 자금 지원 확대

- 국민주택기금 생애 최초 구입 자금 지원 방식 다양화(2013년 3,000호 시범 사업 후 확대)

- 수익공유형 모기지(주택기금이 집값의 70퍼센트 이하, 최대 2억 원 이하, 금리 1.5퍼센트, 매각 차익 공유)

- 손익공유형 모기지(주택기금이 집값의 40퍼센트 이하, 최대 2억 원 이하, 금리 1~2퍼센트, 매각 손익 공유)

- 모기지 보험 가입 대상 확대(다주택자까지 1년 확대)

4) 임대 주택 공급 확대

- 하반기 공공 임대 주택 공급 확대 및 조기 입주 추진, 중장기적 공공 임대 주택 재고 확충 지속

- 임대 주택 공급 유도, 준공 후 미분양 주택을 임대 주택으로 활용, 임대 사업 활성화 기반 조성

5) 서민 · 중산층 전월세 부담 완화

- 월세 소득공제 확대(월세 지급액의 60퍼센트 범위에서 연 500만 원 소득공제)

- 주택 바우처 도입 확대, 저소득자 전세 자금 지원 요건 완화

- 소액 임차 보증금 우선 변제권 강화, 임차 보증금 미반환 불안 해소를 위한 보증 프로그램 강화

월세 부자를 꿈꾸는 당신이
꼭 알아야 하는 상식과 세계 경제 전망

# 초보 투자자들이 자주 묻는
# 수익형 부동산에 대한 궁금증

**Q** _ 대출 금리가 오르면 어떻게 해야 할까?

**A** _ 수익형 부동산을 구입할 때 대부분 은행 대출을 일으킨다. 이때 금리가 고정 금리라면 문제가 되지 않지만, 변동 금리라면 상황에 따라 이율이 높아질 우려가 있다. 문제는 월세를 받아 갚을 수 있는 한도를 넘을 정도로 이율이 높아지는 시점이다. 임대료를 받아 이자를 갚고 몇 푼이라도 남아야 수익형 부동산에 투자한 의미가 있는데 그렇지 못하면 오히려 자신의 돈으로 이자를 내는 일이 생기기 쉽다.

변동 금리 조건에서 금리가 내리면 다행이지만 오를 경우는 어떻게 해야 할까. 금리가 1퍼센트 미만 상승한 것은 금액으로 환산해도 큰 무리가 없다. 그러나 인상 폭이 커졌다면 대책을 세워야 한다. 예를 들어 3퍼센트에서 5퍼센트로 금리가 인상됐다면 월세 임대를 과감히 전세로 전환할 것을 고려해야 한다. 전세금으로 대출을 갚아서 이자 부담을 줄이라는 것이다. 물론 금리가 올랐지만 이자를 갚고도 돈이 남는다면 굳이 월세를 전세로 전환할 필요가 없다.

금리가 일시적으로 오르면 잠시 관망하는 것도 좋다. 그러나 금리가 계속 오르고, 전문가들의 관측도 그런 편이라면 더 늦기 전에 고정 금리로 갈아타는 걸 생각해야 한다. 현실적으로 국내 금융권의 금리는 큰 폭으로 오르지 않기 때문에 크게 걱정할 일은 아니다.

**Q** _ 임대 시세가 형편없이 하락한다면?

**A** _ 월세 50만 원을 예상했으나 절반 정도밖에 받지 못하는 상황이 생길 수 있다. 주변 시세가 동반 하락하거나 자신의 건물에 문제가 발생했다는 신호다. 주변 시세가 동반 하락한 경우라면 보증금 없이 임대하는 방법이 있다. 보증금을 포기하는 대신 월세를 기존 수준으로 받는 것이다. 자신의 건물에 문제가 생겼다는 것은 대부분 건물 노후화 문제다. 자신의 임대 부동산을 리모델링하는 방법을 고려해야 한다.

또 다른 문제는 주변에 경쟁 물건이 많아서 임대 시세가 하락하는 것이다. 주변 물건이 사라지지 않는 한 임대 시세가 회복될 가능성은 크지 않다. 임대 시장도 공급과 수요의 법칙이 엄격히 적용되는 셈이다. 이런 경우라면 그 지역에 있는 자신의 수익형 부동산을 매각하고 다른 지역으로 옮길 필요가 있다.

**Q** _ 임대 계약에는 어떤 종류가 있는가?

**A** _ 임대 계약은 주택 임대차, 상가 임대차, 토지 임대차로 나눌 수 있다. 대부분 비슷한 내용이고 조금씩 차이 나는 점은 부동산중개인에게 자세한 설명을 들으면 된다. 예를 들어 상가 임대는 상가임대계약서와 함께 중개대상물확인서를 작성해야 한다. 대상 물건의 표시, 권리 관계, 입지 조건 등이 자세하게 구분되어 있는데 임대인 또는 임차인이 상호 필요한 부분을 잘 적용해서 계약해야 문제가 발생했을 때 원만히 해결할 수 있다.

업무용 오피스텔은 전입 신고가 안 된다. 간혹 임대인의 동의로 가능한 사례도 있다.

**Q** _ 임대계약서는 통일된 양식이 없는가?

**A** _ 과거에는 통일된 양식이 없었으나 최근 분쟁이 발생할 소지를 줄이고자 정부가 통일안을 마련해 배포 중이다. 기존에 통용되던 주택임대계약서는 보증금의 액수와 지급 일자, 임차 기간 등 매우 기본적인 내용만 담고 있다. 그래서 정작 예상하지 못한 상황이 생겼을 때 임대인과 임차인 사이에 갈등의 원인이 되기도 했다. 법무부는 최근 임대차표준계약서를 만들어 배포하고 있다. 법무부 홈페이지에서 무료로 다운로드받거나 지자체에서 받아 사용할

수 있다.

주택임대차표준계약서는 계약 체결 전에 반드시 확인해야 하는 주요 사항과 계약 내용으로 구성되어 있다. 계약 체결부터 종료까지 무엇을 어떻게 해야 하는지에 대한 필요 사항이 들어 있다. 계약서만 꼼꼼히 들여다봐도 계약할 때 어떤 점까지 신경 써야 하는지 감을 잡을 수 있다.

**Q** _ 계약금은 얼마가 적당한가?

**A** _ 계약금은 관례상 보증금의 10퍼센트로 한다. 계약금은 임대인과 임차인이 별도로 규정하지 않는다면 자동으로 해약금, 손해배상금, 위약금 등의 성격을 띤다. 즉 임차인이 계약을 파기하면 계약금을 돌려받지 못한다. 이럴 때도 부동산중개인에게 중개 수수료를 주는 게 관례다. 만일 임대인의 사정으로 계약을 파기할 때라면 임차인은 계약금의 배수를 상환받을 수 있다.

**Q** _ 임대차 계약에 적용되는 법은 무엇인가?

**A** _ 임대차 계약은 민법의 적용을 받으며 소액 임차인을 보호할 목적의 특별법(상가 건물 임대차보호법)을 2002년 11월부터 시행했다. 이 때문에 임대차 기간 5년 보장, 기간 동안 임대료 인상은 9퍼센트 이내에서 협상으로 인상, 임차인은 대항력으로 확정일자를 받아 최우선 변제 등 임차인에게 유리한 조건이 있다.

**Q** _ 계약서를 작성할 때 유의할 점은 무엇인가?

**A** _ 계약서를 작성할 때 간과하는 부분이 본인 확인이다. 임대인이나 임차인이 서로 얼굴만 확인할 뿐 실제로 신분증을 보여 주지도 않고, 보여 달라고 요구하지도 않는다. 문제가 발생했을 때 가장 큰 걸림돌로 작용하므로 반드시 확인할 필요가 있다. 입원, 해외 출장 등으로 임대인 또는 임차인 본인이 계약하지 못하는 경우에는 대리인을 내세울 수 있다. 만일 대리인이라면 위임장과 인감증명서, 신분증을 확인해야 한다. 그리고 임대인 또는 임차인과 전화로도 대리 계약 여부를 확인해야 한다. 이는 임대인이나 임차인 모두에게 해당하는 부분이다. 전화번호 특히 휴대전화 번호도 서로 교환하는 것이 원활한 문제 해결을 위해 바람직하다.

일반적인 내용은 임대계약서에 명시되어 있으며, 특별히 필요한 부분은 서로 협의하여 특약란에 적어 두어야 한다. 특약란에 명시한 사항은 일반적인 임대 계약 사항보다 우선한다.

**Q** _ 묵시적 갱신이란 무엇인가?

**A** _ 임대차 계약 종료 1개월 전까지 해지 의사를 밝히지 않으면 계약은 2년 동안 자동 연장된다. 이를 묵시적 갱신이라고 한다. 이런 경우에 임차인은 언제든지 계약을 해지할 수 있지만, 임대인은 임차인과의 합의 없이 계약을 해지할 수 없다. 묵시적 갱신으로 연장된 2년 이내에 임차인이 계약 해지를 요구하면 임대인이 자동 계약된 2년을 채우지 않았다며 부동산 중개 수수료를 요구하는

경우가 있어서 분쟁의 소지가 됐다. 중개 수수료는 임대인이 부담하라는 것이 법원의 판례다.

부동산 중개 수수료 공식은 (월세×100)+임대 보증금×0.9퍼센트다. 예컨대 보증금 1,000만 원에 월세가 45만 원이라면 부동산 중개 수수료는 49만 5,000원(부가가치세 별도)이다.

**Q** _ 임대 물건의 수리 부담 범위는 어디까지인가?

**A** _ 집수리를 누가 부담하느냐의 문제는 민원의 원인이 된다. 난방, 전기 시설 등 주요 설비의 노후, 불량으로 인한 수선은 임대인이 부담하고 임차인의 고의 또는 과실에 의한 파손이나 전구 등의 소모성 부품 교체는 임차인이 부담하는 것이 상식이다. 그러나 임대인과 임차인이 서로 손해를 보지 않기 위해 대립하다 분쟁으로 번지곤 한다. 이처럼 불필요한 분쟁을 최소화하기 위하여 주택임대차표준계약서를 통해 계약 시 임대인과 임차인 상호 간에 사전 협의할 수 있도록 했다. 예를 들면 보일러 수리는 임대인이 부담하고, 도어록이나 비데 등의 소모품 교체는 임차인이 부담한다는 내용을 계약서에 명기하는 것이다.

**Q** _ 월세와 직접 연관이 있는 전세 시장은 2014년 어떤 모습을 보일까?

**A** _ 2011년 전국적으로 전세금은 11.4퍼센트 상승했고 2012년 1.4퍼센트로 상승 폭이 꺾였으나 2013년 9월 현재 3퍼센트로 이미 전년도 상승률을 넘었다. 앞으로 집값이 오르지 않는다고 보기 때문

에 수요자가 매매보다 전세 시장에 머물렀던 것으로 분석된다.

최근 저금리 기조가 이어지며 시중 은행 금리보다 월세 수익이 더 높게 형성됐다. 전세금을 이용할 투자처가 없는 상황에서 중소형 주택을 중심으로 월세 전환이 늘고 전세 물량은 감소했다.

2014년에도 전세금 상승은 계속될 것으로 예상된다. 임대 주택 공급과 관련 법안 처리 여부에 따라 상승 폭은 감소할 수도 있다. 만일 공공·민간 임대 주택의 공급이 대폭 늘어나면 전세 시장은 안정세를 되찾을 것으로 보인다.

**Q**_ 2014년 국내 부동산 시장의 전망은?

**A**_ 4·1 부동산 대책이 발표된 후 전국의 주택 가격이 반짝 상승했다. 8·28 전월세 대책이 발표되자 부동산 시장 회복에 대한 기대감이 더 커졌다.

2013년 부동산 시장은 극심한 매매 시장 부진과 전세 물건 부족에 따른 전세금 급등으로 요약할 수 있다. 전세 수요를 매매 수요로 전환하기 위한 8·28 전월세 대책의 취득세 영구 인하, 공유형 모기지 제도 등의 시행과 전세금 급등 때문에 2014년 주택 시장은 전년보다 나은 흐름을 보일 것으로 예상된다. KB국민은행 부동산알리지에 따르면 아파트 매매 가격 대비 전세금 비율이 2013년 9월 기준 전국 65.2퍼센트, 서울 59.1퍼센트, 수도권 60.2퍼센트로 2001년 12월 이후 최고치를 기록한 점도 국내외 경제가 회복될 경우 부동산 가격의 상승을 예측할 만한 부분이다. 실제로 전세금이 급등하자 실수요자 사이에서 전세에서 매매로 전환하는 수요가 증가하고 있다. 다만 지역별, 규모별 차별화가 예상된다. 지난 5년간 주택 가격이 많이 하락한 수도권은 상승 여력이 지방보다 높을 것이다. 그리고 1~2인 가구의 증가, 가구원 수 감소, 아파트 평면의 진화, 실질 구매력 하락 등으로 인해 전용 면적 85제곱미터 이하 중소형 아파트의 인기는 지속될 전망이다.

**Q** _ 다양한 수익형 부동산 시장은 어떻게 재편될까?

**A** _ 부동산 시장 트렌드가 매각 차익에서 임대 수익 중심으로 바뀌고, 은퇴를 맞은 베이비붐 세대가 월세가 나오는 수익형 부동산으로 노후 대비를 하면서 임대용 수익형 부동산은 많은 인기를 얻었다. 특히 1억 원 남짓 소액으로 투자하는 오피스텔과 도시형 생활주택은 최근 2~3년간 높은 관심과 인기를 받았다. 하지만 2013년부터 공급 과잉에 따른 수익률 하락 등으로 예전과 같은 인기를 얻긴 힘들어 보인다. 따라서 투자자라면 고시원, 원룸주택, 오피스텔 등 1인 가구용 주택의 공급이 많지 않고 기업체 등이 들어서 있어 임차 수요가 많은 지역을 중심으로 선별해서 접근해야 한다.

**Q** _ 수익형 부동산 투자 적합 지역을 예를 들어 설명한다면?

**A** _ 한창 개발 중인 서울 마곡지구를 예로 들 수 있다. 오피스텔의 경쟁 상품인 전용 면적 50제곱미터 이하 소형 아파트는 월세로 임대할 수 있고 임차 수요도 많아 여전히 인기가 높을 전망이다. 다

주택자도 주택 수와 상관없이 금액에 따라 취득세율이 결정되면 임대 사업을 하려는 소형 아파트의 수요는 더욱 증가할 것으로 보인다.

**Q** _ 상가 임대 시장은 어떻게 전망하는가?

**A** _ 수익형 부동산을 대표하는 상가는 임대료의 고저에 상관없이 5년간 계약갱신권을 보장하는 상가 건물 임대차보호법 시행으로 단기 명도에 따른 리스크는 제거될 것이다. 주거용보다 월세가 높은 것은 장점이지만 상가는 상권 변화에 따라 부침이 심한 상품이기 때문에 투지에 주의해야 한다.

한편, 오피스 시장은 국내외 경제가 어려운 상황에서 자금 압박에 시달리는 기업체가 증가해 임차 수요는 감소하는데 오피스 건물 공급은 증가하는 상황이라 2014년에도 어려움이 예상된다. 2008년까지 자연 공실률(3퍼센트) 이하 수준을 유지한 오피스 시장은 세계 금융 위기를 겪으며 임대료 인상이 미미하고, 빈 사무실도 증가하는 추세다. 특히 역세권을 벗어난 중소형 건물은 임차인을 구하는 데 애를 먹고 있다. 오피스 임대 시장이 어려워지고 건물이 노후화되면서 전문 자산 관리 회사에 건물을 위탁하는 사례가 늘었다. 이에 따라 관리 시장은 좀 더 성숙될 전망이다. 자본 차익형 부동산인 토지와 재개발, 재건축 시장은 온기가 확산되는 데 시간이 필요해 보인다.

**Q** _ 재개발 시장에는 어떤 변화가 생길까?

**A** _ 부동산 시장의 침체로 직격탄을 맞은 재개발 시장은 추가 분담금 증가, 조합원 간의 내홍, 주택 가격 하락에 따른 사업성 저하 등으로 쉽지 않아 보인다. 앞으로 서울의 주택 재개발은 신규 정비 구역 지정을 자제하고 주거지종합관리계획이라는 이름하에 주택 공급 여건, 기반 시설 여건 등에 따라 생활권역별로 개발할 계획이다. 상대적으로 아파트 재건축 시장은 재개발보다는 사업 추진이 나은 상황이다. 주택 시장이 회복되면 가장 먼저 움직이는 재건축 시장은 2014년 말까지 관리 처분 인가를 신청할 경우 재건축 부담금을 면제받을 수 있어 사업 추진에 속도를 내는 단지가 증가할 것으로 예상된다.

# 국내 경기에 영향을 미치는 세계 경제 전망

## 유로존: 위기는 벗어났지만 갈 길이 멀다

유로존에서는 두 가지 불확실한 점이 있다. 2010년부터 시장에 악재로 작용해 온 유로존의 재정 위기 재발 우려가 있다는 점이다. 또한 유로존의 구조적인 문제에서 출발해 긴축 정책으로 악화된 경기가 회복할지도 주목된다. 이 두 가지를 고려할 때 2014년 유로존의 재정 위기는 완화되겠지만 경기 호황까지는 갈 길이 멀다. 2012년 7월 마리오 드라기 유럽중앙은행(ECB) 총재가 "유로존을 구하기 위해 무엇이든 할 준비가 되어 있다."고 발언한 이후 시장은 유로존을 조금 더 신뢰하는 모습을 보였다. 2013년 독일 총선이 마무리되고 2014년 유로존 연합은행과 관련된 논의가 지속해서 진행될 예정이다. 한마디로 2014

년에 재정 위기가 불거질 가능성은 작다. 최근 유럽 주요 은행의 신용 디폴트 스와프(CDS) 프리미엄의 평균값이 2011년 수준을 밑도는 움직임을 보이는 것은 이런 변화를 반영한 결과다.

그러나 경기는 재정과 다르다. 2014년 유로존 경기가 의미 있는 반등을 보일지는 미지수다. 유로존의 실업률은 12퍼센트이고 이는 2013년 현재 미국의 실업률이 7퍼센트대라는 점을 참작할 때 매우 높은 수치다. 기대감은 상승세지만 여전히 산업 생산과 소매 판매 증가율은 마이너스다. 문제는 스페인이나 이탈리아 같은 국가가 경기 회복을 위해 집행하는 재정 정책에 한계가 있다는 점이다. 유로존 전체의 GDP 대비 부채 비중은 2012년까지 꾸준히 증가하는 모습을 보였고, 부채 상환과 이자 비용 지급은 정부의 자금 여력을 줄였다. 민간 고용이 늘어나지 않는 상황에서 정부 지출에도 기대할 수 없다면 유로존 경기 회복은 기업의 투자와 수출 증가에 달려 있다.

최광혁 이트레이드증권 이코노미스트는 "2014년은 유로존에 중요한 한 해가 될 전망이다. 은행연합이라는 재정 통합의 시발점이 논의되는 첫해라는 것과 동시에 재정 위기 때문에 아무것도 할 수 없던 상황에서 경제 성장을 위한 노력으로 시선이 전환되는 시점이기 때문이다. 분명히 장기적 관점에서 긍정적인 한 해가 될 것이다. 하지만 이제 시작에 불과하다."고 설명한다.

## 미국: 2퍼센트 중반대 안정적인 성장, 양적 완화 축소가 변수

2013년 상·하반기 내내 회복 기조를 유지해 온 미국 경제는 2014년에도 2퍼센트대 중반의 안정적인 성장을 이끌 전망이다. 세계 금융 위기 이후 여러 차례에 걸쳐 단행한 양적 완화 정책의 후유증을 해결하고 정치 혼란을 수습하느라 다소 혼선과 주춤거림이 있을 것으로 예상되나 유로존이 플러스 성장세로 반전되고 신흥국 불안도 다소 안정되는 등 대외 환경이 우호적으로 바뀌어 가기 때문이다.

2012년 중반부터 시작된 주택 가격 상승세가 2014년에도 이어질 것으로 보인다. 이는 곧 신규 주택 착공 등의 건설 수요를 자극해 고용 창출과 내구재 소비 확대에 이바지할 가능성이 크다. 2008년 세계 금융 위기 당시 95퍼센트에 육박했던 국내총생산(GDP) 대비 개인 부채 비중이 2013년 드디어 80퍼센트 미만까지 떨어졌다는 점도 가계 구매력 회복의 청신호로 해석된다.

민간 부문의 소비 여력이 나아졌지만 재정 지출 축소 규모가 시장의 예상보다 크거나 그 대상 범위가 잘못 설정될 경우 경제가 큰 하향 충격에 직면할 가능성은 여전하다.

정치 갈등으로 양적 완화 축소 시점이 자꾸 미뤄지는 상황도 불안하다. 이 일정을 지키기 위해 출구 전략을 서두른다면 그 충격은 예상보다 커질 수 있다.

실제로 2013년 초의 재정 절벽 논란부터 예산안 통과와 국가 부채 한도 조정에 이르기까지 정치 갈등에 따른 정책 혼란이 점점 심각해지는 양상을 보인다. 2013년 10월 연방정부 폐쇄와 같은 사태가 재발할지 모른다는 우려는 경제 주체들의 불안감을 키워 경제 활력 회복에 짐이 될 수밖에 없다.

김형주 LG경제연구원 연구위원은 "여러 변수를 종합하면 2014년 미국 경제는 2013년의 1퍼센트대 성장보다 조금 높아진 2퍼센트 중반 수준의 성장률을 회복할 것으로 예측된다. 단, 2.5퍼센트 내외의 성장이 미국 경제의 잠재 성장률에 가까운 성장이라는 점에서 고용 상황이 개선되고 실업률도 낮아지리라는 점은 분명해 보이지만, 최근의 더딘 회복 속도를 감안하면 2014년 중에 미국 연준에서 기준 금리 인상의 전제 조건으로 제시한 실업률 6.5퍼센트를 달성하기는 쉽지 않아 보인다."고 전망한다.

## 중국: 대륙 경제 연착륙 문제 없을 듯

중국의 2013년 3분기 국내총생산 증가율은 7.8퍼센트를 기록했다. 9월 물가 상승률은 2월 이후 처음으로 3퍼센트를 웃돌았다. 현재 중국 경제를 이끌어 가는 리커노믹스(리커창 총리의 이코노믹스)의 핵심은 크게 세 가지다. 구조 조정으로 체질 개선을 통한 산업 구조의 고도화, 금융 시장 개발을 통한 경제 전반의 시스템 개혁, 신도시화로 소득 격차 해소를 통한 내수 시장 확대다.

2014년 중국 국유 은행인 교통은행은 중국의 경제 성장률 전망치를 7.8퍼센트로 제시했다. 이는 중국사회과학원과 유엔 경제사회이사회(ECOSOC)의 전망치 7.5퍼센트보다 소폭 높다. 또한 교통은행은 앞으로 10년간 중국 경제의 잠재 성장률이 평균 7.6퍼센트 선을 유지할 것으로 전망했다.

2013년 중국 정부는 지역별로 부동산 가격 억제 정책을 발표했고, 과잉 제조업의 생산 능력 축소를 통해 조금 더 안정된 산업 구조를 만드는 데 주력하고 있다. 더불어 더 이상 부채가 증가하지 않도록 대출 규모 통제와 대출 구조 개선을 통해 리스크를 관리하는 제도를 강화하고 있다. 부동산 가격 안정화는 단기간에 가시적인 효과를 나타내기 어려울 것으로 보인다. 이 때문에 정부는 부동산 가격 규제를 강화할 것이며, 도시화는 부동산 가격 부담이 적은 도시부터 시행할 것이다. 중·장기적인 관점에서 중국 정부의 경제 개혁 의도를 감안할 때 7퍼센트대의 경제 성장은 만족할 만한 수준이다.

조용준 하나대투증권 리서치센터장은 "리커노믹스와 시진핑 정부의 개혁 의지를 종합하면, 2014년 중국은 부동산 가격을 지속해서 억제할 것이고 중국 경제 시스템의 안정을 다지기 위해 과잉 투자된 제조업의 구조 조정도 필수적이다. 그럼에도 불구하고 2014년 중국 경제는 도시화를 통한 내수 소비 여력 확대를 고려할 때 오히려 장기적으로는 성장 동력과 리스크 관리라는 측면에서 긍정적인 신호를 보이는 전환기가 될 전망이다."라고 내다본다.

## 일본: 아베의 지정 확대, 정책 리스크 잠복

2013년 일본 경제는 아베노믹스로 시작해 아베노믹스로 끝났다. 경제 관점에서 일본 내각은 20여 년간 지속된 장기 불황의 덫에서 일본 경제를 구원하는 구세주로 볼 수 있다. 2012년 12월 중의원 선거에서 아베 자민당 총재는 잃어버린 20년을 상징하는 디플레이션에서 벗어나고 경제 성장을 이룩하자고 역설했다. 2014년까지 물가 상승률을 2퍼센트대로 끌어내리고 경제 성장률은 실질 2퍼센트, 명목 3퍼센트대로 끌어올리겠다고 공약했다. 중의원 선거에서 승리한 아베 내각이 표방한 아베노믹스는 이런 경제 공약을 달성하기 위한 수단이다.

아베노믹스는 대담한 금융 정책, 기동적인 재정 정책, 성장 전략을 핵심 축으로 삼았지만 2013년 효과를 본 것은 대담한 금융 정책, 즉 양적 완화다. 일본은행은 예전보다 두 배 많게 국채와 민간 자산을 매입해 시중에 통화 공급을 늘리는 방식으로 양적 완화를 단행했다. 통화 공급을 확대해 인플레이션 기대 심리를 조성하여 디플레이션에서 벗어나려는 조치였다. 그러나 당장 엔화 가치가 하락하고 도미노 현상으로 주가가 상승했다. 2012년 11월 엔/달러 환율은 80엔 초반대로 엔화 강세였지만 2013년 5월 100엔대를 돌파했다. 같은 기간 닛케이 주가 지수는 1만대에도 미치지 못했지만 1만 3,000대로 급상승했다. 이와 같은 주가 상승과 엔화 가치 하락이 가계 소비와 수출을 늘리는 데 결정적인 역할을 했다.

2014년 일본 경제는 아베노믹스가 두 가지 숙제를 어떻게 풀 것인가에 달려 있다. 즉 재정 확대 정책이 내포한 위험성과 국민의 소득은 늘지 않은 상태에서 물가는 올라갈 가능성이다. 일본의 경제 전문가들은 이런 우려가 현실로 일어날 가능성을 작게 보고 있다. 그러나 일본 시장의 국채에 대한 신용이 언제 붕괴할지 예단하기 어렵고, 기업 투자가 되살아나지 않아 노동 시장이 개선되지 않는 상황에서 물가 상승은 가계에 큰 부담이 될 수밖에 없다는 우려는 여전하다.

국제통화기금(IMF)은 2014년 일본의 실질 경제 성장률에 대한 전망치를 2013년 2퍼센트보다 낮은 1.2퍼센트로 내놓았다. 미국과 유럽의 경제 상황이 다소 호전되는 반면, 일본 경제는 소비세 인상에 따른 경기 냉각 효과로 성장세가 한풀 꺾일 것이라는 전망이다.

김규판 대외경제정책연구원 연구위원은 "일본 내각도 소비세율을 3퍼센트포인트 인상할 경우 2014년 일본의 실질 GDP는 0.45퍼센트포인트 감소할 것으로 예측한 바 있다. 일본 정부는 이와 같은 소비세 인상 여파를 수습하기 위해 2014년에도 재정 지출을 더욱 확대할 전망이다. 이럴 경우 2014년 일본 경제는 재정 건전화와 경제 성장이라는 딜레마 속으로 더욱 깊이 빠져들 수밖에 없다. 소비세 인상은 2014년 일본 경제의 최대 화두임에 틀림없다."라고 분석한다.